Alexander Stocker / Klaus Tochtermann

Wissenstransfer mit Wikis und Weblogs

GABLER RESEARCH

Alexander Stocker / Klaus Tochtermann

Wissenstransfer mit Wikis und Weblogs

Fallstudien zum erfolgreichen Einsatz von Web 2.0 in Unternehmen

RESEARCH

Bibliografische Information der Deutschen Nationalbibliothek
Die Deutsche Nationalbibliothek verzeichnet diese Publikation in der
Deutschen Nationalbibliografie; detaillierte bibliografische Daten sind im Internet über
<http://dnb.d-nb.de> abrufbar.

1. Auflage 2010

Alle Rechte vorbehalten
© Gabler Verlag | Springer Fachmedien Wiesbaden GmbH 2010

Lektorat: Stefanie Brich | Hildegard Tischer

Gabler Verlag ist eine Marke von Springer Fachmedien.
Springer Fachmedien ist Teil der Fachverlagsgruppe Springer Science+Business Media.
www.gabler.de

Das Werk einschließlich aller seiner Teile ist urheberrechtlich geschützt. Jede Verwertung außerhalb der engen Grenzen des Urheberrechtsgesetzes ist ohne Zustimmung des Verlags unzulässig und strafbar. Das gilt insbesondere für Vervielfältigungen, Übersetzungen, Mikroverfilmungen und die Einspeicherung und Verarbeitung in elektronischen Systemen.

Die Wiedergabe von Gebrauchsnamen, Handelsnamen, Warenbezeichnungen usw. in diesem Werk berechtigt auch ohne besondere Kennzeichnung nicht zu der Annahme, dass solche Namen im Sinne der Warenzeichen- und Markenschutz-Gesetzgebung als frei zu betrachten wären und daher von jedermann benutzt werden dürften.

Umschlaggestaltung: KünkelLopka Medienentwicklung, Heidelberg
Gedruckt auf säurefreiem und chlorfrei gebleichtem Papier
Printed in Germany

ISBN 978-3-8349-2581-7

Vorwort

Aufgrund der neuen Nutzungsmöglichkeiten im World Wide Web, bzw. dem neuen Web 2.0, haben sich Menschen von ehemals passiven Informationskonsumenten zu nunmehr sehr aktiven Informationsproduzenten verwandelt. Neue Anwendungen und Technologien gelten dabei als Auslöser dieser Evolution. Die Möglichkeit, selbst Informationen zu generieren und anderen verfügbar zu machen, übt eine unglaubliche Faszination aus. Die Zuwachsraten von Online-Informationsangeboten, etwa in Weblogs und Wikis, unterstreichen dies. Auch Unternehmen erkennen die Potentiale, die in den neuen Möglichkeiten des Web stecken. Dort, wo im Web schon heute „user generated content" eine Vorreiterrolle einnimmt, gewinnt in Unternehmen analog „employee generated content" verstärkt an Bedeutung. Längst ist auch klar geworden, dass das Web 2.0 dazu beitragen wird, die Art und Weise, wie Wissensarbeit in Unternehmen passiert, nachhaltig zu revolutionieren. In diesem Kontext haben sich sowohl in der Wissenschaft als auch in der Unternehmenspraxis bereits Begriffe wie „Corporate Web 2.0" oder „Enterprise 2.0" etabliert. Dieses Buch leistet einen wesentlichen Beitrag, um diese Begriffe einzuführen und die damit verbundenen Möglichkeiten aufzuzeigen. Es wendet sich sowohl an Forschende, die sich mit dem Thema Web 2.0 aus wissenschaftlicher Sicht befassen, als auch an Praktiker, die vor der Frage stehen, wie sie Instrumente des Web 2.0 in ihr Unternehmen einführen.

Die Entstehung dieses Buchs lässt sich aus der Tatsache ableiten, dass Unternehmen aktuelle Trends wie „Web 2.0" und „Enterprise 2.0" zwar erkennen und für ihr Wissensmanagement nutzen wollen, im Gegensatz dazu aber wenig wissenschaftlich fundierte Literatur vorliegt, welche den Entscheidern eine Hilfestellung bietet. Dieser Umstand zwingt Unternehmen dann zu Experimenten, welche sehr oft nicht die gewünschte Wirkung erzielen und die Kosten für IT unnötig in die Höhe treiben.

Die in diesem Buch präsentierte Mehrfachfallstudie bietet detaillierte Einblicke in zehn reale Einzelfälle von deutschsprachigen Unternehmen zum Einsatz von Wiki und Weblog. Die Forschungsarbeit liefert damit anwendungsorientierten Forschern und Praktikern wertvolle Erkenntnisse über die Unterstützung des intraorganisationalen

Wissenstransfers. Neben dem für eine Forschungsarbeit wesentlichen Beitrag zur Theorie soll auch der spezielle Informationsbedarf von Entscheidern möglichst praxisnah befriedigt werden. Einzelne Abschnitte dieses Buches wollen von Entscheidern als handlungsleitende Prinzipien für „Corporate Web 2.0" erkannt werden und ihnen dazu verhelfen, Projekte im Umfeld Web 2.0 effektiver und effizienter durchzuführen. Gerade die im Rahmen des Buches präsentierten Abbildungen, Tabellen, Matrizen, Steckbriefe und Fragebögen sollen Praktikern wertvolle Anregungen vermitteln.

Als explorative Mehrfachfallstudie fokussiert sich dieses Buch zwar auf zwei spezielle Anwendungen des Web 2.0, Wiki und Weblog. Gerade aber, weil sich viele Erkenntnisse aus der Untersuchung von Wiki und Weblog auch auf andere Web-2.0-Anwendungen übertragen lassen, liefert dieses Buch einen Beitrag zu einem besseren Verständnis von Web 2.0 im Kontext von Unternehmen. Mit der systematischen Untersuchung des intraorganisationalen Wissenstransfers über Wiki und Weblog erweitert dieses Buch außerdem den State-of-the-Art zur technologieorientierten Wissensmanagement-Forschung. Aus Sicht der Wirtschaftsinformatik beinhaltet dieses Buch eine systematische Untersuchung von Nutzen und Erfolg moderner computergestützter Informationssysteme, welche auf Prinzipien von Web 2.0 basieren.

Das vorliegende Buch ist in den letzten beiden Jahren begleitend zu den Tätigkeiten der beiden Autoren Dr. Alexander Stocker und Prof. Dr. Klaus Tochtermann am Know-Center, Österreichs Kompetenzzentrum für Wissensmanagement, und bei Joanneum Research entstanden. Es ist eine Überarbeitung der Dissertation von Dr. Alexander Stocker, welche von Prof. Dr. Klaus Tochtermann, Leiter des Instituts für Wissensmanagement der Technischen Universität Graz, sowie von Prof. Dr. Wolf Rauch, Leiter des Instituts für Informationswissenschaft und Wirtschaftsinformatik der Karl-Franzens-Universität Graz, betreut wurde.

Die Autoren wünschen ihren Lesern viel Spaß mit dem Buch, Mut in der Anwendung und damit auch Erfolg für zukünftige Projekte im Umfeld von Web 2.0.

Alexander Stocker und Klaus Tochtermann

Graz im Juni 2010

Management Summary

Kernelement von Web 2.0 ist die zunehmende Bedeutung der durch Nutzer freiwillig und selbstorganisiert geteilten Inhalte. Die Transformation der Nutzer von passiven Informationskonsumenten zu aktiven Informationsproduzenten hat zur Herausbildung einer Vielzahl sozialer Web-Plattformen wie Wikipedia, Youtube, Facebook oder Twitter beigetragen, welche ihre Geschäftslogik auf nutzergenerierte Inhalte aufbauen. Angespornt durch den Erfolg dieser Web-2.0-Anwendungen im Hinblick auf Stimulation und Beschleunigung der Informationsteilung wollen Unternehmen das Web 2.0 für sich nutzbar machen. In ihrer Idealvorstellung von „Corporate Web 2.0" bzw. „Enterprise 2.0" schwebt ihnen vor, Strukturen und Muster des Web 2.0 in die Unternehmenslandschaft zu integrieren. Entscheider müssen im Corporate Web 2.0 das entstehende Spannungsfeld zwischen Selbst- und Fremdorganisation, also Freiwilligkeit contra Hierarchie beherrschbar machen, um die Potentiale von Web 2.0 im Unternehmen vollständig auszuschöpfen. Dieses Buch untersucht im Rahmen elf umfangreicher Fallstudien den intraorganisationalen Wissenstransfer über zwei konzeptionell sehr ähnliche Anwendungen des Web 2.0, Wiki und Weblog. Auf Basis zahlreicher Interviews mit den für Wiki und Weblog verantwortlichen Experten in den Unternehmen sowie über Befragungen von Wissensarbeitern wurden umfangreiche und zum Teil auch äußerst überraschende Erkenntnisse gewonnen.

Wesentliche Gründe für die Nutzung von Wiki und Weblog aus Sicht der Mitarbeiter sind das Suchen und Finden relevanter Informationen und dezidiert die Erleichterung der eigenen Arbeit. Aus einer sozialen Perspektive soll die eigene Nutzung auch Kollegen zur Nutzung anregen. Mitarbeiter sind zudem davon überzeugt, dass ihre Beiträge in Wiki und Weblog für Kollegen wertvoll sind. Überraschenderweise stellen inhaltliche Aspekte im Zusammenhang mit der Nutzung von Wiki und Weblog wesentlich größere Hindernisse dar, als Privacy. Obwohl Wiki und Weblog von Unternehmen hinsichtlich Anforderung und Wirkung gerne in einen Topf geworfen werden, erzeugen sie zum Teil völlig unterschiedlichen Nutzen für Individuum und Organisation. Weblogs leisten durch ihren Aktualitätsbezug einen wesentlichen Beitrag zur internen Kommunikation und beschleunigen den Informationsfluss. Wikis eignen sich dazu, vorhandenes Unternehmenswissen zu sammeln und ermöglichen einen einfachen Zugriff auf dieses durch die integrierte Volltextsuche. Beide Anwendungen erleichtern betriebliche Tätigkeiten und führen dazu, dass Mitarbeiter ihre Leistungen schneller erbringen. Die Erfolgsfaktoren von Wikis unterscheiden sich zum Teil jedoch erheblich von den Erfolgsfaktoren von Weblogs, vor allem was die Organisation von Inhalten betrifft. Engagement des Managements, rasche Akquise erster überzeugter Nutzer, persönliche Ansprache von Autoren, Erstbestückung von Inhalten (Wiki), Ehrlichkeit und Tiefe von Beiträgen (Weblog), Akzeptanzmaßnahmen und ein frustrationsresistentes Kernteam sind speziell zu berücksichtigen.

Die Nutzung von Web 2.0 im Unternehmen besitzt ein großes Potenzial, welches jedoch in den meisten Fällen noch nicht ausgeschöpft wird. Projektverantwortliche argumentieren noch zu oft und zu stark auf dem originären Nutzen von Web-2.0-Technologien. Der tatsächliche Nutzengewinn für das Unternehmen ist in vielen Fällen noch nicht optimal. Mit der Nutzung von Wiki und Weblog ist zudem eine Abkehr von gewohnten Nutzungspraktiken bei Mitarbeitern erforderlich. Allein das pure Verlassen auf die soziale Komponente von Wiki und Weblog, also die Zugkraft von Web 2.0, führt bei Corporate Web 2.0 nicht zum Erfolg. Der langfristige Erfolg von Wiki und Weblog bleibt ebenfalls aus, wenn Wissenstransfer nur auf Freiwilligkeit, Altruismus, Early-Adoptern und Evangelisten aufbaut. Zusammenfassend ist wesentlich, dass Wiki und Weblog in einem klar definierten Business-Case eingebettet sein müssen, um ihre Nützlichkeit im Unternehmen zu entfalten. Ein solcher Business-Case enthält mindestens eine exakte Beschreibung von Ziel, beteiligte Stakeholder, adressierte Stakeholder und dem erwarteten Nutzen und muss im Unternehmen klar und deutlich kommuniziert werden.

Es sei an dieser Stelle besonders darauf hingewiesen, dass die Autoren aus Gründen der besseren Lesbarkeit dieses Buches auf eine geschlechtsspezifische Differenzierung verzichtet haben und durchgängig die männliche Form verwenden. Unabhängig von der gewählten Formulierung sind stets beide Geschlechter gleichermaßen eingeschlossen.

Inhaltsverzeichnis

Vorwort V
Management Summary VII
Inhaltsverzeichnis IX
Abbildungsverzeichnis XIII
Tabellenverzeichnis XVII
1 Einführung 1
   1.1   Motivation und Problemstellung 1
   1.2   Einordnung in die Forschungslandschaft 6
   1.3   Aufbau und Zielsetzung 7
2 Forschungsrahmen und Studiendesign 11
   2.1   Anwendungsorientierte Forschung 11
   2.2   Forschungsziel und Forschungsstrategie 12
   2.3   Forschungsdesign und Forschungsfragen 18
   2.4   Studiendesign 21
3 Literaturstudie 29
   3.1   Studiendesign und Zielsetzung 29
   3.2   Wissen, Wissensmanagement und Wissenstransfer 29
       3.2.1 Wissen und Wissensmanagement 30
       3.2.2 Wissenstransfer als Anwendungsbereich 34
       3.2.3 Ursachen und Barrieren für Wissenstransfer 38
   3.3   Web 2.0 45
       3.3.1 Technologische Perspektive im Web 2.0 45
       3.3.2 Soziale Perspektive im Web 2.0 60
       3.3.3 Gemeinschaft (Community) 60
       3.3.4 Betriebswirtschaftliche Perspektive im Web 2.0 74
   3.4   Computergestützte Informationssysteme 86
       3.4.1 Technologieakzeptanz 87
       3.4.2 Erfolg von Informationssystemen 88

4 Pilotfallstudie (Vorstudie) 91
    4.1   Studiendesign und Zielsetzung 91
    4.2   Studienergebnisse der Pilotfallstudie 92
        4.2.1 Artefaktuntersuchung 92
        4.2.2 Ausdehnung des Forschungsbereiches 95
        4.2.3 Durchführung eines Experiments 96
        4.2.4 Durchführung einer Mitarbeiterbefragung 98
    4.3   Zusammenfassung und Beschränkung der Forschungsergebnisse 108

5 Mehrfachfallstudie (Hauptstudie) 111
    5.1   Studiendesign und Zielsetzung 111
    5.2   Fallstudie Alpha (Unternehmenswiki) 117
        5.2.1 Management Summary 117
        5.2.2 Ausgangssituation 118
        5.2.3 Einführung der Lösung 120
        5.2.4 Ergebnisse 124
    5.3   Fallstudie Beta (Supportwiki) 129
        5.3.1 Management Summary 129
        5.3.2 Ausgangssituation 130
        5.3.3 Einführung der Lösung 131
        5.3.4 Ergebnisse 133
    5.4   Fallstudie Gamma (Unternehmenswiki) 137
        5.4.1 Management Summary 137
        5.4.2 Ausgangssituation 138
        5.4.3 Einführung der Lösung 139
        5.4.4 Ergebnisse 141
    5.5   Fallstudie Delta (Projektwiki) 146
        5.5.1 Management Summary 146
        5.5.2 Ausgangssituation 146
        5.5.3 Einführung der Lösung 147
        5.5.4 Ergebnisse 148
    5.6   Fallstudie Epsilon (Kommunikationsweblogs) 152
        5.6.1 Management Summary 152

5.6.2 Ausgangssituation ... 153
5.6.3 Einführung der Lösung ... 155
5.6.4 Ergebnisse ... 157
5.7 Fallstudie Zeta (Mitarbeiterweblogs) ... 162
5.7.1 Management Summary ... 162
5.7.2 Ausgangssituation ... 163
5.7.3 Einführung der Lösung ... 163
5.7.4 Ergebnisse ... 165
5.8 Fallstudie Eta (Unternehmenswiki) ... 167
5.8.1 Management Summary ... 167
5.8.2 Ausgangssituation ... 168
5.8.3 Einführung der Lösung ... 169
5.8.4 Ergebnisse ... 171
5.9 Fallstudie Theta (Themenweblogs) ... 174
5.9.1 Management Summary ... 174
5.9.2 Ausgangssituation ... 175
5.9.3 Einführung der Lösung ... 176
5.9.4 Ergebnisse ... 178
5.10 Fallstudie Iota (Unternehmenswiki-blog) ... 181
5.10.1 Management Summary ... 181
5.10.2 Ausgangssituation ... 182
5.10.3 Einführung der Lösung ... 182
5.10.4 Ergebnisse ... 184
5.11 Fallstudie Kappa (Unternehmenswiki) ... 188
5.11.1 Management Summary ... 188
5.11.2 Ausgangssituation ... 189
5.11.3 Einführung der Lösung ... 190
5.11.4 Ergebnisse ... 191
6 Ergebnisse der Mehrfachfallstudie ... 195
6.1 Alleinstellungsmerkmal und Systematik ... 195
6.2 Beantwortung der forschungsleitenden Fragen ... 197
6.2.1 Forschungsleitende Frage zu Nutzungsmuster ... 197

6.2.2 Forschungsleitende Frage zu Motivation 200
6.2.3 Forschungsleitende Frage zu Nutzen und Mehrwert 203
6.2.4 Forschungsleitende Frage zu Erfolgsfaktoren 208
  6.3   Schematisierung der Fallstudien 212
  6.4   Erkenntnisse aus der Mehrfachfallstudie 218
  6.5   Spannungsbogen und Beitrag 227
6.5.1 Spannungsboden dieses Buchs 227
6.5.2 Beitrag dieses Buchs zur Theorie 229
6.5.3 Beitrag dieses Buchs zur Praxis 230
6.5.4 Ausblick auf weitere Forschungsarbeiten 231
7 Literaturverzeichnis 233
8 Anhang 241
  8.1   Interviewleitfäden 241
8.1.1 Fragebogen zum Einsatz von Weblogs 241
8.1.2 Fragebogen zum Einsatz von Wikis 244
8.1.3 Mitarbeiterbefragung zu Wikis 247
8.1.4 Mitarbeiterbefragung zu Weblogs 253
  8.2   Ergebnisse der Mitarbeiterbefragungen 254
8.2.1 Mitarbeiterbefragung Fallstudie Beta (Supportwiki) 254
8.2.2 Mitarbeiterbefragung Fallstudie Gamma (Unternehmenswiki) 264
8.2.3 Mitarbeiterbefragung Fallstudie Zeta (Mitarbeiterweblogs) 273
8.2.4 Mitarbeiterbefragung Fallstudie Eta (Unternehmenswiki) 289

Abbildungsverzeichnis

Abbildung 1: Problemstellung: Web 2.0, Corporate Web 2.0 und Wissenstransfer 6
Abbildung 2: Methodenprofil der Wirtschaftsinformatik [Wilde und Hess, 2007] 14
Abbildung 3: Design von Mehrfachfallstudien, nach [Yin, 2003] 17
Abbildung 4: Forschungsdesign 19
Abbildung 5: Idealtypisches Studiendesign 22
Abbildung 6: Adaptiertes Studiendesign 25
Abbildung 7: Studiendesign: Literaturstudie 29
Abbildung 8: Wissensmanagement-Bausteinmodell [Probst u.a., 1997] 33
Abbildung 9: Technik-Organisation-Mensch (TOM) [Bullinger u.a., 1997] 33
Abbildung 10: Wissensmanagement-Spiralmodell [Nonaka und Takeuchi, 1995] 34
Abbildung 11: Knowledge transfer, sharing and diffusion [Us Saaed u.a., 2008] 36
Abbildung 12: Ein Modell für Wissenstransfer [Puntschart, 2006], [Vgl. Peinl, 2006] 37
Abbildung 13: Ein Modell für Wissensaustausch [Puntschart, 2006], angelehnt an [Peinl, 2006] 38
Abbildung 14: Weblog zu Web 2.0 und Unternehmen 46
Abbildung 15: Semantisches Wiki zum Buch „Social Semantic Web" 48
Abbildung 16: Fragestellungen im Corporate Web 2.0 [Stocker u.a., 2008D] 78
Abbildung 17: Web, Web 2.0 und Corporate Web 2.0 [Stocker u.a., 2008D] 79
Abbildung 18: Einteilung von Corporate Weblogs [Zerfass, 2005] 81
Abbildung 19: Technologie-Akzeptanz-Modell [Davis, 1989] 87
Abbildung 20: Erfolg von Informationssystemen I [DeLone und McLean, 1992] 89
Abbildung 21: Erfolg von Informationssystemen II [DeLone und McLean, 2003] 90
Abbildung 22: Studiendesign: Pilotfallstudie 91
Abbildung 23: Offline- und Online-Spuren 96
Abbildung 24: Pilotstudie: Lese-Motivation (n=20) 99
Abbildung 25: Pilotstudie: Weblog-Lese-Tools (n=20) 100
Abbildung 26: Pilotstudie: Weblog-Leseverhalten (n=20) 101
Abbildung 27: Pilotstudie: Kommentarneigung (n=20) 101
Abbildung 28: Pilotstudie: Verbesserungspotential (n=20) 102
Abbildung 29: Pilotstudie: Wissenstransfer über Weblog (n=20) 103
Abbildung 30: Pilotstudie: Nichtleserverhalten (n=20) 104
Abbildung 31: Pilotstudie: Nichtleser-Motivation (n=20) 105
Abbildung 32: Pilotstudie: Bevorzugte Wissenstransferinstrumente (n=20) 106
Abbildung 33: Pilotstudie: Weblogs als Wissenstransfer-Instrumente (n=20) 107
Abbildung 34: Studiendesign: Mehrfachfallstudie 111
Abbildung 35: Struktureller Aufbau einer Einzelfallstudie 116
Abbildung 36: Studiendesign: Ergebnisse der Mehrfachfallstudie 197

Abbildung 37: Mehrwert durch Corporate Web 2.0 219
Abbildung 38: Fallstudie Beta: Wiki-Schreib-Leseverhalten (n=59) 255
Abbildung 39: Fallstudie Beta: Beiträge zum Wiki (n=59) 255
Abbildung 40: Fallstudie Beta: Aufgabenrelevanz von Informationen (n=59) 256
Abbildung 41: Fallstudie Beta: Das Web als Medium (n=59) 257
Abbildung 42: Fallstudie Beta: Aussagen zu betrieblichen Aufgaben (n=59) 258
Abbildung 43: Fallstudie Beta: Identifikation der Mitarbeiter (n=59) 258
Abbildung 44: Fallstudie Beta: Wahrnehmung des Wiki (n=59) 259
Abbildung 45: Fallstudie Beta: Motivation, Wikis aus operativer Sicht zu nutzen (n=59) 259
Abbildung 46: Fallstudie Beta: Motivation, Wikis aus sozialer Sicht zu nutzen (n=59) 260
Abbildung 47: Fallstudie Beta: Nutzen von Wikis für das Individuum (n=59) 261
Abbildung 48: Fallstudie Beta: Nutzen von Wikis für Team/Organisation (n=59) 261
Abbildung 49: Fallstudie Beta: Eigenschaften der befragten Mitarbeiter (n=59) 262
Abbildung 50: Fallstudie Beta: Hemmschwellen und Hindernisse für die Wiki-Nutzung (n=59) 262
Abbildung 51: Fallstudie Beta: Alter der befragten Mitarbeiter (n=59) 263
Abbildung 52: Fallstudie Beta: Geschlecht der befragten Mitarbeiter (n=59) 263
Abbildung 53: Fallstudie Beta: Stellenbezeichnung der befragten Mitarbeiter (n=59) 263
Abbildung 54: Fallstudie Gamma: Wiki-Schreib-Leseverhalten (n=18) 264
Abbildung 55: Fallstudie Gamma: Beiträge zum Wiki (n=18) 265
Abbildung 56: Fallstudie Gamma: Aufgabenrelevanz von Informationen (n=18) 266
Abbildung 57: Fallstudie Gamma: Das Web als Medium (n=18) 266
Abbildung 58: Fallstudie Gamma: Aussagen zu betrieblichen Aufgaben (n=18) 267
Abbildung 59: Fallstudie Gamma: Identifikation der Mitarbeiter (n=18) 267
Abbildung 60: Fallstudie Gamma: Wahrnehmung des Wiki (n=18) 268
Abbildung 61: Fallstudie Gamma: Motivation, Wikis aus operativer Sicht zu nutzen (n=18) 268
Abbildung 62: Fallstudie Gamma: Motivation, Wikis aus sozialer Sicht zu nutzen (n=18) 269
Abbildung 63: Fallstudie Gamma: Nutzen von Wikis für das Individuum (n=18) 269
Abbildung 64: Fallstudie Gamma: Nutzen von Wikis für Team/Organisation (n=18) 270
Abbildung 65: Fallstudie Gamma: Eigenschaften der befragten Mitarbeiter (n=18) 271
Abbildung 66: Fallstudie Gamma: Hemmschwellen und Hindernisse für die Wiki-Nutzung (n=18) 271
Abbildung 67: Fallstudie Gamma: Alter der befragten Mitarbeiter (n=18) 272
Abbildung 68: Fallstudie Gamma: Geschlecht der befragten Mitarbeiter (n=18) 272
Abbildung 69: Fallstudie Gamma: Stellenbezeichnung der befragten Mitarbeiter (n=18) 273
Abbildung 70: Fallstudie Zeta: Weblog-Schreib-Leseverhalten (n=21) 274
Abbildung 71: Fallstudie Zeta: Beiträge zu eigenen und fremden Weblogs (n=21) 275
Abbildung 72: Fallstudie Zeta: Aufgabenrelevanz von Informationen (n=21) 276
Abbildung 73: Fallstudie Zeta: Das Web als Medium (n=21) 277
Abbildung 74: Fallstudie Zeta: Aussagen zu betrieblichen Aufgaben (n=21) 278
Abbildung 75: Fallstudie Zeta: Identifikation der Mitarbeiter (n=21) 278
Abbildung 76: Fallstudie Zeta: Wahrnehmung von Weblogs (n=21) 279
Abbildung 77: Fallstudie Zeta: Motivation, Weblogs aus operativer Sicht zu nutzen (n=21) 280

Abbildung 78: Fallstudie Zeta: Motivation, Weblogs aus sozialer Sicht zu nutzen (n=21) 281
Abbildung 79: Fallstudie Zeta: Nutzen von Weblogs für das Individuum (n=21) 282
Abbildung 80: Fallstudie Zeta: Nutzen von Weblogs für Team/Organisation (n=21) 282
Abbildung 81: Fallstudie Zeta: Eigenschaften der befragten Mitarbeiter (n=21) 283
Abbildung 82: Fallstudie Zeta: Hemmschwellen und Hindernisse für Weblogs (n=21) 284
Abbildung 83: Fallstudie Zeta: Alter der befragten Mitarbeiter (n=21) 285
Abbildung 84: Fallstudie Zeta: Geschlecht der befragten Mitarbeiter 285
Abbildung 85: Fallstudie Zeta: Stellenbezeichnung der befragten Mitarbeiter (n=21) 285
Abbildung 86: Fallstudie Zeta: Quantität von Aktionen (n=21) 286
Abbildung 87: Fallstudie Zeta: Operative Motivation (n=21) 287
Abbildung 88: Fallstudie Zeta: Soziale Motivation (n=21) 287
Abbildung 89: Fallstudie Zeta: Erfolg von Weblogs (n=21) 288
Abbildung 90: Fallstudie Zeta: Hindernisse der Weblog-Nutzung (n=21) 289
Abbildung 91: Fallstudie Eta: Wiki-Schreib-Leseverhalten (n=48) 290
Abbildung 92: Fallstudie Eta: Beiträge zum Wiki (n=48) 290
Abbildung 93: Fallstudie Eta: Aufgabenrelevanz von Informationen (n=48) 291
Abbildung 94: Fallstudie Eta: Das Web als Medium (n=48) 292
Abbildung 95: Fallstudie Eta: Aussagen zu betrieblichen Aufgaben (n=48) 293
Abbildung 96: Fallstudie Eta: Identifikation der Mitarbeiter (n=48) 293
Abbildung 97: Fallstudie Eta: Wahrnehmung des Wiki (n=48) 294
Abbildung 98: Fallstudie Eta: Motivation, Wikis aus operativer Sicht zu nutzen (n=48) 295
Abbildung 99: Fallstudie Eta: Motivation, Wikis aus sozialer Sicht zu nutzen (n=48) 295
Abbildung 100: Fallstudie Eta: Nutzen von Wikis für das Individuum (n=48) 296
Abbildung 101: Fallstudie Eta: Nutzen von Wikis für Team/ Organisation (n=48) 296
Abbildung 102: Fallstudie Eta: Eigenschaften der befragten Mitarbeiter (n=48) 297
Abbildung 103: Fallstudie Eta: Hemmschwellen und Hindernisse für die Wiki-Nutzung (n=48) 297
Abbildung 104: Fallstudie Eta: Alter der befragten Mitarbeiter (n=48) 298
Abbildung 105: Fallstudie Eta: Geschlecht der befragten Mitarbeiter (n=48) 298
Abbildung 106: Fallstudie Eta: Stellenbezeichnung der befragten Mitarbeiter (n=48) 299

Tabellenverzeichnis

Tabelle 1: Quantitative Analyse des Geschäftsführer-Weblog 94
Tabelle 2: Teilnehmer an der Mehrfachfallstudie 112
Tabelle 3: Vorgehensweise bei der Fallstudienanalyse 113
Tabelle 4: Mehrfachfallstudie: Leseverhalten 198
Tabelle 5: Mehrfachfallstudie: Schreibverhalten 199
Tabelle 6: Mehrfachfallstudie: Nutzungsmotivation auf operationaler Ebene 200
Tabelle 7: Mehrfachfallstudie: Nutzungsmotivation auf sozialer Ebene 201
Tabelle 8: Mehrfachfallstudie: Empfundene Nutzungshindernisse 202
Tabelle 9: Mehrfachfallstudie: Nutzen 204
Tabelle 10: Mehrfachfallstudie: Nutzenmatrix 205
Tabelle 11: Mehrfachfallstudie: Nutzen auf individueller Ebene 206
Tabelle 12: Mehrfachfallstudie Nutzen auf Gruppen- bzw. Organisationsebene 207
Tabelle 13: Mehrfachfallstudie: Erfolgsfaktorenmatrix 211
Tabelle 14: Steckbrief der Fallstudie Alpha 212
Tabelle 15: Steckbrief der Fallstudie Beta 213
Tabelle 16: Steckbrief der Fallstudie Gamma 213
Tabelle 17: Steckbrief der Fallstudie Delta 214
Tabelle 18: Steckbrief der Fallstudie Epsilon 214
Tabelle 19: Steckbrief der Fallstudie Zeta 215
Tabelle 20: Steckbrief der Fallstudie Eta 215
Tabelle 21: Steckbrief der Fallstudie Theta 216
Tabelle 22: Steckbrief der Fallstudie Iota 216
Tabelle 23: Steckbrief der Fallstudie Kappa 217
Tabelle 24: Mehrfachfallstudie: Erkenntnisse zu Wiki und Weblog 225
Tabelle 25: Mehrfachfallstudie: Web 2.0 im Unternehmen nutzen 226

1 Einführung

1.1 Motivation und Problemstellung

Die von Globalisierung, steigender Dynamik des Wirtschaftens und verkürzten Innovationszyklen bei angestrebter Maß- statt Massenfertigung geprägte Zeit lässt den Ruf nach einem nachhaltigen Management des organisationalen Wissens wieder laut werden. Wissen zu dokumentieren, auf aktuellem Stand zu halten und einfach abrufbar zu verwalten gilt wieder als oberste Prämisse für Innovation und Fortschritt in wissensorientierten Unternehmen und wissensintensiven Branchen [Vgl. Weber, 2007].

Wie sich bei der Analyse besonders innovativer Unternehmen in den letzten beiden Jahren herausgestellt hat, versuchen diese für sich einen Trend im Zusammenhang mit dem Web nutzbar zu machen. Um diesen Trend zu bezeichnen, hat der Verleger Tim O'Reilly bereits 2004 den Begriff „Web 2.0" [O'Reilly, 2004] geprägt und in seinem Essay „What is Web 2.0? Design Patterns and Business Models for the Next Generation of Software" die dem Web 2.0 aus seiner Sicht zugrunde liegenden Prinzipien veröffentlicht. So zeigt sich das Web als sozio-technische Umgebung schon seit einigen Jahren einer Evolution unterzogen: Nutzer wandeln sich von rein passiven Konsumenten von Web-Inhalten zu aktiven Produzenten. Zudem nimmt die Relevanz der durch Nutzer erzeugten Web-Inhalte stetig zu.

Im Web 2.0 veröffentlichen Nutzer Wiki-Beiträge, verfassen Weblog-Inhalte, vernetzen sich mit Gleichgesinnten zu virtuellen Communities, werden Mitglieder in großen sozialen Netzwerken und hinterlassen überall im Web ihre elektronischen Spuren. Sie knüpfen Bindungen in Web-Plattformen, wie Facebook[1], LinkedIn[2] oder Xing[3] und erzeugen eine bisher nie dagewesene Transparenz über ihre Aktivitäten, Interessen, Ziele und Emotionen. Sie übertragen soziale Prozesse auf das Web oder

---

[1] Facebook: www.facebook.com
[2] LinkedIn: www.linkedin.com
[3] Xing: www.xing.com

verlassen sich diesbezüglich sogar gänzlich darauf, wie beispielsweise die Plattform Second Life[4] veranschaulicht [Vgl. Stocker und Tochtermann, 2008C]. Völlig neu ist, dass jegliche nutzerorientierte Aktivität selbständig und selbstorientiert stattfindet. Web 2.0 und Wissensmanagement konvergieren in vielen Aspekten. Das für Wissensmanagement und Wissenstransfer spannendste Prinzip von Web 2.0 ist die gelebte Freiwilligkeit, mit der Menschen Ideen und Vorstellungen am Web mit Gleichgesinnten teilen. Auf nutzergenerierten Inhalten basierende Web-Plattformen, wie die freie Enzyklopädie Wikipedia[5], die soziale Netzwerkplattform StudiVZ[6], die Plattform zur gemeinsamen Zielerreichung 43things[7] oder das Videoportal YouTube[8] untermauern das am Web 2.0 gelebte Prinzip der Freiwilligkeit. Ohne dieses fundamentale Prinzip würden angeführte Web-Plattformen gar nicht funktionieren, weil Betreiber dieser Plattformen ihren Nutzern lediglich die Basis-Technologie zur Verfügung stellen, aber keine Inhalte. Alle Inhalte werden durch Nutzer selbstorganisiert und in Eigenverantwortung zum Teil im Rahmen von umfangreichen Kommunikations- und Kollaborationsprozessen erstellt. Facebook geht in Bezug auf nutzergenerierte Inhalte noch einen Schritt weiter: Jedem Anwender wird ermöglicht, Technologien in der Form selbst entwickelter Software in die Plattform einzubringen, um damit den Funktionsumfang von Facebook bedarfsgetrieben zu erweitern.

Unternehmen nehmen neben den klassischen Produktionsfaktoren Arbeit, Boden und Kapital das Wissen ihrer Mitarbeiter als weitere wesentliche Ressource wahr, um erfolgreich am Markt operieren zu können. Demzufolge will Wissensmanagement als ein eigener Management-Ansatz den Unternehmen auch zu einem möglichst effektiven und effizienten Umgang mit der Ressource Wissen verhelfen. Damit Wissen im Unternehmen nicht wertlos bleibt und effektiv eingesetzt werden kann, muss es jederzeit an alle Mitarbeiter transferierbar sein. Die Förderung eines aktiven Wissenstransfers zwischen Mitarbeitern gilt demzufolge stets als eine der wesentlichsten Aufgaben eines nachhaltigen Wissensmanagements [Vgl. Alavi und

---

[4] Second Life: www.secondlife.com
[5] Wikipedia: www.wikipedia.com
[6] StudiVZ: www.studivz.net
[7] 43 Things: www.43things.com
[8] YouTube: www.youtube.com

Leidner, 2001], [Vgl. Josi u.a., 2004]. Zur Unterstützung eines solchen Wissenstransfers kann Web 2.0 einen wesentlichen Beitrag leisten.

Die am Web 2.0 gelebte neuartige und moderne Art und Weise des Transfers von Inhalten und Wissen wollen Wissensmanager nur allzu gern in die Unternehmenslandschaft integrieren. Im Zusammenhang mit dieser Integration schwebt ihnen vor, sowohl die den sozialen Prozessen zugrunde liegenden Technologien, als auch das mit diesen Technologien verwobene fundamentale Prinzip der Freiwilligkeit in der Wissensteilung für ihre Zwecke nutzbar zu machen. So wollen Unternehmen dem klassischen Dilemma der Wissensteilung [Vgl. Cabrera und Cabrera, 2002] entkommen. Organisationale Zielsetzungen, wie beispielsweise Sicherung und Ausbau von Wettbewerbsfähigkeit, Effektivität- und Effizienzbestrebungen in Kommunikation und Zusammenarbeit und mangelhafte Erfahrungen mit klassischen Wissensmanagement-Instrumenten lassen innovativere Ansätze im Wissensmanagement mehr den je notwendig erscheinen.

Durch die Beobachtung moderner Web-2.0-Anwendungen erkennen Unternehmen großes Potential aus einer möglichen Übernahme der dem Web 2.0 zugrunde liegenden Strukturen und Muster [Vgl. Leibhammer und Weber, 2008], [Vgl. Bughin, 2008], [Vgl. Schachner und Tochtermann, 2008]. Sie streben durch eine Web-2.0-Strategie die Optimierung ihrer Geschäftsprozesse an und rechnen zum Teil auch langfristig mit einer Anpassung von Geschäftsmodellen durch zunehmende Verflechtung ihrer Produkte und Dienstleistungen mit dem Web. Besonders innovative Unternehmen spielen schon heute mit dem Gedanken, Verteilung und Abrufen von Informationen durch moderne Web-2.0-Anwendungen und Technologien inter- und intraorganisational zu revolutionieren. In Analogie zum Web 2.0 soll auch in Unternehmen ein Großteil der Inhalte durch die Mitarbeiter selbstorganisiert erstellt und verteilt werden. Analog zu „*user generated content*" wird „*employee generated content*" der Kernaspekt sein.

Im Gegenzug zu den bereits angesprochenen Web-2.0-Prinzipien ist die Unternehmenslandschaft bereits geprägt: vor allem durch spezielle dort vorherrschende Kulturen und Hierarchien [Vgl. Schreyögg, 1999]. Eine durch Web 2.0 verursachte bzw. mit Web 2.0 implizit verbundene Selbstorganisation von Mitarbeitern kann in Unternehmen ein besonderes Spannungsfeld aufziehen. Ein solches

Spannungsfeld zwischen Selbstorganisation, stimuliert bzw. vielmehr gefordert durch Web 2.0 und seine Prinzipien und Fremdorganisation, postuliert durch stark hierarchisch ausgeprägte Organisationskonzepte, kann sich in frühen Phasen bereits negativ auf die Nutzung von Web-2.0-Anwendungen in Unternehmen auswirken. In der Theorie müssten erfolgreiche Unternehmen die Selbstorganisation ihrer Mitarbeiter als fundamentales Prinzip akzeptieren und soweit in ihre betrieblichen Abläufe verankern, ohne aber die gewollten positiven Effekte von Web 2.0, wie eben die Freiwilligkeit in der Wissensweitergabe, in Unternehmen zu verlieren.

Der Einsatz von Web 2.0 im Umfeld von Unternehmen wird häufig mit den Begriffen *„Corporate Web 2.0"* [Schachner und Tochtermann, 2008] bzw. *„Enterprise 2.0"* [McAfee, 2006] bezeichnet. In diesem Zusammenhang stellen Wiki und Weblog zwei äußerst beliebte Werkzeuge für Unternehmen dar. Beide sind im Grunde genommen leichtgewichtige Content-Management-Systeme, welche auf den Prinzipien von Web 2.0 basieren. So werden Wiki und Weblog als eigene Anwendungsklasse von Web 2.0 hinsichtlich ihrer Funktionalitäten von Unternehmen meist sehr ähnlich wahrgenommen. Darüber hinaus grenzen sie sich deutlich von weiteren Anwendungsklassen, beispielsweise den sozialen Netzwerkdiensten [Vgl. Koch u.a., 2007] ab. Wiki und Weblog unterstützen durch ihre Funktionsweise primär die nutzerübergreifende Sammlung und Präsentation von Inhalten und erst sekundär die Vernetzung zwischen den Inhaltslieferanten. In dieser Forschungsarbeit und für die Domäne intraorganisationaler Wissenstransfer sind daher Wiki und Weblog aufgrund ihrer konzeptionellen Verwandtschaft gemeinsam zu untersuchen. Für beide Anwendungen gelten daher auch dieselben Untersuchungsziele. Soziale Netzwerkdienste – beispielsweise IBM BluePages[9] – unterscheiden sich als weitere Anwendungsklasse sowohl hinsichtlich ihrer Funktionalitäten, als auch hinsichtlich ihrer Anforderungen und finden in diesem Buch keine explizite Berücksichtigung.

Vor diesem komplexen Hintergrund tun sich den Autoren aus einer intraorganisationalen Wissenstransferperspektive eine Vielzahl interessanter und zugleich für Unternehmen besonders relevanter Fragestellungen im Corporate Web 2.0 auf. Die nachfolgenden Fragestellungen werden in diesem Buch fortlaufend diskutiert und weiter vertieft:

?	• Wie teilen Mitarbeiter ihr Wissen mit Hilfe der beiden speziellen Anwendungen des Web 2.0, Wiki und Weblog? • Wie setzen Unternehmen interne Wikis und Weblogs effektiv und nachhaltig ein? • Welche organisationalen Rahmenbedingungen begünstigen den Einsatz von Wiki und Weblog im Unternehmen? • Welchen Erfolg erzielen Unternehmen mit Wiki und Weblog in der Unterstützung des intraorganisationalen Wissenstransfers?

Wird ein idealer Wissensmanagement-Mix als ausgewogenes Portfolio aus humanorientierten, organisationalen und technologischen Maßnahmen betrachtet [Vgl. Bullinger u.a., 1997], so beschränkt sich dieses Buch in seiner Erkenntnisgewinnung auf die beiden technologischen Wissenstransfer-Instrumente Wiki und Weblog. Jedoch bestehen umfangreiche Wechselwirkungen zwischen Technologie, Organisation und Mensch, welche im Verlauf dieser Arbeit detailliert dargestellt und interpretiert werden: Die Anwendung von Web-2.0-Technologien in einem komplexen System, wie es bei Unternehmen der Fall ist, erfordert auch eine intensive Auseinandersetzung mit nicht-technologischen Einflussfaktoren, weil diese den Erfolg von Projekten stimulieren, aber auch konterkarieren können.

Auswahl und Akquise von an der Mehrfachfallstudie teilnehmenden Unternehmen stellte eine beachtliche Herausforderung dar. Nur ungern und zögerlich wollten sich Unternehmen in ihre Karten blicken lassen, wenn es um die Abschöpfung von Wissen über die Umsetzung innovativer technologischer Projekte ging. Aufgrund der Tatsache, dass der Erstautor drei Mal für die Organisation des Wirtschaftsteils der *„International Conference on Knowledge Management and Knowledge Technologies"* *(I-KNOW)*[10] verantwortlich war, wurde ihm ein tiefer Einblick in innovative Unternehmen, deren Praktiken und den durch sie verfolgten technologischen Trends gewährt. Als Folge einer umfangreich angelegten Unternehmensbeobachtung wurde dem Erstautor rasch klar, dass zum Zeitpunkt der Erstellung dieses Buchs noch wenige

---

[9] IBM Bluepages: www-03.ibm.com/press/us/en/pressrelease/19156.wss

nachhaltige Wikis und Weblogs in Unternehmen existierten, was die Aktualität dieses Themas und die Relevanz des in diesem Buch dargestellten Forschungsvorhabens bestätigt. Nachfolgende Abbildung fasst die in diesem Buch behandelte Problemstellung zusammen:

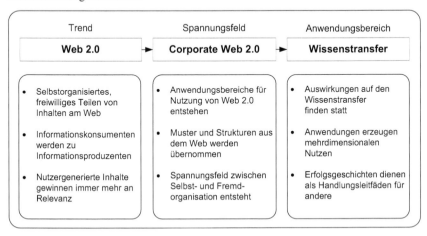

Abbildung 1: Problemstellung: Web 2.0, Corporate Web 2.0 und Wissenstransfer

1.2 Einordnung in die Forschungslandschaft

Das vorliegende Buch will der technologiegestützten Wissensmanagement-Forschung zugeordnet werden. Anwendungen des Web 2.0 werden als komplexe sozio-technische Umgebungen verstanden, welche einer gewissen Dynamik und Unberechenbarkeit unterliegen. Gerade diese beiden Faktoren erschweren das Abschätzen der Wirkung von Web 2.0 im betrieblichen Umfeld.

Durch die systematische Untersuchung, wie Anwendungen und Technologien des Web 2.0 in Unternehmen eingesetzt werden können, trägt dieses Buch wesentlich zur Web-2.0-Forschung bei. Web 2.0 ist zwar per se noch kein eigenes Forschungsgebiet, die Untersuchung der mit Web 2.0 implizierten Phänomene wird aber von

---

[10] International Conference on Knowledge Management and Knowledge Technologies: www.i-know.at

unterschiedlichen Forschergruppen mit starkem Interesse verfolgt. Pädagogen, Psychologen, Soziologen, Kreativitätsforscher, Informationswissenschaftler, Wirtschaftswissenschaftler, Kommunikationswissenschaftler und selbstverständlich auch Informatiker untersuchen die Auswirkungen von Web 2.0 auf ihre jeweilige Domäne. Forschungsgebiete, zu denen diese Arbeit zudem sehr enge Schnittstellen aufweist, sind neben Informations- und Wissensmanagement auch Computer Supported Collaborative Work (CSCW) und Computer Mediated Communication (CMC).

Was die aktuelle Forschungslage zu Web 2.0 betrifft, empfinden die Autoren eine Vernachlässigung anwendungsorientierter Forschung zur empirischen Untersuchung der Nutzung neuer Web-2.0-Technologien im Zusammenhang mit Unternehmen. Gerade dieser Aspekt ist eine wesentliche Aufgabe von Forschungsarbeiten aus den Fachbereichen Betriebswirtschaft und Wirtschaftsinformatik. Weiters formt das Buch durch die systematische Untersuchung der Wirkung von Wiki und Weblog auf den intraorganisationalen Wissenstransfer einen Beitrag für die Forschung zu technologieorientiertem Wissensmanagement im Kontext von Unternehmen. Aus Sicht der Autoren wird anwendungsnahe Forschung in dieser Domäne bisher wesentlich von Einzelfallstudien geprägt, welche per se weniger robuste Aussagen zu den beobachteten Phänomenen zu liefern imstande sind.

Auch die Weitergabe von Wissen aus Sicht der betrieblichen Wissensarbeiter ist ein bisher noch vergleichsweise wenig erforschtes Thema [Vgl. Han and Anantatmula, 2006]. Mittels explorativer Forschung soll in diesem Buch erläutert werden, welche Aspekte die Mitarbeiter daher besonders dazu bewegen, ihr Wissen zu teilen und ob speziell neue Web-2.0-Anwendungen und -Technologien, allen voran Wiki und Weblog, im Wissenstransfer unterstützen können.

1.3 Aufbau und Zielsetzung

Das Ziel dieses Buchs besteht in der unternehmensübergreifenden und systematischen Generation wissenschaftlicher Erkenntnisse über den intraorganisationalen Wissenstransfer mit den beiden speziellen Werkzeugen des Web 2.0, Wiki und Weblog. Für diese beiden Werkzeuge gelten aufgrund ihrer gemeinsamen

Anwendungsklasse dieselben Untersuchungsziele. Dieses Buch nähert sich den zu untersuchenden Phänomenen aus einer explorativen Perspektive. Um das Forschungsziel bestmöglich zu erreichen, haben die Autoren eine Reihe von Tätigkeiten durchgeführt, welche im Folgenden kurz erläutert werden, weil sie auch die einzelnen Abschnitte des Buchs bilden.

Abschnitt 1 widmet sich Einleitung, Hintergrund, Problemstellung und Zielsetzung. Web 2.0 ist für Unternehmen von hinreichender Relevanz, um zu experimentieren und entsprechende Strukturen und Muster in die Unternehmenslandschaften zu integrieren. Speziell der in diesem Buch untersuchte Anwendungsbereich Wissenstransfer kann durch Web-2.0-Anwendungen stark profitieren.

Abschnitt 2 führt methodische Aspekte und Fragestellungen ein und definiert die diesem Buch zugrunde liegende Forschungsstrategie sowie das Studiendesign. Dieses Buch folgt domänengerecht der anwendungsnahen Forschung. Aus einer anwendungsorientierten Problemstellung heraus, Mitarbeiter noch mehr zu motivieren, ihr Wissen freiwillig und möglichst selbstorganisiert zu teilen, nähern sich die Autoren der zentralen Fragestellung, ob die beiden speziellen Web-2.0-Werkzeuge Wiki und Weblog eine geeignete Unterstützung für den intraorganisationalen Wissenstransfer darstellen.

Abschnitt 3 erläutert über eine Literaturstudie die für das Verständnis dieser Arbeit wesentlichen Grundkonzepte: Wissen, Wissensmanagement und Wissenstransfer werden unter Berücksichtigung der akademischen Literatur ausführlich diskutiert. Wiki und Weblog sind neue, dem Web 2.0 entstammende, computergestützte Informationssysteme, welche systematisch erforscht werden müssen. Neben einer Gliederung von Web 2.0 in soziale, technische und betriebswirtschaftliche Aspekte nehmen die Autoren durch die Diskussion zweier Modelle aus der Information Systems Research ausführlich Bezug zu Nutzung und Erfolg computergestützter Informationssysteme. Erkenntnisse aus diesem Abschnitt prägen wesentlich die Fragestellungen in den Fallstudien aus den Abschnitten 4 und 5.

Abschnitt 4 präsentiert die Ergebnisse der Vorstudie (Pilotfallstudie), welche den Autoren als Vorstudie zu ersten interessanten Erkenntnissen verhalf und eine Reihe vorläufiger Aussagen zum intraorganisationalen Wissenstransfer über Web-2.0-Anwendungen generierte. Außerdem bot diese Pilotfallstudie einen guten Nährboden, um Datenerhebungstechniken im Hinblick auf ihre Eignung zur Erkenntnisgewinnung in diesem speziellen Untersuchungskontext zu erproben. So wurden in der Pilotstudie Artefaktuntersuchung, Experiment, Interview und E-Mail-Befragung als Mittel zur Datenerhebung eingesetzt.

Abschnitt 5 dokumentiert Studiendesign und -ergebnisse der umfangreich angelegten Hauptstudie (Mehrfachfallstudie). Im Rahmen zehn detaillierter Einzelfälle, welche mit Hilfe von Experteninterviews und Mitarbeiter-Befragungen untersucht wurden, konnte der intraorganisationale Wissenstransfer über Wiki und Weblog systematisch erforscht werden. Ausgehend vom gesteckten Forschungsziel dieses Buchs stellte eine derartige Strategie für die Autoren die geeignete Wahl dar, weil sie sowohl robuste Aussagen ermöglichte, aber auch gleichzeitig für eine weitestgehende Minimierung von personellen Ressourcen auf Seite der teilnehmenden Unternehmen sorgte. In allen Fallstudien wurde auch speziell darauf geachtet, dass teilnehmende Unternehmen aus den Ergebnissen konkrete Handlungen ableiten konnten, um den Einsatz ihrer Lösungen zu optimieren.

Abschnitt 6 beinhaltet die wesentlichen Ergebnisse der Mehrfachfallstudie und eine Beschreibung des Beitrags zu Theorie und Praxis. Dort findet sich auch die systematische Ableitung von Aussagen zu Nutzen und Erfolg von Wiki und Weblog für den Anwendungsbereich intraorganisationaler Wissenstransfer. Die Schematisierung der einzelnen Fallstudien ermöglicht eine bessere Vergleichbarkeit sowie Replikation beobachteter Phänomene. So können robuste Aussagen über den intraorganisationalen Wissenstransfer als Antwort auf die in diesem Buch formulierten vier forschungsleitenden Fragen abgeleitet werden. Die Zusammenfassung der Einzelfälle als Steckbriefe möchte vor allem den Praktikern einen raschen Überblick über mögliche Einsatzszenarien (Business-Cases) vermitteln. Eine Präsentation der Erkenntnisse aus der Mehrfachfallstudie, d.h. was kann aus der Untersuchung von Wiki und Weblog über Corporate Web 2.0 gelernt werden, soll vor allem Entscheider in Unternehmen bei der Durchführung von Web-2.0-Projekten unterstützten. Abschließend findet sich noch ein Ausblick auf mögliche, auf den Ergebnissen dieses Buchs zukünftig aufbauende, Forschungsarbeiten.

2 Forschungsrahmen und Studiendesign

2.1 Anwendungsorientierte Forschung

Diese Arbeit will aufgrund der gewählten Thematik der Wirtschaftsinformatik zugerechnet werden. Bekanntlich positioniert sich die Wirtschaftsinformatik als angewandte Wissenschaft zwischen Betriebswirtschaftslehre und Informatik [Vgl. König u.a., 1995]. Als betriebswirtschaftliches Vertiefungsfach definiert sich die Wirtschaftsinformatik *„als Wissenschaft vom Entwurf und der Anwendung computergestützter Informationssysteme"* [Scheer, 1992]. *„Gegenstand der Wirtschaftsinformatik ist die Frage, wie Informations- und Kommunikationstechniken betriebswirtschaftliche Abläufe, Entscheidungsprobleme und Lösungsverfahren umgestalten können"* [Scheer, 1992]. Ähnlich der Betriebswirtschaft bezieht sich die Wirtschaftsinformatik als anwendungsorientierte Wissenschaft auf Problemstellungen aus der unternehmerischen Praxis.

Ulrich [Ulrich, 2001] diskutiert vier Merkmale einer anwendungsorientierten Forschung: Die betrachteten Probleme entstehen in der Praxis. Sie sind nicht disziplinär, sondern vielmehr multi-, inter-, oder transdisziplinär. Das Forschungsziel anwendungsorientierter Forschung liegt im Entwerfen und Gestalten der betrieblichen Wirklichkeit. Forschungskriterium ist die praktische Problemlösungskraft aus den entwickelten Modellen und Handlungsempfehlungen. Die angestrebten Aussagen von Arbeiten der anwendungsorientierten Forschung sind wertend und normativ.

Im Gegensatz zur anwendungsorientierten Forschung positioniert sich die Grundlagenforschung [Vgl. Ulrich, 2001]: Die Forschungsprobleme der Grundlagenwissenschaften entstehen aus den Zusammenhängen der Theorie. Das Forschungsziel einer Grundlagenwissenschaft ist die theoretische Erklärung bestehender Wirklichkeiten. Das Forschungsregulativ besteht in der objektiven Wahrheit. Forschungskriterien sind allgemeine Gültigkeit und die Erklärungs- und Prognosekraft von Theorien.

Die Gestaltung der betrieblichen Realität durch Web-2.0-Anwendungen und -Technologien steht im Vordergrund dieser Forschungsarbeit. Im Rahmen der Forschungsarbeit wird die Auswirkung neuer Anwendungen und Technologien auf den intraorganisationalen Wissenstransfer untersucht. Aus forschungsstrategischer Perspektive werden in diesem Buch Forschungsmethoden angewandt, die für die entsprechenden Domänen dieser Forschungsarbeit, Betriebswirtschaftslehre und Wirtschaftsinformatik, in der Erkenntnisgewinnung typisch sind und zum Erreichen des Forschungsziels bestmöglich beitragen können.

Die beiden speziellen Web-2.0-Anwendungen Wiki und Weblog können aus Sicht der Wirtschaftsinformatik den computergestützten Informationssystemen [Vgl. Scheer, 1992] zugerechnet werden. Forschungsgegenstand dieser Arbeit ist die Frage, ob und wie diese beiden neuen computergestützten Informationssysteme den intraorganisationalen Wissenstransfer überhaupt unterstützen können. In dieser Arbeit geht es daher um die Anwendung neuer computergestützter Informationssysteme und nicht um eine prototypische Implementierung solcher Anwendungen.

Web-2.0-Anwendungen schaffen als sozio-technische Systeme eine breite Basis für interdisziplinäre Forschung. Ganz im Sinne einer anwendungsnahen Forschung achten die Autoren auch speziell auf die praktische Problemlösungseigenschaft sowie Umsetzbarkeit ihrer gewonnenen Forschungsergebnisse. Die im Rahmen der Forschungsarbeit gewonnenen Aussagen sind außerdem, wie in der anwendungsorientierten Forschung typisch, stets als normativ zu betrachten.

2.2 Forschungsziel und Forschungsstrategie

Dieses Buch verwendet Fallstudienforschung als Technik zur Erkenntnisgewinnung. Fallstudienforschung stellt eine umfassende Forschungsstrategie dar und ist nicht lediglich eine von vielen Methoden zur Datenerhebung, wie beispielsweise Interview oder Dokumentenanalyse. Auch ist eine Fallstudie nicht bloß eine weitere neue Methode zur Analyse bereits erhobener Daten. Im Gegensatz dazu setzt Fallstudienforschung als umfassende Strategie in der empirischen Sozialforschung selbst verschiedenste Methoden und Techniken zur Erkenntnisgewinnung ein. Nicht nur deswegen hat Fallstudienforschung in der Untersuchung computergestützter

Informationssysteme als Forschungsstrategie ihre Berechtigung [Vgl. Benbasat u.a., 1987]. Fallstudienforschung wurde als Forschungsstrategie maßgeblich durch Yin [Yin, 2003] und Eisenhardt [Eisenhardt, 1989] geprägt.

Der strukturelle Aufbau der im Rahmen dieses Buchs vorgenommenen Forschungsleistung orientiert sich daher auch an dem durch Yin [Yin, 2003] definierten Aufbau von Fallstudienuntersuchungen. Yin definiert eine Fallstudie als *"...an empirical inquiry that investigates a contemporary phenomenon within its real life context, especially when the boundaries between the phenomenon and context are not clearly evident"*. Durch die Erkenntnis, dass komplexe Phänomene nicht von ihrem Kontext separierbar sind, ohne einen Verlust ihrer Verstehbarkeit zu verursachen, steigt die Bedeutung der Fallstudie und damit auch ihre Verbreitung als eine speziell für Problemlösungen geeignete Forschungsstrategie [Vgl. Kratochvill und Levin, 1992]. Insbesondere eignen sich Fallstudien für die Erforschung neuer Themen [Vgl. Eisenhardt, 1989]. Das Ziel von Fallstudienforschung besteht darin, auf der Basis einer detaillierten empirischen Situationsbeschreibung ein möglichst ganzheitliches Verständnis über einen Untersuchungsgegenstand zu erhalten. So werden konkrete Situationen der realen Welt als Basis zur induktiven Theoriebildung benutzt [Vgl. Eisenhardt 1989], wobei jeder Fall eine eigenständige analytische Einheit bildet.

In der Untersuchung von Web-2.0-Anwendungen in Unternehmen treffen die beiden angeführten Eigenschaften von Fallstudienforschung zu. So sind die beiden Web-2.0-Anwendungen Wiki und Weblog als sozio-technische Systeme äußerst komplex und nicht von ihrem Kontext, dem intraorganisationalen Wissenstransfer, trennbar. Außerdem handelt es sich bei Wiki und Weblog zweifelsohne um zeitgenössische Phänomene aus dem Web 2.0. Nun liegen Fallstudien gegenüber anderen Forschungsstrategien eindeutig im Vorteil, wenn die nachfolgenden vier Merkmale gegeben sind [Yin, 2003]. Im Hinblick auf die Erforschung des intraorganisationalen Wissenstransfers über Wiki und Weblog treffen alle vier Merkmale zu:

- Bei den zu untersuchenden Fragestellungen handelt es sich um „wie" oder „warum" Fragen.

- Der Forscher kann im Gegensatz zur experimentellen Forschung wenig bis gar keine Kontrolle über Ereignisse ausüben.
- Die Grenzen zwischen dem Kontext und dem zu untersuchenden Phänomen können nicht klar gezogen werden.
- Bei dem zu untersuchenden Phänomen handelt es sich um ein aktuelles.

Nachfolgende Abbildung veranschaulicht die Einordnung von Fallstudienforschung in den Kontext anderer Forschungsmethoden der Wirtschaftsinformatik unter Zuhilfenahme der beiden Dimensionen Paradigma und Formalisierungsgrad.

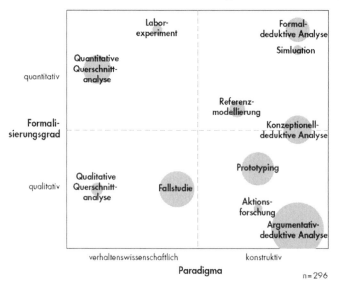

Abbildung 2: Methodenprofil der Wirtschaftsinformatik [Wilde und Hess, 2007]

Bei Fallstudien werden insbesondere die Rahmenbedingungen des untersuchten Phänomens eingebunden. Gerade aus dem jeweiligen Kontext können wertvolle Erkenntnisse gewonnen werden. Durch die klare Konzentration auf eine geringe Anzahl an Variablen schließen Experimente genau diesen Bereich aus. Fallstudienforschung widmet sich den beobachteten Phänomenen aus einer ganzheitlichen Perspektive, bei der wesentlich mehr Variablen von Interesse sind. Die gehaltvollen Informationen werden im Kontext vermutet.

Im Wesentlichen ist der Einsatz einer bestimmten Forschungsstrategie immer abhängig von der definierten Zielsetzung der Forschung sowie daraus abgeleitet von den jeweiligen Forschungsfragen bzw. forschungsleitenden Fragen. Zusätzlich bestimmen vor allem ein sauberer Aufbau sowie die in den Fallstudien verwendeten Techniken die Aussagekraft der Ergebnisse und den Beitrag der Fallstudie zur Forschung. Eine Kombination quantitativer und qualitativer Daten sorgt dabei für ein valides Fallstudiendesign [Vgl. Eisenhardt, 1989].

Als Forschungsstrategie wird Fallstudienforschung in der Wissenschaft durchaus auch kritisch gesehen. Wegen ihres qualitativen Charakters wird einer Fallstudie oftmals geringere Objektivität, Aussagekraft und Robustheit zugesagt. Sie läge dabei hinter Experimenten und quantitativen Erhebungen über große Stichproben [Vgl. Yin, 2003] zurück. In Zusammenhang mit Fallstudienforschung wird immer wieder die Frage nach der Generalisierbarkeit der gewonnenen Erkenntnisse laut. Yin [Yin, 2003] beschreibt, dass es in Fallstudien jedoch im Gegensatz zu Umfragen nicht um eine statistische Generalisierung im Sinne von *„generalize from sample to universe"* geht. Egal wie viele Fälle ein Fallstudienforscher auswählt, einer statistischen Generalisierbarkeit kann er niemals gerecht werden. Vielmehr dienen Fallstudien der analytischen Generalisierung von Ergebnissen, indem die gewonnenen Erkenntnisse direkt in die Theorie einer darüber liegenden Domäne einfließen: *„... case studies, like experiments are generalizable to theoretical propositions and not to populations or universes..."* [Yin, 2003]. Eine zuvor entwickelte Theorie wird als Schablone benutzt und mit den empirischen Ergebnissen einer Fallstudie verglichen. Unterstützen zwei oder mehrere Fälle dieselbe Theorie, kann Replikation behauptet werden. Die empirischen Ergebnisse können als mächtiger eingeschätzt werden, wenn mehrere Fälle eine gemeinsame Theorie unterstützen und darüber hinaus noch eine rivalisierende Theorie widerlegen. Der Nutzenzuwachs aus der Fallstudie besteht in der Anreicherung einer relevanten Theorie.

Eine wesentliche Stärke von Fallstudien liegt im Gegensatz zu Experimenten oder Umfragen auch in der Möglichkeit, unterschiedliche Informationsquellen für die Analyse eines Untersuchungsgegenstandes heranzuziehen. Yin [Yin, 2003] betont diesen Umstand mit dem Prinzip „use multiple sources of evidence". Erkenntnisse sowie Schlüsse, welche auf derartigen Fallstudien basieren, sind dann überzeugender und akkurater, wenn sie unterschiedliche Informationsquellen zur Erkenntnisgewinnung berücksichtigen. In diesem Buch kommen zwei völlig unterschiedliche Informationsquellen zum Einsatz: Semi-strukturierte Interviews von Projektverantwortlichen und Online-Befragungen von Nutzern. Mit dieser Vorgehensweise soll dem wesentlichen Prinzip von Fallstudienforschung entsprochen werden.

In Analogie zu Experimenten unterscheidet Yin [Yin, 2003] bei der Fallstudienforschung zwischen explorativen, deskriptiven und erklärenden Fallstudien. Mit Hilfe explorativer Fallstudien kann ein neues Untersuchungsfeld aufgespannt werden, welches Anknüpfungspunkte für zukünftige Studien definiert. Bei deskriptiven Fallstudien geht es um das Verstehen komplexer Zusammenhänge. Erklärende Fallstudien stellen die Hintergründe beobachteter Ereignisse dar und liefern Interpretationen dazu.

Das Forschungsziel dieses Buchs besteht darin, systematisch erste Erkenntnisse zum Einsatz von Wiki und Weblog in Unternehmen zu generieren. Ein theoretischer Unterbau zu Corporate Web 2.0 ist noch nicht vorhanden. In dem Bestreben, erste systematische Erkenntnisse zum Einsatz der beiden speziellen Web-2.0-Werkzeuge Wiki und Weblog im intraorganisationalen Wissenstransfer zu gewinnen, möchte dieses Buch als explorative Forschungsarbeit verstanden werden. Für die Untersuchung von Wiki und Weblog gelten aufgrund der bereits angesprochenen konzeptionellen Verwandtschaft dieselben Untersuchungsziele.

Yin unterscheidet bei Fallstudienforschung zwischen single- und multiple-case studies, also zwischen Einzel- und Mehrfachfallstudien. Die in Mehrfachfallstudien gewonnen Erkenntnisse wirken oft überzeugender und sind robuster, als jene von Einzelfallstudien [Vgl. Herriott und Firestone, 1983]. Mehrfalluntersuchungen erlauben zudem Replikation [Vgl. Yin, 2003]. So kann ein in einem Fall beobachtetes Phänomen am Beispiel eines anderen Falles untersucht und wieder gefunden werden. Je häufiger eine Replikation bei Fallstudien bestätigt werden kann, desto stärker können die gewonnenen Erkenntnisse durch Generalisierung in eine Theorie untermauert werden.

Forschungsziel und Forschungsstrategie

Dieses Buch will trotz seines explorativen Charakters möglichst robuste Aussagen zu den untersuchten Phänomenen liefern. Aus diesem Grund wurde die Mehrfachfallstudie als zentrale Forschungsstrategie der Einzelfallstudie vorgezogen. Aufgrund von Beschränkungen betreffend der Generalisierbarkeit erzielter Forschungsergebnisse ist eine möglichst exakte Erklärung, warum gewonnene Ergebnisse ihre spezielle Form aufweisen, für dieses Buch außerordentlich wichtig. Nur so können wesentliche Erkenntnisse als Handlungsleitfäden für die Praxis abgeleitet werden, eine wesentliche Zielsetzung dieser Arbeit. Nachfolgende Abbildung veranschaulicht das Design einer Mehrfachfallstudie [Yin, 2003].

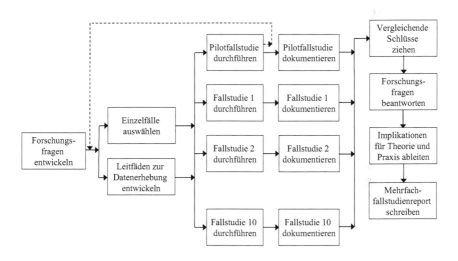

Abbildung 3: Design von Mehrfachfallstudien, nach [Yin, 2003]

Die Forschungsergebnisse einer Fallstudie sollen in Verbindung mit den jeweiligen Forschungsfällen sowie dem Forschungsprozess immer plausibel sein [Yin, 2003]. Yin nennt vier Kriterien *(„threats to validity")*, an denen sich die Qualität von Fallstudienforschung messen lässt [Yin, 2003]:

- *Construct Validity* (Konstruktvalidität) bezieht sich darauf, dass der Fallstudienforscher in der Lage sein muss, ein geeignetes Set an Messinstrumenten für die zu untersuchenden Konzepte zu finden. Er darf sich im Rahmen der Datensammlung nicht durch subjektive Entscheidungen leiten lassen. Die theoretischen Konstrukte müssen bei gegebenen Messinstrumenten den gemessenen Variablen entsprechen.

- *Internal Validity* (interne Validität) ist nur dann von Bedeutung, wenn ein Forscher Kausalzusammenhänge untersucht, d.h. abschätzen möchte, ob ein Ereignis X zu einem Ereignis Y geführt hat. Deskriptive oder explorative Fallstudien verfolgen nicht das Ziel, Erkenntnisse über Kausalzusammenhänge zu gewinnen.

- *External Validity* (externe Validität) ist ein Maß dafür, ob die Erkenntnisse, die in einer Fallstudie generiert wurden, auch über diese Fallstudie hinaus generalisierbar sind. Es geht insbesondere um die Robustheit von Untersuchungsergebnissen. Analytische Generalisierung findet in Fallstudien nicht automatisch statt. Eine entwickelte Theorie muss getestet werden, indem Erkenntnisse in weiteren Fallstudien repliziert werden.

- *Reliability* (Reliabilität) bedeutet, dass bei wiederholter Durchführung derselben Fallstudie durch einen anderen Forscher (gleiche Bedingungen, gleiche Messverfahren) dieselben Messergebnisse erzielt werden. Eine Fallstudie muss aus diesem Grund ausführlich beschrieben werden und sollte vollständig dokumentiert sein.

2.3 Forschungsdesign und Forschungsfragen

Aufbauend aus den in diesem Kapitel getroffenen Aussagen lässt sich das Ziel dieser Forschungsarbeit aus wissenschaftstheoretischer Sicht wie folgt beschreiben: Dieses Buch will in der Praxis beobachtete Phänomene im Zusammenhang mit intraorganisationalen Wikis und Weblogs in Unternehmen reflektierend-theoretisierend nachvollziehen und dafür plausible und zweckmäßige Interpretationen finden. Vor allem aus dem Grund der Novität der untersuchten Phänomene wurde daher, dem explorativen Charakter dieses Buchs entsprechend, ein mehrstufiges Forschungsdesign gewählt.

Mit der *Pilotfallstudie (Vorstudie)* verfolgen die Autoren den Zweck, erste Erkenntnisse über untersuchte Phänomene zu gewinnen. Außerdem dient die

Pilotfallstudie der Erprobung von Datenerhebungstechniken hinsichtlich ihrer Eignung zur Erkenntnisgewinnung. So schafft diese Einzelfallstudie eine solide Basis für die Entwicklung eines entsprechenden Mehrfachfallstudiendesigns. Gemäß dem Vorschlag von Patton [Patton, 1990] wurde in der Vorstudie ein informationsreicher Fall ausgewählt, welcher viele Möglichkeiten für ein Lernen aufweist.

In der *Mehrfachfallstudie (Hauptstudie)* werden zehn Einzelfälle des intraorganisationalen Wissenstransfers systematisch untersucht und entsprechend aufbereitet. Insbesondere soll auf Replikation beobachtbarer Phänomene getestet werden. Die Autoren nehmen an, dass gewisse Phänomene in mehreren Fällen beobachtet werden können. Durch die Mehrfachfallstudie sollen beobachtete Phänomene besser verstanden, in ein Schema gepresst und plausibilisiert werden. Die systematische Interpretation der beobachteten Phänomene stellt den zentralen Beitrag der Forschungsarbeit dar.

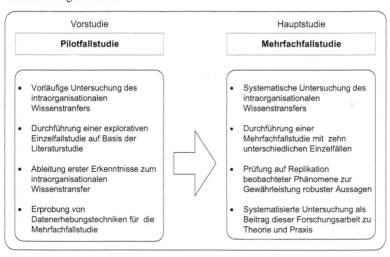

Abbildung 4: Forschungsdesign

Die in diesem Buch präzisierte anwendungsorientierte Forschungsfrage lautet:

?	Wie bringen Unternehmen ihre Mitarbeiter dazu, ihr Wissen über die beiden speziellen Web-2.0-Anwendungen Wiki und Weblog zu teilen?

Aufgrund eines weitestgehenden Mangels an qualitätsgesicherter, akademischer Literatur zu Wissenstransfer mit Web 2.0 im Kontext von Unternehmen sind die in diesem Buch durchgeführten Untersuchungen weitestgehend explorativer Natur. Durch die vorgenommenen Untersuchungen soll systematisch die Basis für ein besseres Verständnis über den Einsatz von Web 2.0 im Unternehmen, mit Corporate Web 2.0 bezeichnet, aus den gewonnen Erkenntnissen zum Einsatz der speziellen Web-2.0-Werkzeuge Wiki und Weblog erarbeitet werden. Da die beiden Werkzeuge Wiki und Weblog zur selben Anwendungsklasse von Web 2.0 gehören, gelten für Wiki und Weblog auch dieselben Untersuchungsziele.

Die Autoren analysieren und interpretieren, wie und aus welchem Grund Unternehmen die beiden speziellen Werkzeuge Wiki und Weblog einsetzen, welche Ziele sie verfolgen, welche (Mitarbeiter-)Potentiale sie aktivieren und welchen Mehrwert sie durch ihre Wissenstransferprojekte für Mitarbeiter und Organisation generieren. Durch eine umfassende Dokumentation der in zehn Einzelfällen beobachteten Phänomene erzeugt das Buch einen detaillierten Einblick in die Gestaltung des intraorganisationalen Wissenstransfers über Wiki und Weblog. Um die vorgenommenen Untersuchungen zu steuern, wurde die anfangs vorgestellte anwendungsorientierte Forschungsfrage weiter konkretisiert. Im Folgenden finden sich die vier abgeleiteten forschungsleitenden Fragen zu Nutzungsmustern, Motivation, Nutzen und Erfolgsfaktoren. Diese Vorgehensweise stellt sicher, dass bei einer explorativen Studie der rote Faden beibehalten wird. Diese forschungsleitenden Fragen werden im Abschnitt 6 „Zusammenfassung der Mehrfachfallstudie" systematisch beantwortet.

?	• Wie sehen die Nutzungsmuster der Mitarbeiter im Zusammenhang mit der Nutzung von Wiki und Weblog aus? • Worin besteht die Motivation der Mitarbeiter, die neu verfügbaren Werkzeuge Wiki und Weblog im Rahmen der Erledigung ihrer betrieblichen Aufgaben einzusetzen? • Welche Werte im Sinne von Nutzen erzeugen Wiki und Weblog auf individueller und organisationaler Ebene? • Wie sind Erfolgsfaktoren für den Wissenstransfer über Wiki und Weblog in Unternehmen ausgestaltet?

Diese Arbeit legt den Untersuchungsfokus einerseits auf die für die jeweiligen Wissenstransfer-Projekte verantwortlichen Experten in den teilnehmenden Unternehmen. Durch sehr umfassende semi-strukturierte Experteninterviews streben die Autoren danach, so viel wie möglich über einen entsprechenden Anwendungsfall aus der Perspektive der Verantwortlichen in Erfahrung zu bringen. Dazu war es notwendig, Fragen zum Unternehmen und darüber hinaus zum konkreten Projekt, d.h. zu Ausgangssituation, Einführung, Ergebnissen und Evaluierungsmaßnahmen, zu stellen.

Ferner banden die Autoren die Mitarbeiter als Wissensarbeiter und Nutzer von Wiki und Weblog über die Technik der Online-Befragung in die Untersuchung mit ein. Insbesondere der Einblick in die Perspektive der Nutzer von neuen Technologien steigert den Erkenntnisgewinn. Durch die Ergebnisse der Mitarbeiter-Befragung werden auch die Aussagen der Verantwortlichen aus den Experteninterviews validiert.

2.4 Studiendesign

Um das gesetzte Forschungsziel mit Hilfe der gewählten Forschungsstrategie bestmöglich zu erreichen, d.h. möglichst robuste und plausible Antworten auf die forschungsleitenden Fragen zu generieren, musste aufbauend auf dem eben eingeführten Forschungsdesign ein geeignetes Studiendesign entwickelt werden. Die nachfolgende Abbildung visualisiert das idealtypische Studiendesign.

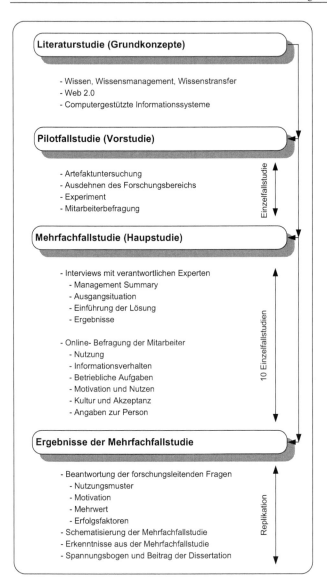

Abbildung 5: Idealtypisches Studiendesign

Aufgrund der Novität des im Rahmen dieses Buchs erforschten Themas in Theorie und Praxis wurde eine ausführliche Literaturstudie durchgeführt. Diese hatte zum Inhalt, die wesentlichen Grundkonzepte Wissen, Wissensmanagement und Wissenstransfer sowie Web 2.0 aus sozialer, technischer und wirtschaftlicher Sicht zu analysieren. Weiters werden zwei einschlägige Modelle aus der Forschung zu Informationssystemen in Bezug auf deren Dimensionen Technologieakzeptanz und Erfolg eingeführt und im Kontext dieser Arbeit bewertet. Das primäre Ziel dieser Literaturstudie bestand im Aufbau von notwendigem Wissen zur Konzeption eines geeigneten Studiendesigns für die Pilotfallstudie (Vorstudie).

In der Pilotfallstudie wurden erste Erkenntnisse zum intraorganisationalen Wissenstransfer über Web-2.0-Werkzeuge im Rahmen einer Einzelfallstudie gewonnen und geeignete Datenerhebungstechniken für eine darauf aufbauende umfassendere Mehrfachfallstudie entwickelt. In der Pilotfallstudie wurde daher mit unterschiedlichen Datenerhebungstechniken, wie Artefaktuntersuchung, Experiment und Mitarbeiterbefragung gearbeitet. In diesem Zusammenhang wurde die analysierte Literatur speziell berücksichtigt. Das primäre Ziel der Pilotfallstudie bestand darin, Wissen für die Konzeption eines geeigneten Studiendesigns für die Mehrfachfallstudie aufzubauen.

In der explorativen Mehrfachfallstudie sollten auf der Basis von zehn Einzelfällen die forschungsleitenden Fragen beantwortet werden. Als Datenerhebungsmethoden sind einerseits semi-strukturierte Interviews mit den für Web-2.0-Projekte in Unternehmen verantwortlichen Experten und andererseits Online-Befragungen der die Web-2.0-Anwendungen nutzenden Mitarbeiter vorgesehen. Das primäre Ziel der Mehrfachfallstudie bestand darin, ausgehend von der Analyse der Einzelfälle systematisch Ergebnisse über Nutzungsmuster, Motivation, Mehrwert und Erfolgsfaktoren zu gewinnen. Aus der Interpretation dieser Ergebnisse sollte als Zusatznutzen vor allem für Praktiker ein besseres Verständnis für Corporate Web 2.0 gewonnen werden.

Ein mit diesem Buch im Ansatz vergleichbares Thema behandelte auch Putschart [Puntschart, 2006] in ihrer am Institut für Wissensmanagement der Technischen Universität Graz sowie am Institut für Informationswissenschaft und Wirtschaftsinformatik der Universität Graz verfassten Dissertation zum

„Wissensaustausch über (un)moderierte Diskussionsforen". Während das vorliegende Buch jedoch den Wissenstransfer über Web-2.0-Werkzeuge im Unternehmen erforscht, untersucht Puntschart, den Einsatz von Web 2.0 in der universitären Lehre. So bestehen trotz vergleichbarer Untersuchungsziele bedeutende Unterschiede in der erforschten Zielgruppe. Auch das Studiendesign des vorliegenden Buchs grenzt sich entsprechend vom Studiendesign von Puntschart ab: Puntschart analysiert in ihrer Dissertation drei unterschiedliche Fälle in der Unterstützung der Lehre an der Technischen Universität Graz vor allem hinsichtlich quantitativer Merkmale, während das vorliegende Buch in der explorativen Mehrfachfallstudie zehn Fälle von intraorganisationalem Wissenstransfer in Unternehmen hauptsächlich hinsichtlich qualitativer Merkmale erforscht.

Die Nähe der im Rahmen dieses Buchs durchgeführten Forschung zur wirtschaftlichen Praxis zwang die Autoren zur Adaptierung des idealtypischen Studiendesigns, vor allem im Bereich der Mehrfachfallstudie. Die nachfolgende Abbildung veranschaulicht das adaptierte Studiendesign und weist den einzelnen Elementen des adaptierten Studiendesigns die entsprechenden Abschnitte dieses Buchs zu.

Studiendesign

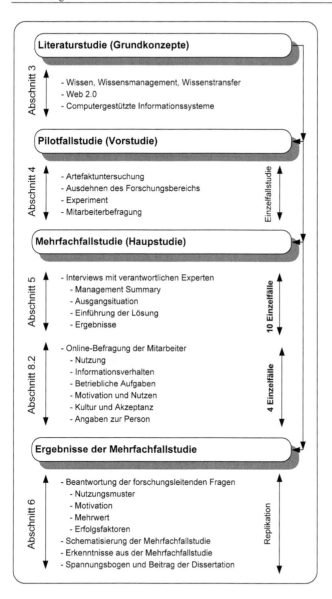

Abbildung 6: Adaptiertes Studiendesign

Im Folgenden soll auf die Erfahrungen der Autoren im Rahmen der Akquise von Fallstudienteilnehmern eingegangen werden, welche einen wesentlichen Grund für die Adaptierung des idealtypischen Studiendesigns dargestellt haben:

Die Akquise von geeigneten Fallstudienteilnehmern gestaltete sich als äußerst herausfordernd und zeitintensiv. Die Durchdringung der beiden Web-2.0-Werkzeuge Wiki und Weblog war bei vielen Unternehmen wesentlich geringer, als durch die Autoren im Vorfeld sowie nach der Literaturstudie vermutet wurde. Auch den technologischen Trends sehr offene Unternehmen befanden sich, vor allem aufgrund von Novität und Komplexität des Themas Corporate Web 2.0, vielfach noch in einer Experimentierphase. Sie zögerten in der Zusammenarbeit mit externen Forschern, was die Evaluierung der im Einsatz befindlicher Lösungen betraf.

Kontakte zu den an der Mehrfachfallstudie teilnehmenden Unternehmen wurden durch die Autoren über unterschiedliche Kanäle geknüpft: Die dreimalige Organisation des Praxisforums der *International Conference on Knowledge Management and Knowledge Technologies (I-KNOW)*[11] verhalf dem Erstautor zu einem sehr guten Einblick in die Domäne besonders innovativer Unternehmen und erleichterte den Zugang zu Fallstudien im Umfeld von Corporate Web 2.0. Insgesamt gewannen die Autoren nach einer sehr intensiven Akquisetätigkeit zehn Unternehmen, welche sich für eine Teilnahme an der Mehrfachfallstudie eigneten. Die Informationen aus den jeweils auf der Basis der dort erhobenen Daten erstellten Fallstudienreports lieferten vor allem für die teilnehmenden Unternehmen wertvolle Erkenntnisse durch die praxisnahe Forschung und zeigten dort Verbesserungspotentiale für den Einsatz ihrer auf Wiki und Weblog basierenden Wissenstransferlösungen auf.

Zehn Unternehmen unterschiedlicher Größenordnung und Branche wurden durch die Autoren als Teilnehmer an der Mehrfachfallstudie akzeptiert. Ausgehend vom explorativen Forschungsziel dieses Buchs können in der Mehrfachfallstudie über zehn untersuchte Einzelfälle hinweg systematisch Aussagen und Erkenntnisse mit einem für die Autoren im Rahmen explorativer Forschung als sehr zufriedenstellend eingeschätzten Robustheitsgrad formuliert werden. Weiters existieren für den in diesem Buch erforschten Anwendungsbereich, intraorganisationaler Wissenstransfer

---

[11] International Conference on Knowledge Management and Knowledge Technologies: www.i-know.at

Studiendesign 27

mit Web 2.0, bisher vor allem Einzelfallstudien, welche weniger robuste Aussagen zu liefern imstande sind.

Die als Fallstudienteilnehmer gewählten Unternehmen zeichnen sich durch eine Reihe an Gemeinsamkeiten aus, wodurch sie sich für eine Teilnahme besonders eigneten:

- In allen zehn Unternehmen gab es namentlich bekannte Verantwortliche für Wiki- und Weblog Projekte, welche auch für Interviews zur Verfügung standen.
- Alle zehn Unternehmen sind im deutschsprachigen Raum angesiedelt, kulturell sehr ähnlich und damit für die Autoren einfach zu erreichen.
- In allen zehn Einzelfällen konnten trotz Novität und Komplexität des Themas Corporate Web 2.0 bereits ausreichend Erfahrungen mit Wiki und Weblog gesammelt werden.

Im Folgenden soll näher auf die speziellen Herausforderungen eingegangen werden, welche die Autoren im Laufe der Forschung zur Adaption des idealtypischen Studiendesigns veranlasst haben:

Intraorganisationale Wikis und Weblogs enthalten üblicherweise besonders kritische Informationen, welche eng am Kerngeschäft eines Unternehmens angesiedelt sind. Dieser Umstand bedeutet für die Autoren eine erhebliche Herausforderung in der Erhebung von Daten, weil eine direkte Untersuchung der Anwendungen typischerweise nicht gestattet wird. So erhielten die Autoren in keiner Fallstudie direkten Einblick in die in Wiki und Weblog veröffentlichten Informationen. Vielmehr mussten die Autoren auf die Möglichkeit der Sekundärdatenerhebung zurückgreifen.

In allen zehn Einzelfällen konnten die Autoren semi-strukturierte Interviews mit den verantwortlichen Experten für Wiki und Weblog durchführen. Die Praxis zeigte, dass eine von den Autoren jeweils vorgesehene Mitarbeiterbefragung nicht in allen zehn Fallstudien möglich war. Zum Teil verfügten die für Wissenstransfer verantwortlichen Experten nicht über die Kompetenz, Mitarbeiter-Ressourcen für Online-Befragungen zu genehmigen, ohne eine breite Diskussionen im Unternehmen anzustoßen. Zusätzlich existierte in den Unternehmen stets die Befürchtung, dass unternehmenskritische Informationen über eine Mitarbeiterbefragung nach draußen diffundieren könnten.

3 Literaturstudie

3.1 Studiendesign und Zielsetzung

Vor allem aufgrund von Novität und Komplexität des in diesem Buch erforschten Themas in Theorie und Praxis wird eine ausführliche Literaturstudie durchgeführt. Diese hat zum Inhalt, die wesentlichen Grundkonzepte Wissen, Wissensmanagement und Wissenstransfer sowie Web 2.0 aus sozialer, technischer und wirtschaftlicher Sicht zu analysieren.

Zusätzlich werden zwei Modelle aus der Forschung zu Informationssystemen, welche sich mit der Messung von Technologieakzeptanz sowie des Erfolgs von Informationssystemen beschäftigen, diskutiert werden. Das primäre Ziel dieser Literaturstudie besteht im Aufbau von Wissen zur Konzeption eines geeigneten Studiendesigns für die Durchführung der Pilotfallstudie (Vorstudie).

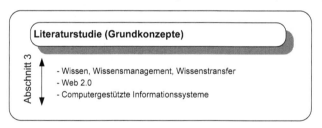

Abbildung 7: Studiendesign: Literaturstudie

3.2 Wissen, Wissensmanagement und Wissenstransfer

In diesem Buch wird der intraorganisationale Wissenstransfer über die beiden speziellen Web-2.0-Werkzeuge Wiki und Weblog untersucht. Zur Erreichung des Forschungsziels ist es daher wesentlich, ein gemeinsames Verständnis für die Begriffe Wissen, Wissensmanagement und Wissenstransfer zu entwickeln.

3.2.1 Wissen und Wissensmanagement

Aufgrund der seit Mitte des 20. Jahrhunderts fortwährend steigenden Bedeutung von Wissen für den Unternehmenserfolg entwickelte sich eine eigene Management-Disziplin: Wissensmanagement hat als Management-Ansatz zum Ziel, den Unternehmen zu einem effektiveren und effizienteren Umgang mit der Ressource Wissen zu verhelfen, um daraus Wettbewerbsvorteile zu lukrieren. Wissensmanagement stellt einen interdisziplinären Management-Ansatz sowie gleichzeitig auch ein interdisziplinäres Thema dar. Aus diesem Grund existiert eine unüberschaubare Anzahl an Definitions- und Abgrenzungsversuchen, welche in der Wissensmanagement-Literatur unterschiedliche Rollen spielen. Teilsweise wurde der Begriff Wissensmanagement in der Vergangenheit auch als Modewort benutzt, um Technologien und Plattformen besser vermarkten zu können.

Aus Sicht des Know-Center, Österreichs Kompetenzzentrums für Wissensmanagement[12], befasst sich Wissensmanagement mit „*Identifikation, Erwerb, Generierung, Transfer, Anwendung und Speicherung von Wissen, in einem gegebenen Kontext und der Fähigkeit der Mitarbeiter, Wissen für Aktionen einzusetzen*". Diese vom Know-Center verwendete Definition wurde an das bekannte Wissensmanagement-Baustein-Modell von Probst angelehnt [Probst u.a., 1997]. Das Verständnis der Autoren zu Wissensmanagement deckt sich auch weitestgehend mit dieser Definition aus dem Know-Center.

Für die weitere Abgrenzung von Wissensmanagement ist festzuhalten, dass in allen Wissensmanagement-Ansätzen die Ressource Wissen stets das zentrale Element darstellt. Gerade im Zusammenhang mit Unternehmen wird der Umgang mit Wissen als eine der wesentlichsten Herausforderungen für die Zukunft eingeschätzt. Wissen wird hinsichtlich seiner überragenden Bedeutung durch einige renommierte Autoren [Burton-Jones, 1999], [Drucker, 1993], [Toffler, 1990] sogar als das wichtigste Attribut unserer Gesellschaft, einer Wissensgesellschaft [Bell, 1972], anerkannt.

Aufgrund des Facettenreichtums des Wissensbegriffs existiert, analog zu Wissensmanagement, ebenfalls keine einheitliche Definition in der Literatur. Es finden sich jedoch zahlreiche Erklärungsversuche. Ein großer Teil der Wissensmanagement-

---

[12] Know-Center, Österreichs Kompetenzzentrum für Wissensmanagement: www.know-center.at

Forscher geht sogar davon aus, dass die Ressource Wissen gar nicht „gemanaged" werden kann. So spricht Prusack [Davenport und Prusack, 1998] etwa davon, dass man „ ...Wissen nicht managen kann, aber man kann Umgebungen schaffen, in denen Wissen sich entwickelt und gedeiht". Wesentlich für das Wissensmanagement ist es, handlungs- und entscheidungsrelevante Informationen in Organisationen stets zugänglich und damit auch nutzbar zu machen.

Im Hinblick auf eine ausführliche Betrachtung des Begriffs Wissen in der einschlägigen Literatur, sind folgende Definitionsversuche erwähnenswert:

- Hubig [Hubig, 1997] definiert Wissen aus einer technik-philosophischen Perspektive als „identifizierte, klassifizierte und als gültig anerkannte Information" und bezeichnet Wissen als „Information einer höheren Reflexivitätsstufe" bzw. als „durch institutionelle Praxen geadelte Information".

- Kraak [Kraak, 1991] versteht unter Wissen „das Resultat verarbeiteter Informationen". Dazu zählt er Kenntnisse, Meinungen, Auffassungen, Bewertungen aber auch Ziele.

- Probst, Raub und Romhardt [Probst, u.a. 1997] definieren Wissen als „die Gesamtheit der Kenntnisse und Fähigkeiten, welche Individuen zur Lösung von Problemen einsetzen. Wissen stützt sich auf Daten und Informationen und ist im Gegensatz zu diesen immer an Personen gebunden".

- Aus der Sicht der Wirtschaftsinformatik stellt Wissen „die Abbildung (externer) realer Verhältnisse, Zustände und Vorgänge der Außenwelt auf (interne) Modelle dar, über die ein Individuum oder eine Organisation verfügt. Diese Modelle lassen sich in sprachliche Ausdrücke (Aussagen) fassen, die etwas über die Realität behaupten" [Rehäuser und Krcmar, 1996].

Sehr häufig findet man in der Wissensmanagement-Literatur eine Differenzierung zwischen Zeichen, Daten, Information und Wissen [Vgl. Rehäuser und Krcmar, 1996], [Vgl. Nonaka. 1995]: Werden Zeichen nach einer bestimmten Syntax kombiniert, so entstehen aus ihnen Daten. Wenn Daten in einen entsprechenden Kontext gebracht werden, so verdichten sie sich zu Information. Sind Informationen handlungsrelevant, kann von Wissen gesprochen werden.

Für den Begriff Information liegen ebenfalls eine Vielzahl an unterschiedlichen Definitionsversuchen vor [vgl Rauch, 2004]. Der Informationswissenschaftler Rainer Kuhlen definiert Information beispielsweise als jene *„Teilmenge von Wissen, die von einer bestimmten Person oder einer Gruppe in einer konkreten Situation zur Lösung von Problemen benötigt wird und häufig nicht vorhanden ist"* [Kuhlen, 1999]. Auch in der Literatur finden sich zahlreiche Überschneidungen in den Definitionsversuchen zu den Begriffen Wissen und Information. Diese Unklarheit in der Verwendung des Begriffs Wissen hat zu einem *„semantic and taxonomic fog"* geführt [Cowan u.a., 2000]. Der Begriff Information wird vor allem von Praktikern häufig mit Wissen gleichgesetzt. Auf die fortwährende Diskussion zu Wissen und Information soll jedoch nicht näher eingegangen werden. Wissen wird in diesem Buch als handlungs- und entscheidungsrelevante Information verstanden.

Die einschlägige Literatur zu Wissensmanagement hat zahlreiche Wissensmanagement-Modelle hervorgebracht. Im Folgenden sollen drei wesentliche Wissensmanagement-Modelle kurz vorgestellt werden, weil sie einen engen Bezug zu der in diesem Buch beschriebenen Mehrfachfallstudie aufweisen:

Als das vielleicht bekannteste Wissensmanagement-Modell im deutschen Sprachraum gilt das Bausteinmodell von Probst [Probst u.a., 1997]. Im Modell von Probst werden die miteinander verwobenen Kernprozesse von Wissensmanagement abgeleitet. Es zeichnet sich vor allem auch dadurch aus, dass es auf einer Makroebene illustriert, welche Aktivitäten im Wissensmanagement stattfinden. Das Modell von Probst erfuhr seine Beliebtheit in der Praxis vor allem auch dadurch, dass es leicht verständlich ist und rasch zur systematischen Beschreibung von Wissensmanagement-Projekten herangezogen werden kann.

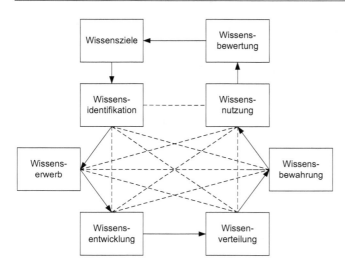

Abbildung 8: Wissensmanagement-Bausteinmodell [Probst u.a., 1997]

Ein weiteres allgemein akzeptiertes Modell ist das Technologie-Organisation-Mensch Modell (TOM) [Bullinger, u.a., 1997]. Dabei wollen für ein erfolgreiches Wissensmanagement die drei Gestaltungsdimensionen Mensch, Organisation und Technik gleichermaßen berücksichtigt werden. Obwohl in diesem Buch die Wirkung technologischer Wissensmanagement-Instrumente untersucht wird, möchte es dennoch auch die beiden Dimensionen Mensch und Organisation im Sinne eines ganzheitlichen Verständnisses von Wissensmanagement berücksichtigen.

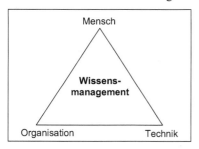

Abbildung 9: Technik-Organisation-Mensch (TOM) [Bullinger u.a., 1997]

Das dritte in diesem Buch vorgestellte Modell ist das Wissensmanagement-Modell von Nonaka und Takeuchi [Nonaka und Takeuchi, 1997]. Dieses Modell baut auf der Differenzierung zwischen explizitem und implizitem Wissen auf. Explizites Wissen ist stets kodifizierbar und kann niedergeschrieben oder in Sprache übertragen werden, wogegen implizites Wissen immer kontextspezifisch und intuitiv ist und als wenig übertragbar und kodifizierbar gilt. Neues Wissen entsteht in diesem Modell durch eine Umwandlung von implizitem in explizites Wissen über Analogien, Metaphern und Modelle. Die vier Arten der Wissensumwandlung Kombination, Internalisierung, Sozialisation und Artikulation werden in einem Spiralmodell dargestellt.

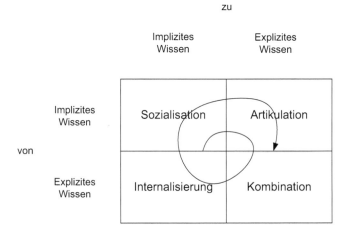

Abbildung 10: Wissensmanagement-Spiralmodell [Nonaka und Takeuchi, 1995]

3.2.2 Wissenstransfer als Anwendungsbereich

Wissen verliert im Unternehmen an Wert, wenn es nicht effektiv eingesetzt wird. Aus diesem Grund muss das Wissen der Mitarbeiter stets an die Mitarbeiter im Unternehmen transferierbar sein, um es Gewinn bringend weiterzuverwenden [Vgl. Haghirian, 2004]. Die Förderung von Wissenstransfer zwischen Wissensarbeitern gilt nicht nur aus diesem Grund als eine der wesentlichen Herausforderungen eines nachhaltigen Wissensmanagements [Alavi und Leidner, 2001], [Josi u.a., 2004].

Basierend auf diesem Anspruch hat die interdisziplinäre Wissensmanagement-Forschung für das Erscheinen einer breiten Palette an Instrumenten, Modellierungssprachen und Theorien zu Wissenstransfer geführt. Wissenstransferinstrumente fördern den Wissenstransfer über technologische, organisatorische und soziologische Ansätze [Vgl. Strohmaier u.a., 2007]:

- Zu den Wissenstransferinstrumenten auf einer organisationalen Ebene gehören beispielsweise das „Storytelling" [Erlach und Thier, 2004] oder die „Experience Factory". Mit Hilfe der Experience-Factory soll beispielsweise der Wissenstransfer zwischen Wissensarbeitern in Software-Entwicklungsprojekten gefördert werden [Brasili u.a., 2004].

- Zu den "Wissenstransfer-Instrumenten auf technologischer Ebene gehören „Wissensmanagement-Systeme" [Vgl. Maier, 2002] und „Wissensinfrastrukturen" [Vgl. Sivan, 2001]. Die in diesem Buchs untersuchten Instrumente Wiki und Weblog lassen sich den technologischen Wissenstransfer-Instrumenten zuordnen.

- Zu den soziologischen Wissenstransfer-Instumenten zählt beispielsweise das vor allem bei Praktikern äußerst beliebte und im Zusammenhang mit Organisationen wahrgenommene Konzept der „Community of Practice" [Wenger, 1998].

Analog zur Abgrenzungsproblematik bei den beiden Begriffen Wissen und Wissensmanagement findet sich in der Literatur ebenso wenig ein einheitliches Verständnis über die Begriffe Wissenstransfer [Vgl. Tsai, 2001] und Wissensaustausch [Vgl. Berends, 2006]. Die beiden Begriffe werden häufig einfach vertauscht oder gar als gleichwertig verstanden. Wissenstransfer muss im Kontext dieses Buchs allerdings als eigenes Konzept stärker abgegrenzt werden:

Aus der Wissensperspektive können grundsätzlich drei unterschiedliche Typen von Wissensflüssen unterschieden werden [Vgl. Us Saaed u.a., 2008]:

- Wissenstransfer ist der zielgerichtete Transfer von Wissen von Individuum A zu Individuum B.

- Wissensaustausch ist eine Erweiterung zu Wissenstransfer, wodurch Wissen in beide Richtungen fließt.

- Im Gegensatz zu Wissenstransfer und Wissensaustausch wird unter Wissensdiffusion der ungerichtete Fluss von Wissen verstanden.

Abbildung 11: Knowledge transfer, sharing and diffusion [Us Saaed u.a., 2008]

In diesem Modell ergänzt das Konzept Wissensaustausch den Wissenstransfer um einen zusätzlichen Parameter, jenen der Rückmeldung. Wissensdiffusion ist als Wissensfluss im Vergleich zu Wissensaustausch und Wissenstransfer viel weniger zielgerichtet. Das Verständnis von Wissenstransfer für dieses Buch entspricht weitestgehend der Definition von Peinl [Peinl, 2006] für Wissensaustausch. Peinl orientiert sich bei seiner Definition wiederum am Wissensaustauschsmodell von Maier [Maier, 2004].

Peinl versteht Wissensaustausch als einen Prozess: Der Sender (1) ist eine Person, welche sich dazu entscheidet, Wissen auszutauschen. Dieser erinnert sich dabei an einen speziellen Teil des erforderlichen Wissens (2) und drückt dieses als Information über ein Medium aus (3). Danach erfolgt der direkte oder indirekte Transfer (4) an eine weitere Person, den Empfänger (5). Der Empfänger nimmt die Information wahr (5) und interpretiert sie in einem gegebenen Kontext (6), sodass das Wissen rekonstruiert und in die Wissensbasis des Empfängers integriert wird. Im letzten Schritt erfolgt eine Evaluierung (7) des neu akquirierten Wissens durch den Empfänger.

In diesem Modell wird Wissenstransfer als die unidirektionale Wissensübermittlung verstanden, also als ein Wissensfluss von einem Sender zu einem Empfänger, welcher das Wissen aufnimmt. Für Wissenstransfer ist daher keine Rückmeldung als Reaktion erforderlich. Nachfolgende Abbildung visualisiert das Modell von Peinl [Peinl, 2006], wie es auch in der Dissertation von Puntschart [Puntschart, 2006] aufgegriffen wurde.

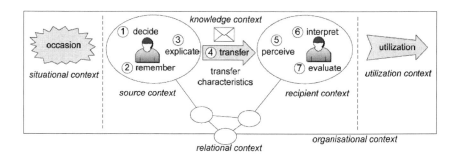

Abbildung 12: Ein Modell für Wissenstransfer [Puntschart, 2006], [Vgl. Peinl, 2006]

[Dösinger, u.a., 2006] unterscheidet weiters sechs unterschiedliche Arten von Wissenstransfer: direkten versus indirekten, impliziten versus expliziten, technologiegestützten versus face-to-face, synchronen versus asynchronen, verpflichtenden versus freiwilligen und selbst- versus fremdgesteuerten. Speziell der Transfer von Wissen zwischen den Mitarbeitern eines Unternehmens wird als notwendige Voraussetzung angesehen. Nur durch einen erfolgreichen Wissenstransfer können Unternehmen im globalen Wettbewerb weiter bestehen, weil sie die Entwicklung von Produkten und Lösungen beschleunigen und aus den gemachten Erfahrungen und Fehlern von anderen Mitarbeitern lernen [Vgl. Sukowski, 2002]. *„Die dazu erforderliche interne Kommunikation von Wissen ist in vielen Unternehmen noch nicht effizient gestaltet und bietet daher erhebliches Innovationspotential"* [Sukowski, 2002]. Hierzu kann Web 2.0 mit seinen Prinzipien und Anwendungen einen wesentlichen Beitrag leisten.

In der einschlägigen Wissensmanagement-Literatur bleibt Wissenstransfer jedoch nicht notwendigerweise auf menschliche Individuen begrenzt: Tochtermann und Maurer verstehen unter Wissenstransfer beispielsweise *„neben dem direkten Austausch von Wissen zwischen Mitarbeitern eines Unternehmens"* auch die *„Überführung von computerisierten Wissen aus einem Unternehmensgedächtnis zu den Mitarbeitern"* [Tochtermann und Maurer, 2000]. Auch [Doz und Santos, 1997] verstehen unter Wissenstransfer den Wissensfluss von einem Wissenshalter zu einem anderen, wobei der Wissenshalter nicht unbedingt ein Mensch sein muss.

Das Verständnis dieses Buchs zu Wissensaustausch deckt sich weitestgehend mit dem Verständnis von Puntschart [Puntschart, 2006]. Puntschart erweitert das Wissensaustauschmodell von Peinl [Peinl, 2006] um den Faktor der Rückmeldung, welcher das eigentliche Wesen des Austauschs ausmacht. Unter Wissensaustausch wird die bidirektionale Wissensübermittlung, also der bidirektionale Wissenstransfer verstanden.

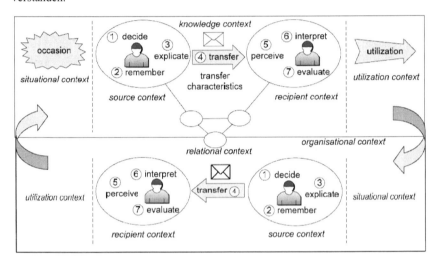

Abbildung 13: Ein Modell für Wissensaustausch [Puntschart, 2006], angelehnt an [Peinl, 2006]

3.2.3 Ursachen und Barrieren für Wissenstransfer

In der Realität unterliegt Wissenstransfer einer Reihe von Barrieren. Umgekehrt existieren auch unterschiedliche Motive, aus welchen Menschen bevorzugt Wissen mit anderen teilen. Davenport und Prusack [Davenport und Prusack, 1998] präsentieren eine ganze Palette an Motiven, aus denen die Mitarbeiter in einer Organisation Wissen teilen: Auf Altruismus, Anerkennung, Reziprozität, Vertrauen und finanzielle Anreizsysteme wird im Folgenden näher eingegangen.

Altruismus kann als das „... *Wohlergehen, die Interessen und das Überleben anderer über das Eigenwohl zu stellen ...*" [Zimbardo, 1992] bezeichnet werden. So kann der

Grund für den Wissenstransfer darin bestehen, das Wohl von Kollegen und das Wohl einer Organisation durch das individuell zur Verfügung gestellte Wissen zu vergrößern, ohne aber unmittelbar selbst einen ausdrücklichen Vorteil lukrieren zu wollen. Allerdings kann ein Mitarbeiter durch Teilen von Wissen als Zusatznutzen soziale Anerkennung bei Kollegen ernten und damit seine soziale Stellung in der Gruppe verbessern.

Die Suche nach professioneller Anerkennung der eigenen Fähigkeiten in einer Organisation liefert ein weiteres Motiv für Wissenstransfer [Harman/Brelade, 2000], [O'Dell und Grayson, 1998], [Wiig, 2000]. Durch die Weitergabe von Wissen kann ein Mitarbeiter plötzlich für sein Team oder für die gesamte Organisation sehr wertvoll werden. Er kann sich dadurch Reputation und Reputationskapital aufbauen und seine professionelle Stellung in der Organisation weiter verbessern.

Ein weiterer Grund für Wissenstransfer liegt in der Reziprozität, also der wiederholten Austauschbeziehung von Wissen zwischen den Akteuren selbst. So können ihr Wissen teilende Akteure davon ausgehen, in Zukunft selbst von der gefolgerten Bereitschaft eines anderen Akteurs, Wissen zu teilen, zu profitieren. Nach Davenport und Prusack [Davenport und Prusack, 1998] ist die Reziprozität stark mit (sozialer) Anerkennung verbunden. Sie bezeichnen soziale Anerkennung als Reputation. Je stärker die Reputation eines Mitarbeiters im Hinblick auf Wissenstransfer im Unternehmen ist, desto mehr wird er in Zukunft auch von Reziprozität profitieren können. Reputation ist vor allem dann ein wesentliches Motiv für Wissenstransfer, wenn von periodischen Austauschbeziehungen zwischen einzelnen Mitarbeitern ausgegangen werden kann.

Gegenseitiges Vertrauen ist eine wesentliche Voraussetzung für den Transfer von Wissen [Davenport und Prusack, 1998]. Bloßes Vertrauen führt zwar nicht per se zur Wissensteilung, wird jedoch die Erwartung an eine Reziprozität der Wissensaustauschbeziehung wesentlich erhöhen. Je höher also das Vertrauen in einen bestimmten Akteur, desto eher wird das Wissen mit diesem geteilt werden.

Die Bedeutung finanzieller Anreize als Motiv für Wissenstransfer wird in der Wissensmanagement-Literatur unterschiedlich gehandhabt. So kann die extrinsische Motivation, eine monetäre Belohnung, für einen erfolgten Wissenstransfer eine bestehende intrinsische Motivation verdrängen, insbesondere wenn die Belohnung für etwas eingeführt wird, was vorher weitestgehend freiwillig getan wurde [Frost und

Holzwarth, 2001]. Eine monetäre Incentivierung von Wissenstransfer kann also durchaus negative Effekte bewirken. Monetäre Vergütung von Beiträgen in elektronischen Datenbanken und Wissensmanagement-Systemen kann zudem die Quantität der beigetragenen Inhalte erhöhen und zu Lasten der Qualität führen. Sukowski [Sukuwski, 2002] stellt die Gründe für Wissenstransfer in seiner Dissertation zusammenfassend dar:

- Im Falle von Altruismus liegt der eigentliche Anreiz für Wissenstransfer im Weiterbringen einer Gemeinschaft. Dieses Konzept greift in kleinen Unternehmen, klar abgegrenzten Einheiten und in Communities of Practice

- Bei der Reziprozität (Gegenleistung) handelt es sich um Vertrauen mit Investitionscharakter. Reziprozität kann allerdings nur bei regelmäßigen Kommunikationsbeziehungen ihre volle Wirkung entfalten, weil sonst die Basis für einen Austausch fehlt.

- Profilierung und Anerkennung ist in einer sozialen Gruppe wesentlich. Mitarbeiter erhalten Feedback über ihre eigenen Leistungen und können im Unternehmen Expertenstatus erlangen.

- Vergütung bzw. Zwang können durch ein finanzielles bzw. materielles Anreizsystem erreicht werden.

Die Wissensmanagement Forschung kennt außerdem eine Reihe von Barrieren, welche Wissenstransfer hemmen oder gänzlich verhindern können. Auf diese Barrieren stoßen Unternehmen vor allem dann, wenn sie versuchen, über technologische Wissenstransfer-Instrumente Wissenstransfer im Unternehmen zu instanziieren. Auf Zielkonflikte, strategische Barrieren, das Dilemma der Wissensteilung, soziale Wertorientierung und Discretionary Databases soll im Folgenden weiter eingegangen werden.

Eine wesentliche Ursache für mangelhaften Wissenstransfer besteht in Zielkonflikten zwischen den Akteuren: Für einen einzelnen Mitarbeiter ist sein persönliches Wissen der entscheidende Faktor und daher ein äußerst wertvolles Gut. Würde er dieses Wissen einer großen Anzahl an Mitarbeitern im Unternehmen zur Verfügung stellen, wäre der Nutzen des entsprechenden das Wissen haltenden Mitarbeiters für das Unternehmen geringer. Während Unternehmen das Ziel verfolgen, das gesamte Wissen der Mitarbeiter etwa durch die Implementierung einer organisationalen Wissensbasis verfügbar zu machen, wollen einzelne Mitarbeiter ihr Wissen aus einer individuellen rationalen Perspektive behalten, solange dies nicht im Unternehmen sanktioniert wird. Für den einzelnen Mitarbeiter bedeutet sein persönliches Wissen stets Macht und sichert zum Teil seine professionelle Stellung und Existenz im Unternehmen.

Strohmaier [Strohmaier u.a., 2007] konnte zeigen, dass Zielkonflikte dazu führen können, dass ein Wissensinstrument, in seinem Beispiel die Experience Factory, nicht den gewünschten Effekt erzielt: Softwareentwickler haben zum Ziel, ihre Projekte innerhalb eines geplanten Zeitrahmens fristgerecht zu beenden. Gleichzeitig sollen sie jedoch aus Sicht der Projektleiter jegliche in den Projekten gemachten Erfahrungen ausführlich und zeitnah dokumentieren und weitergeben, um die Leistungsqualität zukünftiger Projekte zu verbessern. Eine Weitergabe von Erfahrungen wird von Softwareentwicklern oft als Bürde empfunden, weil sie nicht zum Erreichen ihres primären Ziels, der fristgerechten Beendigung ihrer Softwareentwicklungsprojekte, beiträgt. Der Zielkonflikt verhindert dabei den effektiven Wissenstransfer.

IBM hat bei der Analyse von in Organisationen installierten Wissensmanagement-Programmen ebenfalls Fallstricke für Wissensmanagement diskutiert [Fontaine und Lesser, 2002]. Aus dieser Diskussion lassen sich fünf weitere Barrieren für den Wissenstransfer in Organisationen ableiten:

- Fehlende Verbindung strategischer Zielsetzung: issensmanagementmaßnahmen werden nicht mit organisationalen Zielen und geschäftskritischen Angelegenheiten in Verbindung gesetzt. In diesem Fall ordnen Unternehmen gerne Wissensmanagement-Projekten mit minimaler Auswirkung signifikante Ausgaben zu.

- Kein Adressieren des Verwaltungsaufwandes: Viele Wissenstransferprojekte fokussieren auf elektronische Wissensdatenbanken. Solche Wissensdatenbanken werden in Unternehmen oft implementiert, ohne einen notwendigen Bedarf für die Verwaltung der darin gespeicherten Inhalte zu adressieren.

- Keine Verankerung in den täglichen Praktiken: Monolithische Wissens-management-Systeme können nicht den Bedarf der einzelnen Nutzergruppen befriedigen. Das Verständnis, Wissenstransfer in die täglichen Arbeitsziele und Arbeitspraktiken von Mitarbeitern zu integrieren, ist nicht vorhanden.

- Überbewertung formalen Lernens: Viele Unternehmen haben in formales Lernen wie Kurs- und Onlinetraining investiert. Der Großteil des Lernens findet jedoch über informelle Kanäle statt. Das formale Lernen wird als Mechanismus für Wissenstransfer in Unternehmen überbewertet.

- Konzentration auf intraorganisationalen Wissenstransfer: Bemühungen im Wissensmanagement finden nur innerhalb der Unternehmensgrenzen und zwischen Mitarbeitern statt. Das Potenzial, Wissen auch mit Kunden und Lieferanten zu tauschen, wird nicht genutzt, obwohl es erhebliche Effektivitätsgewinne versprechen würde.

Bei der Untersuchung von Bedingungen, unter welchen Akteure ihr Wissen teilen, stießen Forscher auf eine soziale Dynamik, welche als *„soziales Dilemma"* in der Wissenstransfer-Forschung bekannt ist und besonders im Zusammenhang mit technologischen Wissenstransferinstrumenten Beachtung findet [Vgl. Cabrera und Cabrera, 2002], [Vgl. Cress, u.a., 2002] [Vgl. Thorn und Conolly, 1990].

Cabrera und Cabrera [Cabrera und Cabrera, 2002] liefern eine sozioökonomische Antwort auf dieses Phänomen, während sie Wissensteilung als Problem sozialer Kooperation behandeln. Rationale Individuen maximieren durch nicht kooperative Strategien ihren eigenen Nutzen und verursachen einen kollektiven Schaden. Umgelegt auf Unternehmen bedeutet dies, dass nicht kooperierende Mitarbeiter wenig Nutzen darin erkennen, ihr Wissen zu explizieren. Das Explizieren von Wissen führt für Mitarbeiter zu individuellen Kosten und zu keinem Gewinn. Würden jedoch alle Mitarbeiter eine nicht kooperative Strategie wählen, käme es nie zu einer organisationalen Wissensbasis. In diesem Fall wäre der für die Organisation verursachte Schaden, größer als die mit der Bereitstellung des Mitarbeiterwissens verbundene Summe der individuellen Kosten. [Cabrera und Cabrera, 2002] schlagen drei Strategien vor, um das eben beschriebene *„Knowledge Sharing Dilemma"* zu überwinden:

- Veränderung der individuellen Auszahlungsfunktion durch Maximierung des zu erwarteten Nutzen bzw. Minimierung der zu erwartenden Kosten *("restructure the pay-off function")*,

- Erhöhung der wahrgenommenen Zugkraft eigener Beiträge *("increase perceived efficacy of individual contributions")*,

- Bildung von Zugehörigkeit und Gruppenidentität *("establish group identity and personal responsibility")*.

Wissen ist ein öffentliches Gut [Stiglitz, 1999]. Im Gegensatz zu privaten Gütern wie beispielsweise Wein sind öffentliche Güter durch zwei Merkmale gekennzeichnet: „Nicht-Ausschließbarkeit" sowie „Nicht-Rivalität". Keiner kann vom Konsum eines öffentlichen Gutes ausgeschlossen werden. Auch kann ein öffentliches Gut zur selben Zeit von verschiedenen Individuen konsumiert werden, ohne es zu verbrauchen. Hingegen kann bei einem privaten Gut wie beispielsweise Wein eine Person immer, beispielsweise durch den Besitzer dieses Gutes, vom Konsum ausgeschlossen werden. Außerdem kann Wein nur von einer Person gleichzeitig getrunken werden. Danach ist das Gut verbraucht und nicht mehr für weitere Konsumenten verfügbar.

Abgeleitet stellt Wissen in einer elektronischen Datenbank ebenfalls ein „öffentliches Gut" (im Unternehmen) dar. Es ist im Idealfall ein Vermögenswert, welcher für alle Mitarbeiter gegeben ist, egal ob sie zur Bereitstellung beitragen, oder nicht. Durch den „Verbrauch" von Wissen über die Anwendung in einem bestimmten Kontext verringert sich der potenzielle Wert des Wissens für andere Mitarbeiter jedoch nicht [Vgl. Cabrera und Cabrera, 2002]. Vielmehr erhöht sich sogar der Wert von Wissen, wenn es effektiv im Unternehmen geteilt wird.

Öffentliche Güter leiden unter einem Verhalten, welches als *„free-riding"*, mit anderen Worten als Trittbrettfahren bekannt ist [Vgl. Cornes und Sandler, 1986]: Das Beitragen von Wissen zur organisationalen Wissensbasis stellt für die Organisation das gewünschte Verhalten in Bezug auf ihre Mitarbeiter dar. Bei elektronischen Wissensbasen kann es jedoch zum „free-riding" kommen, etwa wenn bestimmte Individuen die Wissensbasis zwar nutzen um daraus Wissen zu extrahieren, jedoch kein Wissen dort explizieren, obwohl sie denselben Nutzen aus der Wissensbasis erhalten, wie beitragende Kollegen.

Entscheidende Faktoren für Wissenstransfer sind im Zusammenhang mit Trittbrettfahrern wiederholte Aufforderungen durch das Management, Herstellen von Gruppenidentifikation oder Gemeinschaftsgefühl für bestimmte Aufgaben sowie Stärkung der sozialen Wertorientierung, d.h. der persönlichen Neigung eines Individuums, Wissen zu teilen [Marks u.a., 2008].

Eine Aufforderung durch das Management erinnert Mitarbeiter stets daran, was von ihnen erwartet wird und wofür sie angestellt wurden und will so das Verhalten der Mitarbeiter in Bezug auf Wissenstransfer beeinflussen. Ein „sanfter Druck" durch das Management kann eine positive Wirkung für den Wissenstransfer entfalten.

Eine starke Identifikation mit einer Gruppe erzeugt Verpflichtungen, welche Individuen dazu motivieren, ihrer Gruppe zu helfen. Manche Individuen zeigen allerdings stärkeren Willen, ihrer Gruppe zu helfen, als andere. Ein Herstellen von Gruppenidentifikation hilft dabei, dass Mitarbeiter zu einem öffentlichen Gut beitragen. In der Forschung zu Communities sprechen Forscher in diesem Zusammenhang gerne von Gemeinschaftsgefühl *(„sense of community")*.

Die soziale Wertorientierung [Vgl. Cameron und Brown, 1998] der Mitarbeiter spielt eine weitere wesentliche Rolle im Wissenstransfer [Vgl. Marks u.a., 2008]. Mitarbeiter mit einer *„pro-self"* Orientierung neigen dazu, persönliche Kosten des Wissenstransfers höher einzuschätzen. In Familien oder Gruppen kann im Gegensatz dazu eine *„pro-social"* Orientierung aktiviert werden. Familien- und Gruppenmitglieder werden dabei auf ihre Energie aufmerksam, der Familie oder Gruppe durch ihren Einsatz als Ganzes zu helfen. Kollektivisten versuchen jeden Gewinn für sich auf gleiche Weise mit anderen zu teilen. Kompetitoren wollen ihren persönlichen Nutzen maximieren, in dem sie einen möglichst großen Abstand zwischen sich und anderen erzeugen. Individualisten maximieren nur ihren individuellen Gewinn, unabhängig davon, was andere unternehmen. Im Konzept der sozialen Wertorientierung werden Individualisten und Kompetitoren als eigennützig (pro-self) eingestuft, während Kollektivisten als sozial (pro-social) gelten.

In der Untersuchung von Discretionary Databases, d.h. Datenbanken, in welche Nutzer freiwillig Daten einstellen, stießen Thorn und Conolly auf das Phänomen der Unterversorgung [Thorn und Conolly, 1990]. Sie fanden heraus, dass Discretionary Databases generell an einem Mangel an durch Nutzer generierte Daten leiden. Obwohl sich die Informationstechnologie stetig weiterentwickelt und der Aufwand für die Bereitstellung von Daten immer geringer wird, sehen Thorn und Conolly wenig Anzeichen für die parallele Entwicklung eines Verständnisses zur effektiven Nutzung dieser Technologien. Als eine sehr moderne Ausprägung von Discretionary Databases konnten Wiki und Weblog die Kosten für Individuen in der Wissensteilung durch ihre spezielle Natur und Wirkungsweise zwar reduzieren, jedoch nicht neutralisieren.

Aus den vorgestellten Forschungsarbeiten geht hervor, dass für eine systematische Untersuchung von Wissenstransfer durch Wiki und Weblog Kenntnis über Motivation und Nutzen aus Sicht der Wissensarbeiter wesentlich ist, um das mögliche Auftreten eines „Knowledge Sharing Dilemmas" zu verhindern.

3.3 Web 2.0

3.3.1 Technologische Perspektive im Web 2.0

Die technologische Perspektive von Web 2.0 definiert sich über Web-2.0-Anwendungen und den zugrunde liegenden Web-2.0-Technologien. Dieser Abschnitt vermittelt einen Einblick in den State-of-the-Art zu Anwendungen und Technologien im Web 2.0. Inhalte dieses Abschnitts wurden zum Großteil bereits in *„Anwendungen und Technologien des Web 2.0: Eine Einführung"* [Stocker und Tochtermann, 2008B] publiziert.

3.3.1.1 Anwendungen des Web 2.0

3.3.1.1.1 Weblog

Ein Weblog (aus dem englischen „Web" und „log"; Kurzform "blog") stellt eine Online-Publikation mit umgekehrt chronologischen Einträgen und starker Dialogorientierung dar. Die ersten Weblogs traten Mitte der 90er Jahre auf und nahmen die Form einfacher Online-Tagebücher an, in denen Nutzer am Web in periodischen Abständen über ihr Leben berichten. Für den Autor, den sogenannten Blogger, stellt sein Weblog ein einfach handhabbares Medium dar, um die Leser mit Aspekten des eigenen Lebens oder mit Fachthemen zu erreichen.

ALEXANDER STOCKERS WEBLOG ZU WEB 2.0 UND UNTERNEHMEN

WISSENSMANAGEMENT, WEB 2.0, ENTERPRISE 2.0, WEB OF DATA, FUTURE INTERNET
MEIN WEBLOG | MEINE PUBLIKATIONEN | ÜBER ALEXANDER STOCKER

08. FEBRUAR 2010

Intraorganisationaler Wissenstransfer über Wikis und Weblogs

Eine explorative Mehrfachfallstudie als Beitrag zu einem besseren Verständnis von Corporate Web 2.0

Kurzfassung:

Mit dem Begriff Web 2.0 wird eine Evolution bezeichnet, welche das Web seit einigen Jahren durchläuft. Kernelement dieses positiven Wandels ist die stetig zunehmende Bedeutung der durch Nutzer freiwillig und selbstorganisiert geteilten Inhalte. Am Web transformieren Nutzer von passiven Informationskonsumenten zu äußerst aktiven Informationsproduzenten. Dieser Effekt hat zur Herausbildung sozialer Web-Plattformen wie Wikipedia, Youtube, Facebook oder MySpace beigetragen, welche ihre Geschäftslogik auf nutzergenerierten Inhalten aufbauen. Angespornt durch den Erfolg solcher
Web-2.0-Anwendungen in der Informationsteilung wollen auch Unternehmen das Web 2.0 für sich nutzbar machen. In ihrer Idealvorstellung von Corporate Web 2.0 schwebt ihnen vor, Strukturen und Muster des Web 2.0 in die Unternehmenslandschaft zu integrieren. Doch müssen Entscheider im Corporate Web 2.0 das entstehende Spannungsfeld zwischen Selbst- und Fremdorganisation, also Freiwilligkeit contra Hierarchie beherrschbar machen, um die Potentiale von Web 2.0 im Unternehmen vollständig auszuschöpfen.

ALEXANDER STOCKER

RC Modellbau Online Shop
Der Schweighofer hat alles. Jetzt bestellen mit Sofortversand!
www.Der-Schweighofer.at

XRAY XB808 2010 £100 OFF
Xray off-road rc car Just £369.98!
www.rcdisco.com

Lake Maggiore Villa
Dream Holiday Rentals Lakefront villas and apartments!
www.northitaly.eu

Ads by Google

ALEXANDER STOCKER AUF
Facebook
LinkedIn
Twitter

Abbildung 14: Weblog zu Web 2.0 und Unternehmen[13]

Kenntnisse in Webdesign sind für Blogger unter Berücksichtigung der modernen Systeme zumeist nicht mehr notwendig. Die Vielzahl an unterschiedlichen und teilweise sehr anspruchsvollen Vorlagen ermöglicht eine individuelle Gestaltung des Weblog, ohne tief greifender technischer Kenntnisse zu bedürfen. Die stark verbreitete

---

[13] Alexander Stockers Weblog zu „Web 2.0 und Unternehmen": www.alexanderstocker.at

Weblog-Software „Wordpress" lässt sich beispielsweise sowohl auf einem eigenen Serverrechner installieren[14], als auch als Dienst[15] verwenden. Auf der technischen Seite stellen Weblog-Inhalte „Microcontents" dar, die über Permalinks, ein Kombinationswort aus „permanent" und „link", von anderen Stellen dauerhaft verlinkt werden können. Ein Permalink bezeichnet einen Uniform Ressource Locator (URL), der direkt auf einen spezifischen Weblog-Eintrag zeigt, unabhängig davon, an welcher Stelle sich dieser Inhalt im Weblog befindet. Hingegen ermöglicht es ein Trackback[16] dem Blogger festzustellen, ob ein anderer Weblog auf einen seiner Einträge Bezug nimmt. Wird die Trackback-Funktion genutzt, sendet die eigene Website ein Netzwerksignal (Ping) an eine bestimmte URL der Ziel-Website. Die empfangende Website erstellt einen Link zur sendenden Site und definiert damit eine Beziehung zwischen diesen beiden Sites. Durch diesen Benachrichtigungsdienst können Weblogs automatisiert Informationen austauschen.

Durch die Verwendung von Trackbacks entstand auch die Verlinkung der Weblogs untereinander zur Blogosphere, welche die Gesamtheit aller Weblogs als riesiges virtuelles soziales Netzwerk bezeichnet. Diese eben beschriebene spezifische Verlinkung trägt auch zur Eigendynamik der Blogosphere bei, aufgrund dieser sich interessante oder brisante Weblog-Beiträge schneeballartig verbreiten können. Durch die Wechselwirkungen zwischen digitalen und traditionellen Medien können Inhalte aus Weblog-Beiträgen auch von traditionellen Medien aufgenommen werden [Vgl. Zerfass und Boelter, 2005].

Während ein Weblog den Autor und seine subjektive Sichtweise in den Mittelpunkt stellt, führt bei einem Wiki die kollektive Autorenschaft dazu, dass eine einzelne Meinung zugunsten der Meinung einer kollektiven Masse verschwindet. Diese Tatsache bezeichnet O'Reilly [O'Reilly, 2004] mit dem Begriff „kollektive Intelligenz" [O'Reilly, 2005].

3.3.1.1.2 Wikis

Als ein Medium, das eine offene Kollaboration ermöglicht, entspricht das Wiki der

---

[14] Wordpress Weblog Software: www.wordpress.org
[15] Wordpress Weblog Dienst: www.wordpress.com
[16] Trackback Technical Specification: www.sixapart.com/pronet/docs/trackback_spec

ursprünglichen Idee des Web-Pioniers Tim Berners-Lee, das Web als „Schreib-Lese-Web" zu erfahren. Ein Wiki, auch WikiWiki oder WikiWeb genannt, bezeichnet Webseiten, deren Inhalte von Nutzern nicht nur gelesen, sondern auch online verändert werden können und welche mittels Querverweisen miteinander verbunden sind. Der Name Wiki stammt vom hawaiianischen Wort „wikiwiki", was soviel wie „schnell" bedeutet.

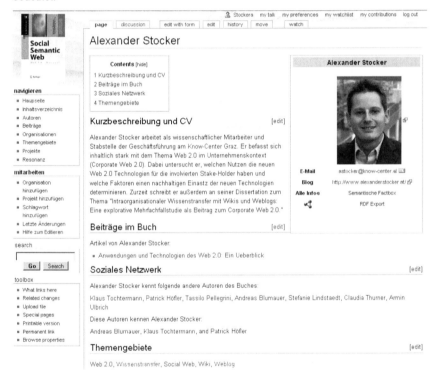

Abbildung 15: Semantisches Wiki zum Buch „Social Semantic Web"[17]

Wikis verfügen im Gegensatz zu klassischen Content-Management-Systemen über keine ausdifferenzierten Benutzerrollen. In einem Wiki sind alle Inhalte durch Nutzer

---

[17] Social Semantic Web: social.semantic-web.at/index.php/Alexander_Stocker

aufgrund des bei Web 2.0 elementaren Prinzips der Selbstorganisation abänderbar. Um die durch Vandalismus auftretenden Schäden zu beheben, können jederzeit unzerstörte Fassungen von betroffenen Wiki-Seiten mit Hilfe der integrierten Versionsverwaltung wiederhergestellt werden. Ein Wiki wird bevorzugt für Tätigkeiten eingesetzt, die im höchsten Maße kollaborativ sind. Beispielsweise sind das gemeinsame Erstellen eines Dokuments, oder das gemeinsame Planen einer Veranstaltung innerhalb eines Teams oder einer Gruppe geeignete Anwendungsbereiche für Wikis.

Eine sehr bekannte und weit verbreitete Open-Source Wiki-Software ist MediaWiki[18], auf der auch die freie Online Enzyklopädie Wikipedia[19] basiert. Neben der Installationsmöglichkeit auf einem eigenen Serverrechner kann MediaWiki[20] auch als Dienst verwendet werden.

Das erste Wiki-System wurde 1995 von Ward-Cunningsham entwickelt. Auf der technischen Seite stellt die Wiki-Software einen Typ kollaborativer Software dar, welche ein Wiki-System betreibt. Für gewöhnlich wird das Wiki als serverseitiges Skript implementiert, welches auf einem oder mehreren Web-Servern läuft. Der von den Nutzern erstellte Content wird üblicherweise in einer Datenbank gespeichert. Die Wiki-Engine implementiert die eigentliche Wiki-Technologie, während die „Wiki-Software" die gesamte Software bezeichnet, die nötig ist, um ein Wiki zu betreiben und somit auch andere Komponenten, wie beispielsweise den Web-Server beinhaltet. Mittlerweile existieren über 100 unterschiedliche Wiki-Engines[21], meist Open-Source. Allen gemeinsam ist die Tatsache, dass sie ein minimales Set an Wiki-Prinzipien integrieren. Beispielsweise ermöglichen Wikis die einfache Generation von Hyperlinks, wodurch Nutzer befähigt werden, die entsprechenden Seiten auf dem Wiki zu besuchen. Alle Wikis weisen zudem eine ähnliche und sehr einfach zu erlernende Formatierungssyntax auf.

Änderungen von Seiten in Wikis sind stets nachvollziehbar: Mittels einfachem Wiederherstellen, durchzuführen auf einer Seite mit den zuletzt gemachten Änderungen, können die dem Vandalismus unterliegenden Wiki-Seiten rasch in ihre ursprüngliche Form zurückgeführt werden. Dabei reicht die Historie an Änderungen

---

[18] MediaWiki: www.mediawiki.org
[19] Wikipedia: www.wikipedia.com
[20] Wikia: www.wikia.com

teilweise bis zur ersten Version einer Wiki-Seite zurück. Unterschiede zwischen zwei Versionen eines Artikels können anhand einer speziellen Ansicht, in der beide Wiki-Artikel nach Zeilen geordnet hervorgehoben sind, festgestellt werden.

3.3.1.1.3 Podasts (Videocasts)

Während in Wiki und Weblog meist textuelle Informationen im Vordergrund stehen, fokussieren Podcasts auf das gesprochene Wort, oft in Kombination mit Musik. Im Gegensatz zum Podcasting, welches die Produktion und Distribution von Audio-Dateien über das Web bezeichnet, werden im Falle eines Videocasts ganze Videos über das Web übertragen bzw. gestreamt. Der Host oder Autor eines Podcasts wird im Fachjargon Podcaster genannt, wobei der Term Podcast als Kombinationswort aus „iPod" und „broadcast" gebildet wird. Podcasts stellen Audio-Dateien dar, die im Web durch Feeds, mittels spezieller Software abonnierbare Nachrichten, plattformunabhängig bereitgestellt werden können und damit einen automatisierten Empfang bei den Hörern ermöglichen. Der Unterschied zu normalen Audio-Streams oder Audio-Downloads besteht darin, dass Podcasts zusätzlich als Content syndiziert, abonniert und automatisiert mittels News-Aggregatoren bezogen werden können. Podcasts werden zunehmend als MP3-Dateien im Rahmen von Life-Mitschnitten veröffentlicht und können auch mobil unter Verwendung eines geeigneten Abspielgerätes konsumiert werden. Um Podcasts abzuspielen, werden portable Media-Player wie beispielsweise Apples iPOD bzw. Software-Player auf Desktop-Rechnern wie iTunes[22] oder WinAmp[23] verwendet.

Podcasting wird als soziale Evolution des Radios angesehen. Verglichen mit Weblogs und Online-Videos zeichnet sich jedoch bereits eine Stagnation beim Podcasten ab [Iskold, 2007]. Eine Ursache dafür mag unter anderem darin bestehen, dass Podcasts oft Diskussionen behandeln, welche die gesamte Aufmerksamkeit der Zuhörer bedürfen, während normale Musik auch während der Arbeit genossen werden kann. Verglichen mit Weblogs verlangen Podcasts auch erhöhte Konzentration, da Nutzer nicht wie bei Weblogs die Möglichkeit haben, den Content einfach zu überfliegen. Wer einer längeren Diskussion beiwohnen möchte, greift lieber auf das Medium Video und

---

[21] Wiki Engines: www.c2.com/cgi/wiki?WikiEngines
[22] Apple iTunes: www.apple.com/itunes

die damit verbundene visuelle Unterstützung zurück. Für das Erstellen von Pod- und Videocasts ist ein entsprechend höherer Produktionsaufwand zu veranschlagen.

3.3.1.1.4 Rich Internet Applications

Vielen Web 2.0 Applikationen ist gemeinsam, dass zwar die Datenverarbeitungskapazität des Clients für die Darstellung von Benutzerschnittstellen und die Verarbeitung von Benutzereingaben herangezogen wird, jedoch die Daten selbst auf dem Anwendungsserver verwaltet werden. Solche die Funktionalität klassischer Desktop-Anwendungen annehmende Web-Applikationen werden im Allgemeinen „Rich Internet Applications" (RIA) [Allaire, 2002] oder auch „Rich Web Clients" (RWC)[24] genannt. Rich Internet Applications können im Vergleich zu klassischen Web-Anwendungen, bei denen die gesamte Datenverarbeitung auf dem Server durchgeführt wird und der Client nur statischen Content darstellt, besonders leistungsfähig sein, da sie sich der Rechenleistung des Clients bedienen. Sie benötigen für ihr Funktionieren lediglich einen kompatiblen Web-Browser und brauchen keine Installation. Derartige Anwendungen kommen, was Leistungsfähigkeit und Funktionsvielfalt betrifft, bereits sehr nahe an moderne Desktop-Programme heran.

Als moderne Web-2.0-Applikationen bedienen sich Rich Internet Applications bevorzugt Adobe Flash/Flex und Ajax als technische Grundlage. Zu bekannten Beispielen für RIAs zählen das On-Demand-Office ThinkFree[25], das webbasierte Mindmapping Tool MindMeister[26] oder die Foto-Sharing-Lösung Flickr[27]. Aufgrund der rasanten technologischen Weiterentwicklung im Web verschwimmen die Maßstäbe und Grenzen, wenn es um die Frage geht, welche Anwendungen von der Web-Community zu den Rich Internet Applications gezählt werden.

Im Zusammenhang mit RIA wird auch vom Konzept Software as a Service (SaaS) gesprochen. Mit SaaS bewegt sich die Software-Industrie terminologisch von ASP (application service providing) und On-Demand weg. SaaS bezeichnet ein Software-Distributions-Modell, bei dem die native Web-Software durch den Entwickler selbst,

---

[23] Winamp: www.winamp.com
[24] Rich Web Clients: www.w3.org/2006/rwc/
[25] ThinkFree: www.thinkfree.com
[26] MindMeister: www.mindmeister.com
[27] Flickr: www.flickr.com

oder durch Dritte gehostet wird. SaaS bedient sich im Gegensatz zum „alten" ASP-Modell einer Software, die originär für das Web entwickelt wurde und Application Programming Interfaces (APIs), also Schnittstellen besitzt, auf die mit Hilfe von Web-Services zugegriffen werden kann. Web-Services sind Dienste, welche die Kommunikation zwischen Maschinen unterstützen. Ein prägendes Beispiel für SaaS ist das im Business to Business Umfeld angesiedelte Unternehmen Salesforce[28], welches innovative Services für Customer Relationship Management (CRM) bereitstellt.

3.3.1.2 Technologien des Web 2.0

Im Gegensatz zum Semantic Web, dem Web der Daten, beschreibt das Web 2.0 das Web der menschlichen Nutzer. Aus Sicht der Semantic-Web-Community stellt Web 2.0 hauptsächlich die soziale Revolution in der Benutzung von Web-Technologien dar. Das Web bewegt sich von einem reinen Publikations-Medium bis hin zu einem Medium, geprägt von Interaktion und Partizipation der Nutzer [Lassila und Hendler, 2007].

Das semantische Web soll jedoch in erster Linie Maschinen und somit letztendlich auch den Menschen alle semantischen Informationen hinsichtlich der Web-Inhalte preisgeben [Berners-Lee, 1998]. Aus Sicht der Semantic Web Community zählen Folksonomies und Microformate aufgrund ihrer Fähigkeit, einer Webseite oder einzelnen Elementen einer Webseite eine bestimmte Bedeutung zuzuweisen, zu den besonders interessanten technischen Aspekten [Lassila und Hendler, 2007]. Im folgenden Abschnitt werden zahlreiche Web-2.0-Technologien erläutert, welche die Entwicklung von Web-2.0-Anwendungen ermöglichen.

3.3.1.2.1 Folksonomies

Eine Folksonomy (Kofferwort aus dem Englischen „folk" und „taxonomy") stellt eine durch die Nutzer einer Website generierte Taxonomie dar. Folksonomies werden seit den Anfängen des Web 2.0 zur Kategorisierung und zum Auffinden von Web-Content wie beispielsweise Fotos[29], Videos[30] oder Bookmarks[31] eingesetzt. Sie entstehen

---

[28] Salesforce: www.salesforce.com
[29] Flick: www.flickr.com

durch kollaboratives „Tagging" [Vgl. Marlow u.a., 2006] und bezeichnen eine durch die Community selbst organisierte und selbst vorgenommene Form der Klassifikation und Stukturbildung. Schlagwörter, sogenannte „Tags", werden als Deskriptoren für die als „Tagging", einem Zuweisen von Schlagwörtern zu Web-Inhalten, bezeichnete Indexierung herangezogen. Das gesamte für die Klassifikation der Inhalte verwendete Vokabular entstammt der die Website nutzende Community. Die neue Generation von Web-2.0-Communities gebraucht Tags vor allem dazu, um die von Community-Mitgliedern erstellten Web-Inhalte in eine bestimmte Struktur zu bringen, um diese dann für die Community einfacher auffindbar zu machen.

Verwendete Tags werden häufig alphabetisch sortiert und in zweidimensionaler Form visualisiert. Je nach Verwendungshäufigkeit, werden Worte in unterschiedlicher Schriftgröße oder -breite dargestellt und so hervorgehoben. Das entstehende Objekt ähnelt einer Wolke aus unterschiedlich großen Schlagworten, was für die Namensgebung „Tag-Cloud", Wolke aus Schlagworten, ausschlaggebend war. Klickt der Nutzer auf ein Wort in der Tag-Cloud, werden ihm typischerweise alle Informationsobjekte angezeigt, die mit diesem Wort annotiert wurden.

Die soziale Komponente des Web 2.0 zeigt sich im Kontext von Folksonomies darin, dass jeder Nutzer zur Verschlagwortung der Inhalte beitragen kann, wodurch der Aufwand der Verschlagwortung durch gemeinsame Ressourcennutzung auf viele Köpfe verteilt werden kann. Vorherrschendes Prinzip ist, dass Informationsobjekte, die von denjenigen klassifiziert werden, die sie auch benutzen, schneller gefunden werden. Das Tagging von Inhalten auf Webseiten reichert diese mit Semantik an, welche auch von Maschinen interpretiert werden können. Anders als im Semantic Web, wo mit Ontologien gearbeitet wird, besteht bei Folksonomies die Idee der Semantik darin, dass die Häufigkeit eines Tags eine inhaltliche Aussage über eine getaggte Ressource trifft. Vor allem Suchmaschinen könnten die semantische Annotation einer Ressource in Suchergebnissen berücksichtigen und damit relevantere Suchergebnisse liefern.

Tagging kann ein mächtiges Werkzeug darstellen, um die Bildung von virtuellen Gemeinschaften zu verstärken: Einerseits annotieren ähnliche Nutzer Informationsobjekte häufig mit denselben Tags und können sich somit rasch

---
[30] YouTube: www.youtube.com
[31] Delicious: del.icio.us

gegenseitig finden. Andererseits erkennt ein Nutzer Gleichgesinnte deshalb, weil eben diese ein relevantes Informationsobjekt annotiert haben. Die durch Tagging von Informationsobjekten entstehenden Netzwerke können in sozialen Graphen visualisiert werden. Durch Tags werden also Beziehungsnetzwerke zwischen Nutzern sichtbar und somit nutzbar. Beispielsweise können Nutzer anhand von Tags prüfen, welche Personen sich auf einer bestimmten Plattform noch für ihre Inhalte interessiert und mit diesen dann in Interaktion treten. Neue Arten von Web-2.0-Communities bringen Menschen über Tags zusammen. Auf 43things[32] können Nutzer beispielsweise beschreiben, was sie in ihrem Leben noch erreichen möchten. Tags schaffen für Nutzer Werte, indem sie zeigen, welche Nutzer gleiche oder ähnliche Absichten haben.

Die Informationswissenschaft hat eine Reihe von Problemen identifiziert, die im Zusammenhang mit Folksonomies auftreten und deren Ursprung in der (inhaltlichen) Autonomie der Web-2.0-Communities besteht: Die völlig benutzergetriebene Auswahl von Schlagwörtern führt zur Zersplitterung von Kategorien, etwa wenn derselbe Tag im Singular („Mensch") bzw. im Plural („Menschen") verwendet wird. Gleichzeitig kann dasselbe Wort auch in unterschiedlichen Sprachen als Tag verwendet werden („human" und „Mensch"), was die Zuweisung eines bestimmten Informationsobjektes zu einer Kategorie weiter erschwert. Wörter können mehrere unterschiedliche Bedeutungen aufweisen, beispielsweise kann das Wort „Apache" einen Indianerstamm, einen Kampfhubschrauber oder auch einen Webserver bezeichnen. Oftmals ist der Kontext entscheidend, in dem ein Schlagwort verwendet wird.

Nun existieren unterschiedliche Konzepte und Strategien, um dieser Zersplitterung entgegenzuwirken: Beispielsweise können ausgehend von einer Benutzereingabe mittels Wortvervollständigung von einer Applikation ähnliche bereits verwendete Tags angezeigt werden, wodurch der Nutzer eine Hilfe bei der Suche oder der Vergabe eines geeigneten Schlagworts erhält. Nach einem angezeigten Tag kann beispielsweise in Klammern auch die Anzahl der bisherigen durch die Community vorgenommenen Verwendungen dieses Schlagwortes angeführt werden. Nutzer tendieren nämlich dazu, Schlagwörter zu verwenden, die auch von anderen besonders häufig herangezogen werden.

---

[32] 43 Things: www.43things.com

3.3.1.2.2 Microformats

Microformats stellen ein Set von einfachen, offenen Datenformat-Standards dar, die von einer Community entwickelt und implementiert werden, um eine strukturierte Veröffentlichung sogenannter „microcontents", also kleiner abgegrenzter Inhalte zu erhalten. Gemäß ihrer Definition wurden Microformats in erster Linie für Menschen und erst in zweiter Linie für Maschinen entworfen und stellen offene Datenformate dar, die auf existierenden und verbreiteten Standards aufbauen[33].

Microformate verwenden HTML-Markups zur Dekodierung von strukturierten Daten und beschreiben die erweiterte Semantik einer HTML- oder XHTML-Seite. Durch die im HTML-Code der Webseite vorgenommenen Erweiterungen kann beispielsweise eine Suchmaschine die Bedeutung des Seiteninhalts verstehen und somit ein präziseres Suchergebnis liefern, als über eine bloße Indizierung von Wörtern. Mircoformats werden aufgrund ihrer besonderen Beziehung zu (X)HTML auch als „Real World Semantics" oder „Lowercase Semantic Web" [Vgl. Khare und Çelik, 2006] bezeichnet. Eine Microformat-Annotation stellt kein Semantic-Web-Format dar, kann jedoch in ein Semantic-Web-Format wie Resource Description Framework (RDF)[34] oder OWL[35] transformiert werden, um von Semantic-Web-Agenten verarbeitet zu werden.

3.3.1.2.3 Technologien für Rich Internet Applications

Die im Kapitel „Anwendungen des Web 2.0" vorgestellten Rich Internet Applications (RIA) werden erst durch Technologien, wie Ajax [Vgl. Garrett, 2005], Adobe Flash[36] und Flex[37], Microsoft Silverlight[38], oder durch die Open Source Plattform OpenLaszlo[39] ermöglicht. Die populärste Technologie für Rich Internet Applications stellt derzeit Ajax dar, gefolgt von den beiden Adobe Produkten Flash und Flex.

Ajax steht für „Asynchronous JavaScript and XML" und umfasst ein Set von Technologien, um die für Web-2.0-Anwendungen typische „Rich User Experience", was soviel wie bessere Benutzerführung bedeutet, zu ermöglichen. Der Begriff Ajax

---

[33] Microformats: microformats.org
[34] Resource Description Framework (RDF): www.w3.org/RDF/
[35] Web Ontology Language Overview (OWL): www.w3.org/TR/owl-features/
[36] Adobe Flash: www.adobe.com/products/flash
[37] Adobe Flex: www.adobe.com/products/flex
[38] Microsoft Silverlight: www.microsoft.com/silverlight
[39] OpenLaszlo: www.openlaszlo.org

wurde im Februar 2005 durch Jesse James Garrett von Adaptive Path geprägt [Garrett, 2005]. Ajax ermöglicht asynchrone Datenübertragung zwischen Browser und Webserver und erlaubt, dass innerhalb einer HTML-Seite eine HTTP-Abfrage durchgeführt wird, ohne die jeweilige Seite komplett neu laden zu müssen. Ajax ist jedoch im eigentlichen Sinn keine einzelne Technologie, sondern beinhaltet ein Bündel von bekannten Technologien.

Das klassische Modell einer Web-Anwendung zeichnet sich dahingehend aus, dass durch die von einem Nutzer auf einer Webseite vorgenommene Interaktionen einen HTTP-Request zum Webserver auslösen. Auf diesem Webserver wird dann eine Verarbeitung der auf der Webseite in die Formularfelder eingegebenen Daten durchgeführt und als Resultat erneut eine Webseite zum Client zurückgeliefert. Der ständige Ablauf von Interaktion, Senden, Verarbeiten und Empfangen von Daten, sowie der nachfolgende Aufbau der geänderten Webseite führen aus Benutzersicht zu unangenehmen Wartezeiten. Diese beschränken auch die Eigenschaft einer klassischen Web-Seite, vom Nutzer als benutzerfreundliche desktop-ähnliche Anwendung wahrgenommen zu werden. Klassische Webseiten lassen somit keine ansprechende Benutzerführung zu.

Ein auf Ajax basierendes Modell verkürzt diese Wartezeiten, indem es einen Intermediär, die Ajax-Engine, einführt. Die beim Aufrufen der Webseite einmalig geladene Ajax-Engine fungiert somit wie eine Zwischenschicht zwischen Nutzer und Server. Sie ist sowohl für die Kommunikation mit dem Server, als auch für das Interface zum Nutzer hin verantwortlich. Erst dadurch sind Web-Anwendungen implementierbar, die ähnliche Funktionsvielfalt und Benutzerführung wie klassische Desktop-Anwendungen erlauben.

Zusammengefasst liegt der größte Vorteil von Ajax darin, dass vom Nutzer eingegebene Daten verändert werden können, ohne die komplette Webseite neu zu laden. Webseiten zeichnen sich dann durch eine schnellere Reaktion auf Benutzereingaben aus und ermöglichen eine reichhaltige Benutzerführung. Ajax-Technologien basieren auf Java-Script, sind frei zugänglich und werden unabhängig vom Betriebssystem von den Web-Browsern unterstützt, die auch JavaScript unterstützen.

3.3.1.2.4 Content Syndication und Content Aggregation

Der Begriff Content Syndication bezieht sich im Zusammenhang mit dem Web auf die Mehrfachverwendung von Inhalten in verschiedenen Websites. Content-Syndication erlaubt es, dass Websites untereinander Inhalte austauschen. Beispielsweise kann Website A, der Content Syndicator, einen Teil des Contents für weitere Websites verfügbar machen. In diesem Fall sieht es jedoch für den Betrachter von Website B, dem Content Aggregator, aus, als befände sich der Content auf Website B, obwohl diese ihn tatsächlich nur über Website A abholt. Ändert sich der jeweilige Content auf Site A, wird Site B automatisch aktualisiert.

Die herkömmlichste Ausprägung von Syndikation und Aggregation stellen Feeds dar. Ein Feed ist ein Datenformat, welches dazu genutzt wird, Nutzer mit häufig aktualisierten Inhalten von Web-Sites zu versorgen. Web-Sites können beispielsweise News-Feeds bereitstellen, um ihren Lesern auf einfache Weise Änderungen des Contents, wie aktuelle Nachrichten zu einem bestimmten Thema, mitzuteilen, ohne einen erneuten Besuch des Lesers auf der Webseite notwendig zu machen. In diesem Fall abonnieren Leser den vom Betreiber der Web-Site syndizierten News-Feed und nutzen einen Feed-Reader, um Schlagzeilen oder Weblog-Beiträge herunterzuladen und diese zu aggregieren. Somit ersparen sich Leser das mühsame Browsen von einer Website zur anderen. Damit kann das Web als Informationsmedium effektiver und effizienter eingesetzt werden. Content Aggregation führt themenbezogene Inhalte aus unterschiedlichen Online-Quellen auf einer Webseite bzw. in einer Applikation zusammen. Die Verwendung von XML unterstützt die einfache Wiederverwendung und -verteilung des Contents. Really Simple Syndication (RSS) und Atom bilden diesbezüglich die beiden am weitesten verbreiteten Standards und werden von allen gängigen Web-Browsern unterstützt.

3.3.1.2.5 Web-Services und Mashups

Mashups sind spezielle Web-Anwendungen, welche Daten aus mehreren unterschiedlichen Applikationen miteinander kombinieren und aus dieser Kombination für den Nutzer einen vollkommen neuen Service erzeugen [Merrill, 2006]. Mashups zählen zu den bedeutenden Zukunftsthemen des Web 2.0. Während beispielsweise Weblogs jedem Nutzer ermöglichen, Inhalte ins Web zu stellen, stimulieren Mashups vielmehr die Web-Entwicklung selbst und erlauben es theoretisch jedem Nutzer, existierende Daten beliebig miteinander zu kombinieren, um neue Services zu generieren [Vgl. Kulathuramaiyer, 2007]. Eine detaillierte Übersicht zu den derzeit vorhanden APIs und Mashups findet sich auf der Website ProgrammableWeb[40].

Mashups bedienen sich den „application programming interfaces" (APIs), also von den Betreibern von Web-Sites angebotenen Schnittstellen. Durch die Kombination von Daten aus unterschiedlichen Quellen unter Nutzung der bereitgestellten APIs entsteht eine völlig neue Applikation, eben ein Web-Service. Dieser Web-Service erzeugt für den Nutzer ein Informationsobjekt, welches nicht durch eine einzelne Datenquelle originär bereitgestellt werden könnte. Erst die Kombination unterschiedlicher Datenquellen liefert einen neuen Service.

Ein sehr populäres Beispiel für einen Mashup stellt HousingMaps[41] dar. HousingMaps kombiniert kartographische Daten aus Google-Maps[42] mit Immobilien-Daten der Kleinanzeigendatenbank Craigslist[43] und generiert für den Nutzer ein Informationsgut mit einem höheren Grad an Wertschöpfung. Nutzer können bevorzugte Immobilien direkt anhand von Karten aus Google-Maps selektieren und die Immobiliensuche einfacher durchführen.

Die große Herausforderung für den Durchbruch von Mashups besteht darin, dem gewöhnlichen Nutzer ohne besondere Affinität zur Technik eine Möglichkeit bereitzustellen, Mashups einfach und rasch zu erstellen. Diesbezügliche Design-Tools kommen jedoch erst langsam auf und sind noch sehr gering verbreitet [Kulathuramaiyer, 2007]. Yahoo Pipes[44] stellt beispielsweise eine graphische Oberfläche zur Verfügung, mit der Nutzer per Drag & Drop Daten aus dem Web – bevorzugt RSS-Feeds, oder Dienste, die RSS Feeds generieren können – beliebig in benutzerdefinierten Feeds bündeln können. Eine Reihe von Werkzeugen erlaubt die gewünschte Konfiguration.

---

[40] Programmableweb: www.programmableweb.com
[41] HousingMaps: www.housingmaps.com
[42] Google Maps: maps.google.com
[43] Craigslist: www.craigslist.org
[44] Yahoo Pipes: pipes.yahoo.com

3.3.1.3 Interpretation und Ausblick

Erst die technologischen Weiterentwicklungen ermöglichen soziale Veränderungen. Ausgehend von neuen Anwendungen und Technologien im Web 2.0 kommt es zu dem Phänomen, dass die sozialen Prozesse Gleichgesinnte finden, mit ihnen kommunizieren oder gar kollaborieren, durch das Web unterstützt werden bzw. sogar gänzlich im Web stattfinden. Neue Technologien führen zu einer nachhaltigen Veränderung, was die Herausbildung virtueller Communities und sozialer Netzwerke betrifft [Vgl. Stocker und Tochtermann, 2008C]. Nutzer formieren sich zunehmend über Wikis, Weblogs und andere soziale Web-Plattformen und bedienen sich dieser neuen Wissensstrukturen, um ihren persönlichen Absichten nachzukommen.

Die fortlaufende Sozialisierung des Web 2.0 stellt gewaltige Herausforderungen an die Technologie. Soziale Web-Plattformen zeichnen sich dadurch aus, dass sie unglaubliche Mengen an durch ihre Nutzer erstellte Daten speichern. Im Gegenzug zeigen sie sich jedoch hinsichtlich Weitergabe und Export dieser Daten als sehr restriktiv. Eine zentrale Frage ist in diesem Zusammenhang, wie Nutzer ihre Daten, zum Beispiel ihr Freundesnetzwerk, von einer Plattform zur anderen Plattform transferieren können. Nutzer sind im realen Leben zumeist in unterschiedlichen Communities aktiv. Daher sind sie dies auch im Web. Immer wiederkehrende Vorgänge wie Anmeldung, Login, Benutzerprofilerstellung oder das Hinzufügen von Freunden verschlingen die knappen zeitlichen Ressourcen der Nutzer. Vor dem Hintergrund dieser „social network fatigue", dem Stress, welchen Benutzer erfahren, welche gleichzeitig auf mehreren sozialen Plattformen präsent sind, wurden zahlreiche Initiativen von engagierten Einzelpersonen mit Unterstützung der Industrie ins Leben gerufen. Dazu zählen etwa OpenSocial[45], DataPortability[46] und Open Social Web[47]. Diese Herausforderungen können unter dem Begriff Cross-Plattform-Aspekte zusammengefasst werden [Vgl. Stocker u.a., 2008D].

---

[45] Google OpenSocial: code.google.com/apis/opensocial
[46] DataPortabilityProject: www.dataportability.org
[47] Open Social Web: opensocialweb.org

3.3.2 Soziale Perspektive im Web 2.0

Neben der technologischen Perspektive, ist es gerade der soziale Blickwinkel, welcher das Web 2.0 so interessant für seine Nutzer macht. Der folgende Abschnitt stellt unter der Berücksichtigung der relevanten Literatur vor, welche Konzepte sich hinter den Begriffen „Community", „Virtuelle Community" und „Soziale Netzwerke" verbergen. Dieser Abschnitt beschreibt den State-of-the-Art zur sozialen Seite des Web 2.0. Die Inhalte dieses Abschnitts wurden schon zu einem großen Teil im Beitrag „(Virtuelle) Communities und Soziale Netzwerke" [Stocker und Tochtermann, 2008C] publiziert.

3.3.3 Gemeinschaft (Community)

Eine Community besteht aus einer Gruppe von Personen, welche freiwillig über eine gewisse Zeit ein Thema miteinander teilt und so aufgrund von sozialer Interaktion in Face-to-Face Treffen ein Gemeinschaftsgefühl entwickelt.

3.3.3.1 Das Streben nach Gemeinschaft

Das Verlangen nach Gemeinschaft, Zugehörigkeit und sozialer Interaktion steht seit jeher im Mittelpunkt der Menschen. Das Aufkommen neuer Informationstechnologien und der damit verbundene Übergang in die Informations- und Wissensgesellschaft verursachten weitreichende Auswirkungen auf die moderne Gesellschaft, insbesondere auch, wie Menschen Gemeinschaft erfahren. Eine immer stärkere Virtualisierung, in der Menschen neben dem realen Leben ein möglicherweise gänzlich unterschiedliches virtuelles Leben führen können, spiegelt sich in modernen Gesellschaften wider.

Mit dem Aufkommen von Computern und Vernetzung kam es zu einem Wandel in der sozialen Interaktion der Menschen, welcher sich auf Beziehungsaufbau, Kommunikation und Zusammenarbeit auswirkt. Computer und Netzwerke bilden eine soziale Umgebung, in der sich Menschen selbst darstellen, Gleichgesinnte treffen, mit Gleichgesinnten kommunizieren, soziale Bindungen aufbauen und virtuelle Gemeinschaften bilden.

Aufgrund von Allgegenwärtigkeit, Interaktivität und Vernetzung konstruiert das Web ein Medium, um ähnlich den Face-to-Face Ebenbildern virtuelle Gemeinschaften hervorzubringen. Virtuelle Gemeinschaften haben gemeinsam, dass sich ihre

Mitglieder nicht oder nicht ausschließlich Face-to-Face treffen, sondern sich im virtuellen Raum des Web wieder finden und dort miteinander interagieren. Social-Software und der Wandel vom Web zum Web 2.0 bringen neue Wissensstrukturen hervor, indem sie auf die beiden Konzepte „Virtuelle Gemeinschaften" und „Soziale Netzwerke" zurückgreifen.

Der im Europäischen Raum für entsprechende Phänomene verwendete Community-Begriff stellt sich sehr facettenreich dar: Neben den aus Wissensmanagement-Sicht untersuchten Konzepten „Community of Practice" [Vgl. Lave und Wenger, 1991], „Community of Interest" und "Community of Purpose" [Vgl. Carotenuto u.a., 1999] stehen auch Business Communities [Vgl. Lechner u.a., 1998], Brand-Communities [Loewenfeld, 2004] und Learning-Communities [Vgl. Winkler und Mandl, 2002] im Mittelpunkt der interdisziplinären Forschung. Sogar das Internet kann als Ansammlung von Communities gesehen werden [Vgl. Lamla, 2007].

Im Folgenden wird vorgestellt, welche Konzepte sich hinter den Begriffen Community und virtuelle Community verbergen. Weiters wird versucht, eine Antwort auf die oft dargestellte Frage zu liefern, ob eine virtuelle Community mangels eines fehlenden Gemeinschaftssinnes überhaupt eine Entität im Sinne einer Community darstellt. Abschließend wird argumentiert, wie sich virtuelle Communities von virtuellen sozialen Netzwerken abgrenzen.

3.3.3.2 Gemeinschaftsbegriff

In den Sozialwissenschaften herrscht nach wie vor Unklarheit über eine einheitliche Definition des Gemeinschaftsbegriffes. In früheren Konzepten war dieser gekennzeichnet durch verwandtschaftliche Beziehungen und/oder geographische Nähe. Verursacht durch den industriellen Wandel ersetzte das gemeinsame Interesse die verwandtschaftlichen Beziehungen als Kontext für die Bildung von Gemeinschaft [Hamman, 2000]. Mit dem flächendeckenden Einzug von Informations- und Kommunikationstechnologien verliert die geografische Nähe immer mehr an Relevanz, gemeinsames Interesse bleibt jedoch bestehen. Ein virtueller Raum beginnt den geographischen Raum zu ergänzen und im Hinblick auf zukünftige Entwicklungen sogar abzulösen.[48]

Eine der ersten begrifflichen Nennungen von Gemeinschaft findet sich in dem vom Soziologen Ferdinand Tönnies im Jahre 1887 verfassten Grundlagenwerk „Gemeinschaft und Gesellschaft". Die sozialen Bewegungen seiner Zeit verfolgend unterscheidet Tönnies [Tönnies, 1887] zwischen zwei Normaltypen von kollektiven Gruppierungen, der Gemeinschaft und der Gesellschaft. Die Gemeinschaft stellt eine Bindung dar, die durch gewachsene Strukturen und Zugehörigkeitsgefühl beschrieben ist. Die Ausprägungen Familie, Nachbarschaft oder Freundschaftsbeziehungen definieren sich über Zusammengehörigkeit und Solidarität und sind auf dem „Wesenswillen" gegründet. Die Gesellschaft ist im Gegensatz dazu geprägt durch die Trennung von Zweck und Mittel und beruht auf dem sogenannten „Kürwillen". Nutzenüberlegungen von Seiten des Individuums beruhend auf Rationalität und Kalkül führen zur Bildung von Parteien, Vereinen oder Aktiengesellschaften.

Der interdisziplinäre Begriff der Community erfuhr eine Vielzahl an unterschiedlichen Definitionen und Definitionsversuchen. George Hillery [Hillery, 1955] untersuchte rund 100 soziologische Definitionen des Terms Community. Er fand bei seiner Analyse heraus, dass eine Gemeinschaft eine Gruppe von Menschen darstellt, deren Bindung sich über gemeinsame Motive, Situationen oder Ziele gründet und die sozial miteinander interagieren. Entscheidend ist, dass sich diese Gruppe zeitweise an einem gemeinsamen Ort befindet. Hillery fasst eine Community als *„a number of people, who share a geographical environment"* zusammen.

Viele, der neueren Definitionsversuche von Communities berücksichtigen bereits den Einfluss der Informations- und Kommunikationstechnologien auf soziale Prozesse. Mynatt [Mynatt u.a., 1997] sieht den Community-Begriff über mehrere Dimensionen hinweg und beschränkt ihn nicht mehr im Sinne von geographischer Zusammengehörigkeit. Eine Community bildet demnach *„a social grouping that includes, in varying degrees: shared spatial relations, social conventions, a sense of membership and boundaries, and an ongoing rhythm of social interaction."* Der Soziologe Barry Wellman untersuchte Communities als Netzwerke, welche nicht lokal

---

[48] Second Life: www.secondlife.com

beschränkt sind und geht insbesondere auf die soziale Verwendung des Computers ein [Wellmann 2001] *"Although community was once synonymous with densely knit, bounded neighbourhood groups, it is now seen as a less bounded social network of relationships that provide sociability support, information, and a sense of belonging."*

3.3.3.2.1 Gemeinschaften in Organisationen

Im organisationalen Kontext tritt die Community immer wieder im Zusammenhang mit Wissensmanagement und organisationalem Lernen auf. Geht es darum herauszufinden, worin die Gemeinsamkeit bei Communities besteht, lassen sich in der Literatur unterschiedliche Konzepte finden.

Carotenuto [Carotenuto u.a., 1999] liefert unter Bezugnahme auf die Parameter Gemeinsamkeit und Fokus eine Einteilung von Communities in „Communities of Interest", „Communities of Practice", „Communities of Purpose" und „Communities of Passion". Communities of Interest fokussieren sich auf eine Menge an gemeinsamen Interessen. Sie bündeln Personen, die gemeinsame Interessen hegen und einen breiteren fachlichen Hintergrund besitzen. Communities of Practice setzen einen noch engeren Fokus auf gemeinsame Interessen und definieren sich über ein gemeinsames Set an Tätigkeiten und Praktiken. Üblicherweise werden sie von Personen gebildet, die gemeinsame bzw. verwandte Verantwortlichkeiten oder Aktivitäten teilen. Communities of Purpose besitzen einen engen Fokus auf das gemeinsame Interesse. Sie werden von Personen gebildet, die einen gemeinsamen Zweck verfolgen, wie beispielsweise das gemeinsame Verfassen eines Buchs. Communities of Passion definieren sich ebenfalls über ein gemeinsames Interesse. Sie bündeln Personen, die eine derart starke Identifikation mit einem Thema besitzen, dass sie zu passionierten Verfechtern werden.

Lave und Wenger [Lave und Wenger 1991] gelten als Schöpfer des Begriffs der Community of Practice (COP). Das Ziel ihrer Untersuchung bestand in der Analyse, wie in langsam wachsenden Gemeinschaften neben der Wissensweitergabe auch gemeinschaftliche Überzeugungen und Traditionen sowie soziale Gewohnheiten und Werte be- und entstehen. Wenger definiert Communities of Practice als *„groups of people, who share a concern or a passion for something they do and who interact regularly to learn how to do it better."* [Wenger, 1998]. Die drei wesentlichen

Eigenschaften einer Community of Practice sind daher das Wissensgebiet (domain), die Gemeinschaft (community) und die Praxis (practice). Eine Community of Practice besteht um ein Wissensgebiet und bündelt eine Gruppe von Personen die informell miteinander verbunden sind und gemeinsame Aufgaben bearbeiten. Der Wissensaustausch in einer Community of Practice kann umso besser unterstützt werden, je mehr die Mitglieder gemeinsam zu einem Thema wissen. Mitglieder teilen ihr Wissen untereinander und unterstützen sich gegenseitig beim Erwerb von Wissen. Über die Zeit hinweg bauen sie einen Wissenspool auf, der den Wissensstand der Community als organisationale Entität widerspiegelt.

„Tech-Clubs" stellen bei Daimler Chrysler konkrete Ausprägungen der Community of Practice Idee dar. Diese sind informelle Gruppen, welche sich um Unternehmensbereiche wie Elektronik, Chassis oder Innenausstattung formiert haben [Vgl. Probst u.a. 2001]. Diese zeigen sich für die Weiterentwicklung von Wissen, welches unabhängig von bestimmten Fahrzeugtypen ist, verantwortlich und stellen dieses konzernweit zur Verfügung. Durch diese Maßnahme wurden nach eigenen Angaben Entwicklungszeiten und Kosten reduziert.

Nach der Ansicht von Wenger [Wenger, 1998] sind Community-Mitglieder über das was sie zusammen tun, von Diskussionen am Mittagstisch bis hin zur Lösung von komplexen Problemen, und über das was sie durch ihr gemeinsames Engagement gelernt haben informell miteinander verbunden. Eine Community ist demnach eine freiwillige Verbindung von Personen, die nicht direkt voneinander in Bezug auf ihre Erfolgsperspektive abhängig sind. Bindungen zwischen diesen Personen sind oftmals zahlreich. Das einzelne Mitglied ist normalerweise nicht ausschlaggebend für den Erfolg der Community, die sehr locker oder überhaupt nicht koordiniert wird. Communities sind dynamische Entitäten mit stark flexiblen Mitgliederzahlen. Neue Sub-Communities bilden sich heraus und führen dazu, dass sich auch der Zweck einer Communities im Laufe der Zeit verschieben kann.

Unter Berücksichtigung der einschlägigen Literatur besteht eine Gemeinschaft somit als (1) eine Gruppe von Personen, (2) die auf Freiwilligkeit beruhend (3) zumindest eine gewisse Zeit ein Thema miteinander teilend (4) ausgehend von ihrer sozialen Interaktion (5) ein hinreichendes Gemeinschaftsgefühl entwickeln.

3.3.3.3 Virtuelle Gemeinschaft (Virtual Community)

Eine virtuelle Community entsteht, wenn sich Menschen auf computervermitteltem Wege mit einer hinreichenden Regelmäßigkeit treffen, sodass sie durch ihre Aktivitäten persönliche Beziehungen aufbauen und ein Gemeinschaftsgefühl entwickeln.

3.3.3.3.1 Entstehung der Virtuellen Gemeinschaft

Die Ursprünge der virtuellen Community reichen überraschenderweise bis weit vor die Entstehung des Internet zurück. Schon zu dieser Zeit war das Konzept der virtuellen Community eng mit dem Konzept von vernetzten Rechnern verflechtet. Die durch Informationstechnologien verursachte Dezentralisierung und Individualisierung hat zum Ergebnis, dass Kommunikationsprozesse im Internet zu einem großen Teil innerhalb von virtuellen Gemeinschaften stattfinden.

Bereits in den 1960er Jahren hatte der Visionär J.C.R. Licklider die Vision, dass Menschen vernetzte Computer eines Tages nicht nur für den Informationsabruf nutzen, sondern über diese, mit räumlich entfernten Personen kommunizieren werden [Licklider 1960]. Im Jahre 1969 schrieben Licklider und Taylor [Licklider und Taylor, 1969] bereits visionär über interaktive Online Communities: *„What will online interactive communities be like? In most fields they will consist of geographically separated members, sometimes grouped in small clusters and sometimes working individually. They will be communities not of common location, but of common interest. In each field, the overall community of interest will be large enough to support a comprehensive system of field-oriented programs and data."* Licklider, der die Idee vom Internet entscheidend prägte, beschreibt die zunehmende Relevanz der sozialen Interaktion eines Computernutzers mit Gleichgesinnten unter Berücksichtigung gemeinsamer Interessen [Licklider und Taylor 1969]: *"... life will be happier for the on-line individual because the people with whom one interacts most strongly will be selected more by commonality of interests and goals than be accidents of proximity ..."*

Bereits Anfang der 70er Jahre begann Lickliders Vision Wirklichkeit zu werden, als im Arpanet, dem Vorgänger des Internet, ein Dienst zur Übertragung von Daten zwischen Rechnern für die Übertragung von Nachrichten zwischen Personen Verwendung fand

[Vgl. Hafner und Lyon, 1996]. Seit dem Jahr 1976 sind Mailinglisten und seit 1979 auch Newsgroups, von Wissenschaftlern ursprünglich zum Wissensaustausch genutzt, weit verbreitet. 1978 erschien schließlich das erste MUD (Multi-User-Dungeon), in dem Spieler virtuelle Spielfiguren in einer virtuellen Phantasiewelt steuern. Soziale Interaktion mit anderen Spielern war zum gemeinsamen Bestehen von Aufgaben dringend notwendig. In den USA existierten in den 1980er Jahren zahlreiche virtuelle Communities auch in der Form von Bulletin-Board Systemen (BBS). Die bekannteste virtuelle Community „Whole Earth 'Lectronic Link - The Well" wurde 1985 gegründet, mit dem Ziel, die Kommunikation zwischen Personen im Großraum San Francisco zu erleichtern [Rheingold 1993].

Mitte der 1990er Jahre wurde das Konzept der virtuellen Community auch von der Wirtschaft entdeckt. Die betriebswirtschaftliche Sicht konzentrierte sich anfangs hauptsächlich auf die Möglichkeit, durch den Einsatz virtueller Gemeinschaften betriebswirtschaftliche Kennzahlen wie Kundenanzahl, Umsatz oder Gewinn zu verbessern. Die Jahre 1997 bis 2000 zeichneten sich durch einen Wettlauf von neu gegründeten Unternehmen in Richtung Internet aus. Die meisten Geschäftsmodelle fokussierten sich um die virtuelle Community [Hagel und Armstrong, 1997]. Nach dem Platzen der Dot-Com Blase im Jahre 2001 und dem Ende des ersten Hypes rückten virtuelle Communities in den letzten Jahren wieder vermehrt ins Rampenlicht. Mit Web 2.0 [Vgl. O'Reilly, 2005] und Social-Software [Vgl. Klamma u.a., 2006] finden sich heute Konzepte, die entsprechend komplexe und spezialisierte Plattformen im Web ermöglichen, um den Beziehungsaufbau und das Beziehungsnetzwerk ihrer Nutzer zu unterstützten.

Bedingt durch die Durchdringung von Information über Unternehmensgrenzen hinweg kommt es vermehrt zu einer Anpassung von Unternehmensprozessen in Richtung Web 2.0. Die virtuelle Community bildet ein gewaltiges Datenreservoir für Organisationen, welches es auszuschöpfen gilt, weil Nutzer über Produkte und Dienstleistungen von Unternehmen auch im Web sprechen. Im Innovationsmanagement liefern beispielsweise Methoden wie Community-Based-Innovation entsprechende Praktiken, das „Wissen" einer Community für den Innovationsprozess im Unternehmen nutzbar zu machen [Vgl. Füller u.a., 2006].

3.3.3.3.2 Der Begriff der "Virtuellen Gemeinschaft"

Gleich vorweg muss gesagt werden, dass sich eine einheitliche Definition der virtuellen Community respektive Online-Community, virtuelle Gemeinschaft, E-Community, digitale Community oder Cyber-Community nicht finden lässt. Aufgrund der Tatsache, dass der Untersuchungsgegenstand der virtuellen Gemeinschaft interdisziplinärer ist, überrascht dieser Umstand keineswegs. Die Sozialwissenschaft zeigte von jeher großes Interesse darin, zu verstehen, wie Beziehungen unter der Vorbedingung Virtualität überhaupt entstehen können. Im Gegensatz zu sozialpsychologischen Ansätzen der computervermittelten Kommunikation sehen die Verfechter der virtuellen Gemeinschaft in dieser eine neue Art der zwischenmenschlichen Kommunikation, welche ähnliche Bindungen wie Face-to-Face Gemeinschaften erlaubt.

Der Internet-Pionier Howard Rheingold [Rheingold, 1993] liefert eine der bekanntesten und am häufigsten zitierten sozial motivierten Definitionen der virtuellen Gemeinschaft. Diskussionen im virtuellen Raum müssen menschlich geführt werden und auch über einen bestimmten Zeitraum andauern, um Beziehungen und soziale Gemeinschaften herauszubilden. *"Virtual communities are social aggregations that emerge from the Net when enough people carry on those public discussion long enough, with sufficient human feeling, to form webs of personal relationships in cyberspace"*. Rheingold weist darauf hin, dass Menschen, denen Technologien zur Computer Mediated Communication (CMC) zur Verfügung stehen, unweigerlich virtuelle Gemeinschaften gründen werden. Er sieht die Ursache dafür im Umstand, dass Menschen ein wachsendes Bedürfnis nach Gemeinschaft hegen, da in der realen Welt die informellen Räume für soziale Kontakte immer mehr verschwinden. Virtuelle Gemeinschaften gründen sich demnach nur auf gemeinsamen Interessen und ermöglichen es Menschen, auf neue Art und Weise in Interaktion zu treten

Döring [Döring, 2001] äußert sich in ähnlicher Weise unter starker Betonung des Aspekts des gemeinsamen Interesses und bezeichnet eine virtuelle Gemeinschaft als einen *"Zusammenschluss von Menschen mit gemeinsamen Interessen, die untereinander mit gewisser Regelmäßigkeit und Verbindlichkeit auf computervermitteltem Wege Informationen austauschen und Kontakte knüpfen"*. Dass eine virtuelle Gemeinschaft auf sozialen Beziehungen und einem gemeinsamen

Interessensschwerpunkt beruht, definieren auch Fernback und Thompson [Fernback und Thompson, 1995]. *„Virtual Communities are social relationships forged in cyberspace through repeated contact within a specific boundary or place (e.g. a conference or a chat line) that is symbolically delineated by topic of interest."* Den Schwerpunkt des gemeinsamen Interesses bei Rheingold, Döring, Fernback und Thompson ergänzt Levy [Levy, 1998] durch einen Prozess der Kooperation: *„Eine virtuelle Community verwirklicht sich durch gemeinsame Interessen, Kenntnisse und Projekte in einem Prozess der Kooperation oder des Austauschs und unabhängig von geographischer Nähe und institutionellen Zugehörigkeiten."*

Preece [Preece, 2000] zeigt in ihren Ausführungen, dass eine virtuelle Community im Allgemeinen aus vier Elementen besteht: *"People, who interact socially as they strive to satisfy their own needs or perform special roles, such as leading or moderating; A shared purpose, such as an interest, need, information exchange, or service that provides a reason for the community; Policies, in the form of tacit assumptions, rituals, protocols, rules, and laws that guide people's interactions; Computer systems, to support and mediate social interaction and facilitate a sense of togetherness."* Die von Preece geschilderten Aspekte lassen sich als eine Mindestanforderung für die Verwendung des Community-Begriffs über alle Themenbereiche hinweg erkennen.

Aus Sicht der Betriebswirtschaftslehre beschreiben Hagel und Armstrong [Hagel und Armstrong, 1997] die Bedeutung der virtuellen Community als Phänomen, das den Informationsvorsprung der Unternehmen aufzuheben vermag und dadurch die Marktmacht von den Anbietern zu den Nachfragern verlagert. *„But virtual communities are more than just a social phenomenon. What starts off as a group drawn together by common interests ends up as a group with a critical mass of purchasing power, partly thanks to the fact that communities allow members to exchange information on such things as a product's price and quality."*

Andere Ansätze beschreiben virtuelle Gemeinschaften als eine Sammlung von Agenten auf einer durch Informations- und Kommunikationstechnologie zur Verfügung gestellten Plattform [Lechner u.a., 1998]. *„Virtuelle Gemeinschaften beschreiben den Zusammenschluss von Agenten, die eine gemeinsame Sprache und Welt, sowie gleiche Werte und Interessen teilen und die über elektronische Medien,*

Orts- und (teilweise auch) Zeit ungebunden in Rollen und Erscheinungsformen (Avataren) miteinander in Verbindung treten (kommunizieren)."

3.3.3.3.3 Der Gemeinschaftssinn

In der Sozialforschung steht die Frage im Mittelpunkt, ob virtuelle Communities ohne begleitende Face-to-Face Kontakte überhaupt einen Sinn von Gemeinschaft aus Sicht der Sozialpsychologie zulassen können. Kritiker stellen sich weiters die Frage, ob virtuelle Gemeinschaften tatsächlich Gemeinschaften im originären Sinne, oder lediglich antisoziale Pseudogemeinschaften darstellen [Döring, 2001]. Nach wie vor ist sich die Sozialforschung in dieser Frage uneinig. Die Diskussion konzentriert sich oftmals auf die Art von Beziehungen, die innerhalb der Gruppen be- und entstehen können [Stegbauer, 2001].

Wellmann [Wellmann, 1999] argumentiert, dass virtuelle Gemeinschaften auf einer anderen Wirklichkeitsebene funktionieren, gerade deshalb aber nicht unwirklich sind, weil sich in ihnen andere Muster der Kommunikation und Interaktion widerspiegeln. Gemeinsame Interessen und Werte stehen im Mittelpunkt der Beteiligten. Funktionalität und Spezialisierung führen dazu, dass virtuelle Gemeinschaften sozial unterstützend sind, wenn die Interaktion über einen ausreichend langen Zeitraum andauert und nicht sofort wieder abgebrochen wird. Weiters ist eine Ausweitung und Intensivierung der Kommunikation erforderlich, um ein Gemeinschaftsgefühl aufkommen zu lassen. Gemäß Wellmans Folgerungen unterstützt das Internet schwache soziale Bindungen, starke Bindungen brauchen aber auch physische Präsenz.

Hildreth [Hildreth u.a., 2000] bezeichnet beispielsweise Spieler von MUDs als keine virtuelle Community of Practice. Alle Tätigkeiten, wie das Erforschen eines Raums oder die Kommunikation mit anderen Spielern, laufen zwar auf der virtuellen Ebene ab. Jedoch ist das MUD sowohl das Medium, als auch der Grund für die Existenz der Communitiy. Wellman und Gulia [Wellmann und Gulia, 1999] argumentieren, dass MUD- Nutzer einen ausgeprägten Sinn von Gemeinschaft entwickeln können. Virtuelle Communities bestehend aus MUD- Nutzern können aufgrund ihrer Eigenschaft, Wissen zwischen den Mitgliedern zu teilen, sogar als Knowledge-Communities betrachtet werden: *„Communities of MUD users can reasonably be* viewed as knowledge communities sharing knowledge about the MUD and its physical and social structure." Ähnliches gilt auch für die Nachfolger des MUD, sogenannte MMRPGs (Massive Multiplayer Role Playing Games) wie beispielsweise das populäre World of Warcraft[49].

Diemers [Diemers, 2001] hat im Rahmen seiner Dissertation an der Universität von St. Gallen bei *"verschiedensten Untersuchungen virtueller Gemeinschaften ... erstaunlich hohe Grade der emotionalen Bindungen und der reziproken Solidarität zwischen den Gemeinschaftsmitgliedern"* festgestellt. Der soziale Aspekt in virtuellen Communities wird somit erneut betont.

Die vorgestellten Untersuchungen legen dar, dass ein Gemeinschaftssinn auch innerhalb eines elektronischen Mediums entstehen kann. In einer virtuellen Gemeinschaft kann sich ein Vertrauensklima bilden, das die Bereitschaft des einzelnen erhöht, sein Wissen mit den anderen Mitgliedern der Gemeinschaft zu teilen und Bindungen auf einer emotionalen Ebene hervorzubringen.

3.3.3.4 Soziale Netzwerke

Jede virtuelle Community kann als Netzwerk dargestellt werden. Während für eine Community starke Bindungen und daraus resultierend ein Gemeinschaftsgefühl notwendige Bedingungen darstellen, sind Personen in sozialen Netzwerken im Durchschnitt meist loser gekoppelt und schwache Bindungen überwiegen vor starken.

3.3.3.4.1 Der Begriff des „Sozialen Netzwerks"

Eines der bekanntesten Experimente im Bezug auf soziale Netzwerke stellt das „Small World" Experiment von Stanley Milgram [Milgram, 1967] dar. Milgram verteilte Briefe an zufällig ausgewählte Teilnehmer mit der Bitte, diese an eine im Vorfeld fest definierte Zielperson weiterzuleiten. Falls die Teilnehmer diese Zielperson nicht persönlich kannten, sollten sie den Brief an jemanden weiterleiten, von dem sie glaubten, die Zielperson persönlich zu kennen. Die wesentliche Erkenntnis aus diesem Experiment bestand darin, dass durchschnittlich nicht mehr als sechs Zwischenadressaten zwischen dem ersten Absender und der Zielperson lagen, was Milgram zu der Aussage verleitete, dass jede Person aus der USA mit jeder weiteren

---

[49] World or Warcraft: www.worldofwarcraft.com

über durchschnittlich sechs Personen verbunden ist, eine Eigenschaft, welche er mit den Worten „*six degrees of separation*" bezeichnete. Dank der Informationstechnologie werden große Netzwerke heute transparent und können erstmals systematisch untersucht werden.

Ein Netzwerk ist „*ein abgegrenztes Set von Knoten und den zwischen ihnen verlaufenden Kanten/Achsen*" [Jansen, 1999]. In sozialen Netzwerken definieren sich Knoten über Personen und Kanten stellen Beziehungen zwischen diesen Personen dar. Als Begründer des Begriffs "Soziales Netzwerk" gilt Barnes mit seiner Definition: *"Each Person is, as it were, in touch with a number of people, some of whom are directly in touch with each other and some of whom are not. [...] I find it convenient to talk of a social field of this kind as a network."* [Vgl. Barnes, 1954].

Aktuelle Definitionen von sozialen Netzwerken stammen von Vertretern der sozialen Netzwerkforschung. Garton, Haythornthwaite und Wellmann [Garton u.a., 1997] klassifizieren ein soziales Netzwerk wie folgt: *"Just as a computer network is a set of machines connected by a set of cables, a social network is a set of people (or organizations or other social entities) connected by a set of social relationships, such as friendship, co-working or information exchange."* Wassermann und Faust [Wassermann und Faust, 1994] setzen den Fokus auf die Verbindungen zwischen den sozialen Einheiten und deren Implikation: *"A social network consists of a finite set or sets of actors and the relation or relations defined on them."*

Der Begriff des sozialen Netzwerks erlebte in den letzten Jahren durch das Web einen Aufwärtstrend. Außerdem werden die beiden Begriffe „Netzwerk" und „Community" heutzutage sehr oft zur Erklärung von ein- und demselben Phänomen benutzt. Amy Jo Kim [Kim, 2000] definiert den Unterschied zwischen Communities und Netzwerken über die unterschiedliche Stärke der Verbindungen zwischen den Personen: *"A network is composed of loose ties, often the focus is on a topic or particular type of content or behaviour. A community may have the same focus but the ties are stronger. No one misses you in a network; they might if you're a popular and vocal member of a community."*

Ein Netzwerk definiert nur eine mögliche Sicht auf ein Ganzes: Es bildet ein Interaktionsgeflecht mit Hilfe von Knoten und Kanten ab, ein zentraler Kern ist typischerweise nicht existent, häufig finden sich jedoch unterschiedlich dimensionierte

Cluster. Eine Community präsentiert sich meist als eine Einheit, die sich nach außen hin abgrenzt und um einen festen Kern formiert. Die Beziehungen der einzelnen Mitglieder einer Community können mit Hilfe der sozialen Netzwerkanalyse analysiert durch einen Graph dargestellt werden. Eine Abgrenzung, wie sie sich bei Communities findet, ist bei Netzwerken im Allgemeinen nicht der Fall.

3.3.3.4.2 Soziales Netzwerken

Im Mittelpunkt von „Social Networking" stehen Aufbau und Pflege von Beziehungen, während in virtuellen Communities diese Beziehungen in einer gewissen Art und Weise schon bestehen und die soziale Interaktion, das Herausbilden eines Gemeinschaftsgefühls zwischen den Mitgliedern, das zentrale Element darstellt. Ein weiterer Unterschied zwischen Communities und Netzwerken besteht in der unterschiedlichen Sichtweise auf die Entitäten: Während in den Netzwerken Knoten und Kanten, also die Objekte und Beziehungen zwischen den Objekten im Mittelpunkt stehen, versucht die Community den Fokus auf die Personen und deren Gemeinsamkeiten zu heben.

Mit Web 2.0 und Social Software wird gerne vom Übergang von den zentralistischen Communities zu dezentralen Netzwerken gesprochen. Die Blogosphäre bildet als Entität, welche der Gesamtheit aller Weblogs entspricht, ein Beispiel für ein derartiges Netzwerk. Durch die rasante Weiterentwicklung der Web-Technologien können unterschiedlich ausgestaltete Community-Plattformen die Betreiber in die Lage versetzen, mit den durch Mitglieder explizit oder implizit erstellten Daten zu jonglieren und geschickt Verknüpfungen zu erzeugen. So entsteht für ein Informationsobjekt mit einem entsprechend hohem Grad an Wertschöpfung, welches von den Mitgliedern der Community konsumiert wird.

Social Networking Sites wie beispielsweise Xing[50], Facebook[51] oder StudiVZ[52] bieten die Möglichkeit, das soziale Netzwerk einer Person ganz oder teilweise abzubilden. Einzelne Teilnehmer deklarieren sich auf diesen Plattformen als Freunde oder Kontakte. Über Visualisierungspfade können die Nutzer dann erkennen, dass sie über

---

[50] Xing: www.xing.com
[51] Facebook: www.facebook.com
[52] StudiVZ: www.studivz.net

große soziale Netzwerke im Normalfall durch wenige Schritte mit einer anderen, gänzlich unbekannten Person verbunden sind.

Doch auch mit Web 2.0 sind die Zeiten der klassischen Community-Unterstützung nicht vorbei: Ein gutes Beispiel dafür stellt Xing dar, wo vermehrt Community-Elemente, wie Diskussionsforen eingebaut werden, um Mitgliedern die Bildung von virtuellen Communities zu ermöglichen damit diese Bindungen untereinander stärken können. Aus diesen Bindungen können dann langfristige Kontakte entstehen, eines der Erfolgsgeheimnisse solcher Plattformen. Gerade im Business-Kontext stellt dieser Aspekt ein wesentliches Kriterium für die Teilnehmer dar, um mit Hilfe ihres Netzwerks Geschäfte zu lukrieren.

3.3.3.5 Interpretation und Ausblick

Die zunehmende Technologisierung unserer Gesellschaft führt zum Phänomen der Virtualisierung einzelner Bereiche im Leben der Menschen. Zusätzlich bringen Strömungen, wie Individualisierung und Dezentralisierung, mit sich, dass soziale Prozesse durch das Internet unterstützt werden, oder in manchen Fällen sogar gänzlich im Internet ablaufen. Menschen erweitern ihr soziales Netzwerk unter Zuhilfenahme von Informationstechnologie und befriedigen ihren Wunsch nach Gemeinschaft mit Gleichgesinnten vermehrt online. Web 2.0 und Social Software tragen dazu bei, diese Tendenzen weiter zu verstärken.

Soziale Netzwerke werden durch die Informationstechnologie transparent und können systematisch untersucht werden. Die Freiwilligkeit, mit der Nutzer ihre Daten auf Web-Plattformen stellen, hat jedoch nicht immer positive Auswirkungen. Immer öfter wird von Verletzungen der Privatsphäre berichtet. Nutzer benötigen ein hohes Maß an Medienkompetenz, um die Auswirkungen ihrer Aktionen und Freizügigkeit besser abschätzen zu können.

Während die Community den Fokus auf Gemeinschaft und Gemeinschaftssinn setzt, fokussiert sich das soziale Netzwerk auf die Darstellung der Akteure sowie der Beziehungen zwischen einzelnen Akteuren. Unternehmen, die virtuelle Communities über die beiden Web-2.0-Werkzeuge Wiki oder Weblog „aufbauen" oder bestehende Communities nutzen möchten, müssen unabhängig von der eingesetzten Technologie erst die zugrunde liegenden sozialen Aspekte verstehen.

3.3.4 Betriebswirtschaftliche Perspektive im Web 2.0

Aus der betriebswirtschaftlichen Perspektive von Web 2.0 treten Termini wie Ziel, Zielerreichung, Nutzen, Erfolg oder Return on Investment (ROI) in den Vordergrund. In diesem Abschnitt soll eine allgemeine Einführung in Corporate Web 2.0, welches ein sehr breites Spektrum an Anwendungen für Unternehmen ermöglicht, erfolgen.

3.3.4.1 Web 2.0 und Corporate Web 2.0

Nach dem Platzen der Dot-Com Blase im Jahre 2000 wurde klar, dass viele der neuen technologischen Entwicklungen Erwartungen nicht erfüllen konnten. Als Folge des Platzens dieser Blase schwand bei vielen Unternehmen auch das Vertrauen in das Web, seine Technologien und mögliche Implikationen auf betriebliche Vorgänge und Geschäftsmodelle [Vgl. Schachner und Tochtermann, 2008].

Als der Begriff Web 2.0 im Jahr 2004 vom Verleger Tim O'Reilly geprägt wurde [O'Reilly, 2005], war noch nicht absehbar, welch enormes Ausmaß an Aufmerksamkeit dieser in den Folgejahren auf sich ziehen würde. Durch das Studium des Web und den die Dot-Com-Blase überlebenden Anwendungen, stellte O'Reilly einen Wandel fest, den er mit Hilfe von Prinzipien und Entwurfsmustern für Web-2.0-Anwendungen beschrieb. Obwohl das daraus entstandene Essay „What is Web 2.0: Design Patterns and Business Models for the Next Generation of Software" [O'Reilly, 2005] eines der meistzitierten Dokumente zum neuen Web darstellt, herrscht in der Web-2.0-Community nach wie vor eine rege Diskussion, was Web 2.0 eigentlich ausmacht. Ein großer Teil dieser Gespräche beinhaltet auch die in dieser Arbeit aufgegriffene Fragestellung, ob Web 2.0 lediglich eine neue Technologie, ein verändertes Nutzerverhalten oder etwas anderes bezeichnet.

In der Zwischenzeit fand Web 2.0 vor allem zu Marketingzwecken durch die Addition der Zeichenfolge „2.0" Einzug in Unternehmensbereiche wie Marketing (Marketing 2.0), Kommunikation und Kollaboration (Enterprise 2.0) oder Produktentwicklung (Product Development 2.0). Web 2.0 zeichnet sich vor allem durch die Vielzahl und Relevanz von „user-generated content" aus [Vgl. Pellegrini, 2007]. Darunter wird verstanden, dass, anders als im „alten" Web, wo die Masse der Inhalte von institutionalisierten Content-Providern stammte, im neuen Web 2.0 der gewöhnliche Nutzer als Produzent von Inhalten in den Vordergrund tritt. Die fortschreitende technische Entwicklung macht es Nutzern meist sehr einfach, zum Produzenten von Inhalten aller Art zu werden. Immer mehr Nutzer und immer mehr „user-generated content" lassen das Web als Medium interessanter, nützlicher und zugleich für Nutzer und Unternehmen bedeutender werden. Dieser Strukturwandel zieht wiederum weitere Nutzer an, die ihrerseits zu Produzenten von Inhalten werden. Eine sich ausdehnende Spirale von Aktivitäten und Wechselwirkungen führt dazu, dass das Web in Reichweite stetig wächst und zunehmend einen immer wichtigeren Bestandteil im Leben der Nutzer einnimmt.

Web 2.0 wird hier als natürliche Evolution des Web und als laufender Prozess verstanden. Kein zentrales Ereignis, wie etwa die Entwicklung einer einzelnen neuen Schlüsseltechnologie, wurde als Auslöser für Web 2.0 identifiziert. Mit Hilfe der Versionsnummer „2.0" versucht der Begriff „Web 2.0" jedoch die fortlaufende Entwicklung als einen Stufensprung vorzugaukeln. Tatsächlich sind jedoch sowohl Web 2.0, als auch das „alte Web", beides sozio-technische Systeme, deren Be- und Entstehen durch soziale und technische Entitäten bestimmt wird. Die sozialen Entitäten bleiben auch weitestgehend dieselben, wie im alten Web. Sie erfahren im neuen Web technologiebedingt jedoch weit mehr Möglichkeiten, soziale Prozesse zu entfalten und Netzwerke herauszubilden. Die Grundidee des Web 2.0 kann so beschrieben werden, dass soziale Entitäten mit Hilfe von technischen Entitäten ihre sozialen Prozesse durch das Web unterstützen, sie stärker mit dem Web verflechten und damit eine Vielzahl an nutzergenerierten Inhalten erzeugen, welche von anderen konsumiert werden, weil sie für diese hinreichend interessant sind.

Technische Entitäten sind das Web als Plattform, Web-Technologien und Web-Anwendungen: Zu den Web-Technologien zählen etwa Tagging, Folksonomien, Content-Syndication-Technologien, Microformate und Technologien wie Ajax, welche Rich Clients ermöglichen. Konkrete Web-2.0-Anwendungen sind beispielsweise Weblogs, Wikis, Podcasts oder Rich Internet Applications wie Flickr oder Google Maps.

Im Vergleich zum alten Web, welches hauptsächlich aus statischen mittels Hyperlinks verbunden Webseiten bestand und dem aktiven Nutzer tief greifende technische

Kenntnisse für die Erstellung von Inhalten am Web abverlangten, erfuhr das neue Web 2.0 technologiebedingt mehr Dynamisierung und Simplifizierung, woraus sich für den einzelnen Nutzer mehr Möglichkeiten zur Interaktivität ergeben. Aktuelle Web-2.0-Anwendungen weisen zunehmend Funktion und Mächtigkeit klassischer Desktop-Anwendungen auf. O'Reilly spricht in diesem Zusammenhang nicht umsonst vom Web als Plattform [O'Reilly, 2005].

Soziale Entitäten definieren sich über Nutzer, d.h. Individuen als soziale Elemente, Communities und soziale Netzwerke. Unter einem Individuum wird *„das Einzelexemplar, das Einzelwesen, besonders der einzelne Mensch im Gegensatz zur Gesellschaft, der einzelne Mensch in seiner Besonderheit"* verstanden[53]. Wesentlich ist in diesem Zusammenhang die Fähigkeit eines Individuums, sich mit anderen Individuen am Web zu sozialisieren: Individuen hinterlassen durch ihre Aktionen implizit und explizit Daten, also elektronische Spuren, welche für andere Nutzer zum Konsum weiterverarbeitet werden können.

Unternehmen, die mit dem zielgerichteten Einsatz von Web 2.0 einen Vorteil für ihr Geschäft erzielen möchten, leiden in ihrem Wissensbedarf unter der Unschärfe der hinter Web 2.0 stehenden Konzepte. So ist Unternehmen nach wie vor unklar, welche neuen Anwendungen für welche Einsatzszenarien am besten geeignet sind[54]. Der Web-2.0-Analyst Josh Bernoff von Forrester Research [Bernoff, 2007] äußerte sich kritisch: *„The corporate world has slowly gone from un[a]ware to fearful to, now, curious about how to engage with social networks, what to do about user generated media, how to participate in the blogosphere, and so on"*.

Ein in der Literatur durch die Autoren vorgestelltes Modell für Web 2.0 im Kontext von Unternehmen besteht aus drei Säulen [Vgl. Stocker u.a. 2007A]: Im Corporate Web 2.0 ist es wesentlich, technische, soziale und betriebswirtschaftliche Aspekte gleichmäßig zu berücksichtigen und in Einklang zu bringen. Maßnahmen, welche auf Corporate Web 2.0 basieren, involvieren Stakeholder wie Mitarbeiter, Kunden und Partner auf eine spezielle Art und Weise, sodass alle Beteiligten sowohl für sich einen Nutzen generieren, als auch von bereits geschaffenen Werten im Sinne von

---

[53] Meyers Lexikon: lexikon.meyers.de/meyers/Individuum
[54] How businesses are using Web 2.0: A McKinsey Global Survey:
www.mckinseyquarterly.com/Marketing/Digital_Marketing/How_businesses_are_using_Web_20_A_McKinsey_Global_Survey_1913

Wichtigkeit, Bedeutung und Nutzen profitieren. Corporate Web 2.0 ermöglicht damit neue Wege, um die Stakeholder eines Unternehmens über innovative Web-Technologien und Anwendungen stärker zu binden.

Corporate Web 2.0 versteht sich als die Nutzung sozialer und technischer Aspekte unter der Berücksichtigung unternehmersicher Zielsetzungen, um Geschäftsprozesse oder das Geschäftsmodell eines Unternehmens zu optimieren, indem für alle beteiligen Stakeholder hinreichender Nutzen erzeugt wird. Eine Stakeholder-Perspektive ist dienlich, um die Potenziale von Corporate Web 2.0 zu erkennen. So setzen Unternehmen Corporate-Web-2.0-Strategien ein [Vgl. Stocker 2007B] und erzielen Effekte auf ihre Stakeholder, welche ihrerseits wiederum Effekte auf das entsprechende Unternehmen bewirken. In diesem Wechselspiel von Aktion und Reaktion steckt das Potential von Corporate Web 2.0. Bereits aus der möglichen negativen Reaktion von Stakeholdern [Vgl. Rubel 2007] resultiert die Notwendigkeit, dass Unternehmen sich jedenfalls mit Web 2.0 beschäftigen müssen und Stakeholder sowie deren Interessen stärker in ihrer Planung berücksichtigen. Durch Web 2.0 erhalten Stakeholder nämlich ein äußerst mächtiges Sprachrohr.

Unternehmen setzen Wiki und Weblog beispielsweise dazu ein, um eine offenere Kommunikation zwischen Mitarbeitern und Kunden zu erreichen [Vgl. Zerfass, 2005]. Aus einer Reaktion der Stakeholder auf Strategien oder Produkte erschließen Unternehmen meist nützliche Informationen: So analysieren Unternehmen die Aktivitäten ihrer Kunden im Web und generieren damit viele neue Ideen für ihre eigene Produktentwicklung [Vgl. Stocker 2007B]. Zum Teil entwickeln Unternehmen entsprechende Plattformen selbst [Füller u.a., 2006], kaufen Lösungen wie beispielsweise Dell Ideastorm[55] als Service hinzu, oder analysieren soziale Netzwerke wie die Blogosphäre.

Die zielgerichtete Kombination sozialer und technischer Entitäten hat im Corporate Web 2.0 zum Ziel, Nutzen für das Unternehmen in gewissen Kontexten zu schaffen. Nachfolgende Abbildung visualisiert diesen Prozess und stellt exemplarische Werte für Unternehmen dar. Zusammenhänge, welche Technologien in welchen Kontexten für Unternehmen welche Werte generieren, sind zurzeit noch größtenteils unklar und

---

[55] Idea Storm: www.ideastorm.com

eröffnen eine breite Basis für weitere Forschung. Bisher existiert noch keine Systematik, welche Unternehmen aufzeigen kann, bei welcher Konfiguration von Entitäten sich welches Instrument des Corporate Web 2.0 besonders eignet, um ein gewünschtes Ziel zu erreichen. Unterschiedliche Publikationen versuchen Szenarien aufzuzeigen, in denen sich eine Web-2.0-Anwendung, wie beispielsweise ein Weblog [Vgl. Zerfass, 2005], besonders gut eignen. Da jedoch die Entitäten vollkommen unterschiedlich ausgestaltet sein können, ist es schwierig, vielleicht sogar unmöglich, eine für alle Unternehmen gültige Systematik zu entwickeln.

Die Autoren nehmen an, dass zurzeit noch keine allgemeingültigen Aussagen getroffen werden können, in welchen Kontexten sich welches Corporate-Web-2.0-Instrument am besten eignet. Jede Situation ist individuell und hängt äußerst stark von den beteiligten Stakeholdern sowie deren jeweiligen Zielen ab [Stocker u.a., 2008A]. Es stellt sich daher die Frage, wie Unternehmen ein geeignetes Instrument inklusive spezifischer Konfiguration bestmöglich bestimmen können, um einen möglichst hohen Grad der Zielerreichung bei den beteiligten Stakeholdern zu erzielen.

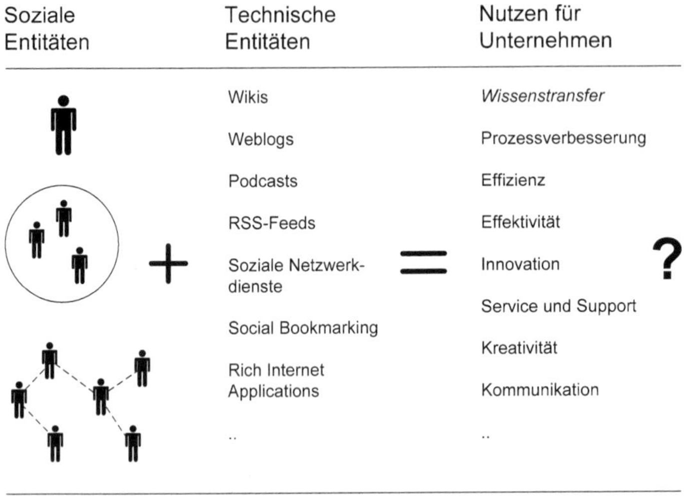

Soziale Entitäten	Technische Entitäten	Nutzen für Unternehmen
	Wikis	*Wissenstransfer*
	Weblogs	*Prozessverbesserung*
	Podcasts	*Effizienz*
	RSS-Feeds	*Effektivität*
	Soziale Netzwerkdienste	*Innovation*
	Social Bookmarking	*Service und Support*
	Rich Internet Applications	*Kreativität*
	..	*Kommunikation*
		..

Abbildung 16: Fragestellungen im Corporate Web 2.0 [Stocker u.a., 2008D]

Nachfolgende Grafik stellt die Begriffe Web, Web 2.0 und Corporate Web 2.0 sowie deren Zusammenhänge zusammenfassend dar. Das Ziel dieser Darstellung besteht in der Abgrenzung der Begriffe Web 2.0 und Corporate Web 2.0 unter Berücksichtigung von Voraussetzungen und Gestaltungsprinzipien. Während Web 2.0 einen entsprechend breiten Fokus besitzt, der lediglich Kenntnis über breite Benutzergruppen erfordert, bedingt Corporate Web 2.0 einen aufgrund der zusätzlichen Unternehmensperspektive wesentlich enger gefassten Fokus und erfordert die möglichst exakte Kenntnis über Stakeholder und deren Ziele. „Stakeholder-Orientierung" ersetzt im Corporate Web 2.0 „Perpetual Beta" als oberstes Gestaltungsprinzip [Stocker u.a., 2008A].

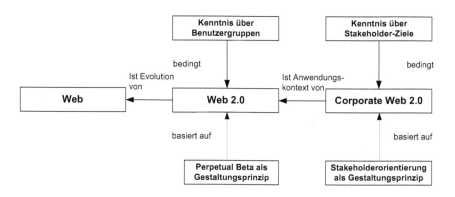

Abbildung 17: Web, Web 2.0 und Corporate Web 2.0 [Stocker u.a., 2008D]

Das Ziel dieses Buchs besteht nicht in der Entwicklung einer allgemeingültigen Systematik für Corporate Web 2.0. Vielmehr geht es darum, ausgehend von Fallstudien Erkenntnisse für einen genau definierten und abgegrenzten Teil von Corporate Web 2.0, den intraorganisationalen Wissenstransfer zu gewinnen. Durch die Untersuchung der beobachteten Phänomene trägt dieses Buch zu einem besseren Verständnis von Corporate Web 2.0 bei, weil angenommen werden kann, dass erforschte Muster auch bei einem breiteren Einsatz eines Corporate-Web-2.0-Instruments repliziert werden können.

3.3.4.2 Wiki und Weblog im Unternehmen

3.3.4.2.1 Weblogs im Unternehmen

In diesem Abschnitt wurde eine eingehende Diskussion zu Weblogs aus technologischer Sicht geführt. Nun soll der Fokus auf nicht technologische Aspekte und insbesondere den Einsatz von Weblogs in Unternehmen gelegt werden.

Als ein „log of the web", eine Bezeichnung, welche Jorn Barger zugerechnet wird, beziehen sich Weblogs immer auf Webseiten, welche Einträge in umgekehrter chronologischer Reihenfolge präsentieren [Paquet, 2008]. Weblogs schaffen als soziotechnischer Untersuchungsgegenstand eine breite Basis für interdisziplinäre Forschung. So wurden Weblogs schnell zur „mainstream personal communication" [Rosenbloom, 2004] für Millionen von Menschen, welche ihr Wissen am Web bereitstellen, mit anderen austauschen und sich dabei mit Gleichgesinnten vernetzen. Weblogs sind sowohl für Experten ein geeignetes Instrument, um ihre Expertise an eine breite Masse an Menschen zu kommunizieren, als auch für gewöhnliche Nutzer, welche lediglich ihre Lebensgeschichte in ihrer Community präsentieren möchten [Wagner und Bollju, 2005]. In der Erforschung der Motivation von Bloggern fanden Nardi u.a. [Nardi u.a., 2004] heraus, dass Bloggen ein unglaublich vielfältiges Medium darstellt, welches für das spontane Zeigen von Emotionen, als auch für die Unterstützung von Gruppen und Community bildenden Maßnahmen herangezogen werden kann.

Was die Wirkung von Weblogs auf das Wissensmanagement betrifft, wurden ebenfalls erste Diskussionen angestoßen. So hat beispielsweise Andrew McAfee [McAfee, 2006] für die Unterstützung der Wissensarbeiter im Unternehmen durch die neuen Werkzeuge Wiki und Weblog im Jahr 2006 den Begriff „Enterprise 2.0" geprägt, um die Relevanz dieser Werkzeuge auf die Wissensteilung zu benennen. Laut McAfee können Wiki und Weblog wesentlich dazu beitragen, Output und Praktiken von Wissensarbeitern im Unternehmen sichtbar zu machen und die passierende Wissensarbeit insgesamt zu optimieren. Als Instrument des technologiegestützten Wissensmanagements besitzen Corporate Weblogs hohes Potenzial, zur Kodifizierung und Personalisierung von organisationalem Wissen beizutragen [Kaiser und Müller-Seitz, 2005].

Web 2.0

Einen ersten Versuch, Corporate Weblogs in Klassen einzuteilen, unternimmt Zerfass [Zerfass, 2005]. Als Kommunikationswissenschaftler bezieht er für die von ihm vorgestellte Klassifikation von Corporate Weblogs die Perspektive der Unternehmenskommunikation. Unter Unternehmenskommunikation versteht Zerfass alle Kommunikationsprozesse zur internen und externen Handlungskoordination sowie zur Klärung der Interessen zwischen Unternehmen bzw. Organisationen und Stakeholdern. In der Realität wird ein Forscher allerdings selten Weblogs vorfinden, welche genau in eine Kategorie passen. Vielmehr können einem Corporate Weblog entsprechende Funktionen zugeordnet werden, welche dann diesen Kategorien entstammen.

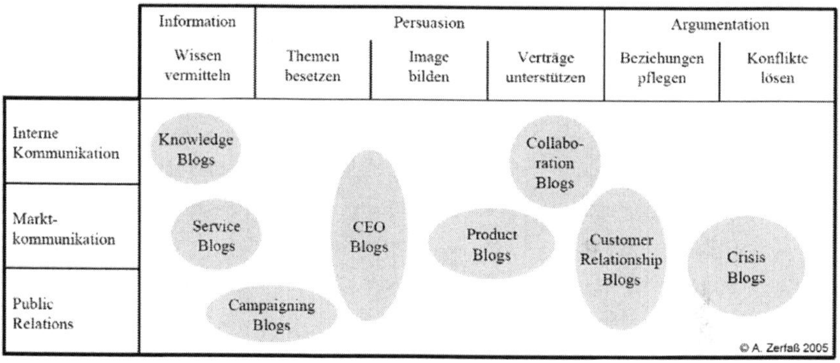

	Information		Persuasion			Argumentation	
	Wissen vermitteln	Themen besetzen	Image bilden	Verträge unterstützen	Beziehungen pflegen	Konflikte lösen
Interne Kommunikation	Knowledge Blogs				Collaboration Blogs		
Marktkommunikation	Service Blogs	CEO Blogs	Product Blogs		Customer Relationship Blogs	Crisis Blogs
Public Relations		Campaigning Blogs				

Abbildung 18: Einteilung von Corporate Weblogs [Zerfass, 2005]

Die Anzahl an empirischen Publikationen über interne Weblogs ist noch vergleichsweise gering. Ein wesentlicher Grund dafür besteht darin, dass interne Weblogs in Unternehmen zumeist vertrauliche, unternehmenskritische Informationen beinhalten, die nicht nach draußen diffundieren dürfen. Dann ist für eine empirische Untersuchung von Corporate Weblogs ein vertrauensvoller Kontakt zwischen Forscher und Unternehmen notwendige Voraussetzung.

In der aktuellen Literatur zu Web 2.0 finden sich zum Teil bereits Beiträge zu Weblogs im Umfeld von Unternehmen aus einer eher praxisorientierten Perspektive. So finden sich im Herausgeberband „Web 2.0 in der Unternehmenspraxis" [Back u.a., 2008]

Fallstudien zu Weblogs bei Namics [Hain und Schopp, 2008], Siemens [Ehms, 2008] und Sun [Hilzensauer und Schaffert, 2008]. Aufgrund der Tatsache, dass diese Untersuchungen keine gemeinsame Systematik aufweisen, lassen sich die Ergebnisse allerdings nur sehr schwer vergleichen. Darüber hinaus untersuchen diese Publikationen nicht explizit den Anwendungsbereich intraorganisationaler Wissenstransfer.

Im Hinblick auf ihren Beitrag zur Corporate-Weblog-Forschung werden nun vier wissenschaftliche Beiträge rezensiert, welche interne Weblogs in Unternehmen aus unterschiedlichen Blickwinkeln untersuchen. Alle vier Publikationen [Kolari u.a., 2007], [Jackson u.a., 2007], [Efimova und Grudin, 2007], [Kosonen u.a., 2007] stellen Einzelfallstudien in multinationalen Grossunternehmen dar.

Um mehr über die Eigenschaften und Strukturen von internen Weblogs zu erfahren, untersucht Kolari [Kolari u.a., 2007] die mehrere tausend Weblogs umfassende interne Blogosphäre eines multinationalen Großkonzerns, der IBM. Kolari visualisiert die interne Blogosphäre des Unternehmens als Graph: Blogger und Kommentatoren bilden Knoten in diesem Netzwerk. Die durch Kommentare und Trackbacks definierten Beziehungen zwischen den Mitarbeitern stellen als Ausprägung der Weblog-Kommunikation die Kanten im Netzwerk dar. Die Autoren behaupten in ihrem Beitrag, dass mit ihrer Studie das erste Mal eine umfassende Charakterisierung einer Weblog-Community und des dadurch entstehenden sozialen Netwerks innerhalb eines Unternehmens gelungen ist. Weiters stellen sie neue, auf mathematische Verfahren basierende Methoden, vor. Damit sollen Auswirkungen von Weblog-Beiträgen basierend auf ihrer Reichweite innerhalb einer Organisationshierarchie modelliert werden können.

Jackson [Jackson u.a., 2007] untersucht soziale Aspekte von Bloggen innerhalb eines nicht namentlich genannten Großunternehmens mit Hilfe empirischer Methoden. Sowohl die Motivation der bloggenden Individuen wird analysiert, als auch die Art und Weise, wie Mitarbeiter Weblogs verwendet haben. Ausschlaggebend für diese Untersuchung ist das in der Organisation beobachtete Phänomen, dass intensive Blogger fast zwei Mal so viele Beiträge in den Weblogs anderer veröffentlicht hatten, als in ihre eigenen. Die Autoren fanden heraus, dass Weblogs in großen verteilten Unternehmen die schwachen Bindungen zwischen Mitarbeitern stärken konnten.

Weiters stellten Weblogs einen informellen Mechanismus dar, der unvereinbarte und verstreute Bereiche innerhalb einer Organisation in einen konstruktiven Dialog bringen kann. Weblogs bilden für Mitarbeiter ein geeignetes Instrument, um neue Netzwerke aufzubauen und bestehende Netzwerke zu erhalten. Intensive Blogger schufen nicht nur für sich selbst einen Mehrwert, sondern generierten auch einen Mehrwert für durchschnittliche Weblog-Nutzer. Blogger generierten in der Organisation daher signifikante informelle und soziale Werte.

Die stark wachsende, mehrere tausend sowohl interne als auch externe Weblogs umfassende, Blogosphäre von Microsoft wird von Efimova [Efimova und Grudin, 2007] untersucht. Die Autoren liefern Antworten auf Fragen, wie beispielsweise, warum bloggen Mitarbeiter, wie bloggen Mitarbeiter, wie persönlich ist der Schreibstil und was passiert, wenn Bloggen zu einem formalen Arbeitsziel wird. Während externen kundenorientierten Weblogs bei Microsoft ein klarer Mehrwert zugeschrieben wird, existiert bisweilen Skepsis in Bezug auf interne Weblogs, denen kein klarer Zweck attestiert werden kann. Interne Weblogs finden durch das Management keine formelle Unterstützung, ganz im Gegensatz zu externen. Mitarbeiter bestimmen weitestgehend selbst, ob, wann und aus welchen Gründen sie bloggen. Zusätzlich zu der Frage, ob Mitarbeiter extern bzw. intern bloggen ist der Web-Server, auf welchem Weblogs gehostet werden, bedeutend. Während manche Blogger durch einen spezifischen Web-Server ein bestimmtes Zugehörigkeitsgefühl zum Unternehmen vermeiden oder bestätigen wollen, wünschen andere nicht aufgrund ihrer Eigenschaft als Microsoft-Mitarbeiter, sondern aufgrund ihrer Expertise in einem speziellen Thema bewertet zu werden. Viele Blogger beschreiben ihre Tätigkeit als einen Weg, ihrer Leidenschaft für die eigene Arbeit Ausdruck zu verleihen und direkt mit anderen innerhalb und außerhalb des Unternehmens zu kommunizieren. Einige empfinden ein Verlangen, die menschliche Seite des sie beschäftigenden Unternehmens zu beschreiben. Andere greifen wiederum zu Weblogs, um ihre Arbeit zu dokumentieren und besser zu organisieren. Die Autoren finden Bestätigung dafür, dass sich Blogging-Praktiken bei Microsoft in einer rapiden Evolution befinden und die Erfahrung der Organisation, was Bloggen betrifft, stetig zunimmt.

Im Beitrag von Kosonen [Kosonen u.a., 2007] wird die Rolle von Weblogs in der internen Unternehmenskommunikation eines großen ICT-Unternehmens untersucht.

Die Autoren generieren ein zweidimensionales Modell basierend auf dem Typus des internen Weblogs sowie der dazu passenden Art der internen Unternehmenskommunikation. Sie finden dabei heraus, dass Weblogs in der internen Kommunikation eingesetzt werden, um Strategie-Implementations-Ziele zu erfüllen und die informelle interne Kommunikation zwischen Mitarbeitern zu stimulieren. Unternehmensklima und -kultur bestimmen den Erfolg von Weblogs. Nach Ansicht der Autoren ist es wesentlich, ein Gleichgewicht zwischen formaler Führung und persönlicher Zugkraft zu finden.

3.3.4.2.2 Wikis im Unternehmen

In diesem Abschnitt wurde bereits eingehend über Wikis aus technologischer Sicht diskutiert. Nun wird der Fokus vielmehr auf nicht technologische Aspekte sowie den Einsatz von Wikis in Unternehmen gelegt. Ähnlich zu Weblogs profitieren auch Wikis stark durch den derzeit herrschenden Trend in Web-Technologien und Geschäftsmodellen mit Fokus auf nutzergenerierte Inhalte und leichtgewichtige servicebasierte Architekturen.

[Leuf und Cunningham, 2001] bezeichnen das Wikis als eine *„freely expandable collection of interlinked Web pages, a hypertext system for storing and modifying information [and] a database, where each page is easily editable by any user"*. Wikis fungieren als web-basierte Autorenwerkzeuge, welche eine kollaborative Erstellung von Inhalten unterstützen. Sie sind zumeist als offenes System konzipiert, was bedeutet, dass jeder Nutzer Wiki-Inhalte erstellen und sowohl eigene, als auch fremde Wiki-Inhalte löschen kann. Inhalte werden bei Wikis inkrementell erstellt. Daher können Artikel bereits auf Inhalte verweisen, welche zu diesem Zeitpunkt noch gar nicht im Wiki existieren und erst später erstellt werden. Die Wiki-Software besitzt organischen Charakter, weil sich Wiki-Inhalte aufgrund der Offenheit evolutionär und ausgehend von den tatsächlichen Nutzerbedürfnissen entwickeln können [Müller und Gronau, 2008].

Die technischen und sozialen Gestaltungsprinzipien von Wikis eignen sich bestens, um mit ihnen Lösungen für Wissensmanagement-Problemstellungen zu definieren. Wikis bieten sich zur gemeinschaftlichen Erstellung und Verwaltung von nicht hierarchischen Wissenssammlungen an [Müller und Dibbern, 2006]. Im Gegensatz dazu erstellen bei herkömmlichen klassischen Wissensmanagement-Systemen meist bestimmte Personen(gruppen) nach den Vorgaben des Systems in ihrer redaktionellen Tätigkeit Inhalte. In Wikis herrscht im Idealfall die Selbstorganisation von Nutzern vor. Wiki-Inhalte werden durch jeden Mitarbeiter in Eigenverantwortung eingestellt, angepasst und weiterentwickelt. Daher sind Wikis keinesfalls statische Wissensmanagement-Systeme, weil Informationen in Wikis je nach Bedarf zusammengeführt oder geteilt werden können [Müller und Gronau, 2008]. Im Idealfall ermöglicht und unterstützt die Offenheit von Wikis die Kommunikation der Mitarbeiter sowie die gemeinsame Bearbeitung und Dokumentation von gemeinschaftlich abgestimmtem Wissen [Gonzales-Reinhart, 2005].

Viele klassische monolithische Wissensmanagement-Systeme haben in Unternehmen in der Vergangenheit versagt, weil sie zu sehr auf die Technologie fokussierten und wenig zu einer ganzheitlichen Atmosphäre beitragen konnten, welche einem effektiven Wissenstransfer und -Austausch förderlich war [Gonzales-Reinhart, 2005]. Wikis stellen als moderne Wissensmanagement-System zudem eine gute Option für Unternehmen dar, weil sie in wirtschaftlicher und technologischer Sicht zumeist weniger herausfordernd sind, mit ihnen schnell Wissen dokumentiert werden kann und sie sich sehr gut in dezentrale Unternehmenslandschaften integrieren lassen [Wagner, 2004]. Organisationen bevorzugen Wikis auch wegen ihrer Einfachheit im Vergleich zu anderen Content-Management-Systemen. Zusätzlich beinhalten Wikis meist äußerst leistungsfähige, kostenlose Volltext-Suchmaschinen.

Die Palette an Einsatzgebieten für Wikis im Zusammenhang mit Unternehmen ist riesig. Sie reicht von der Unterstützung von dezentralen Projektteams bis hin zur technischen Basis für ein ganzes Intranet. Den Ursprung haben Wikis aufgrund ihrer thematischen Nähe in der Softwareentwicklung.

Eines der Haupteinsatzgebiete von Wikis ist die Software-Entwicklung, wo Wikis für Dokumentation, Erfassung von Softwarefehlern und Ideensammlung einsetzt werden [Ebersbach u.a., 2005]. Wikis werden auch zur Vereinfachung und Zentralisierung der Kommunikation genutzt. So verwenden beispielsweise Open-Source Entwickler Wikis zur Abstimmung und Koordination ihrer Agenden [Müller und Dibbern, 2006].

Auch in internen Wikis finden sich zumeist unternehmenskritische, vertrauliche Informationen, welche nicht nach außen diffundieren sollen. Diese Tatsache macht es für Forscher herausfordernd, empirische Studien im Zusammenhang mit internen Wikis und Unternehmen durchzuführen.

Zum Einsatz von Wikis in Unternehmen existieren praxisnahe Einzelfallstudien in der aktuellen Literatur, so im Autorenband „Web 2.0 in der Unternhmenspraxis" [Back u.a., 2008]. Darin findet sich beispielsweise eine Fallstudie zu Wikis bei Sun [Hilzensauer und Schaffert, 2008]. Diese Fallstudie bezieht sich jedoch nicht explizit auf den Anwendungsbereich intraorganisationaler Wissenstransfer.

Auf Basis einer umfassenden Befragung von Wiki-Nutzern stellen [Majchrzak, u.a., 2006] fest, dass Wikis in Unternehmen das Potenzial zur Nachhaltigkeit besitzen. Unter Nachhaltigkeit verstehen die Autoren dabei einen Mix aus der Dauer der Wiki-Existenz, der Anzahl an Beitragenden und „Lurker", d.h. Mitarbeitern welche lediglich Beiträge lesen aber nicht erstellen, und der Frequenz der Wiki-Zugriffe. Die befragten Nutzer gaben an, drei besondere Vorteile durch ihren Beitrag zu Wikis lukrieren zu können: Wikis steigern die persönliche Reputation, erleichtern die eigene Arbeit und helfen der Organisation, ihre Prozesse und Abläufe zu verbessern. Jedoch können nicht alle Wikis in Unternehmen solche positiven Eigenschaften aufweisen. Die genannten Vorteile werden vor allem dann erzielt, wenn Wikis für Aufgaben genutzt wurden, welche neue Lösungen erforderten und wenn die in Wikis veröffentlichten Informationen vertrauenswürdigen Quellen entstammen.

3.4 Computergestützte Informationssysteme

Wiki und Weblog sind aus der Perspektive der Wirtschaftsinformatik neue, dem Web 2.0 entstammende, computergestützte Informationssysteme. Der Erfolg derartiger Informationssysteme [Vgl. DeLone und McLean, 2003] ist abhängig von der Akzeptanz der Nutzer. Je geringer die Akzeptanz der Nutzer, desto geringer ist auch deren Intention, diese Systeme zu verwenden und aus diesen Nutzen zu generieren [Vgl. Davis, 1989]. Sowohl das Technologieakzeptanzmodell von Davis [Davis, 1989], als auch das Information System Success Model von DeLone und McLean [Vgl. DeLone und McLean, 2003], sind bei empirischen Studien im Kontext von Wiki und Weblog zu berücksichtigen. Im Folgenden werden diese beiden für die explorative

Mehrfachfallstudie besonders relevanten Modelle aus der Forschung zu Informationssystemen diskutiert.

3.4.1 Technologieakzeptanz

Technologieakzeptanzmodelle veranschaulichen, unter welchen Bedingungen Nutzer eine neue Technologie akzeptieren und in ihrem Alltag einsetzen. Der Erfolg einer bestimmten Informationstechnologie hängt entscheidend vom Ausmaß der Akzeptanz ab. Akzeptanzprobleme zeigen sich in einer nicht adäquaten oder gar ausbleibenden Nutzung einer neuen Informationstechnologie. Ein in der Forschung zu Informationssystemen besonders häufig diskutiertes Akzeptanzmodell ist das „Technologie-Akzeptanz-Modell" von Davis [Davis, 1989].

Davis beschreibt in seinem Modell zwei wesentliche Faktoren, welche Nutzer in ihrer Entscheidung über wie und wann sie eine bestimmte Technologie im betrieblichen Alltag einsetzen, beeinflussen: der wahrgenommene Nutzen und die wahrgenommene Benutzbarkeit. Diese beiden Faktoren prägen entscheidend die Innovationsbereitschaft eines Nutzers im Hinblick auf die zukünftige Nutzung einer Technologie. Die Akzeptanz eines Informationssystems wird somit durch die Absicht des Nutzers bestimmt, das System auch in Zukunft zu verwenden. Nachfolgende Abbildung visualisiert das Technologie-Akzeptanz-Modell von Davis.

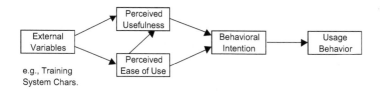

Abbildung 19: Technologie-Akzeptanz-Modell [Davis, 1989]

„*Perceived usefulness*", also der wahrgenommene Nutzen aus der Technologie stellt die zentrale Bestimmungsgröße für die Akzeptanz einer neuen Technologie dar. Davis versteht darunter „*the degree to which a person believes that using a particular system would enhance his or her job performance*". Die zweite Bestimmungsgröße besteht im

„*perceived ease of use*", d.h. der wahrgenommenen (einfachen) Benutzbarkeit. Davis versteht darunter „*the degree to which a person believes that using a particular system would be free from effort*". Diese beiden Variablen haben einen Einfluss auf die Nutzungseinstellung (*„behavioral intention"*), d.h. die geplante Nutzung. Die tatsächliche Nutzung („*usage behavior*") ist ein Resultat aus der geplanten Nutzung, welche sich als das wesentliche Prädikat der tatsächlichen Nutzung herausstellt. Externe Variablen („*external variables*"), wie etwa ein spezielles durch die Nutzer absolviertes Training, nehmen indirekt ebenfalls Einfluss auf die Technologie-Akzeptanz von Nutzern.

In der Literatur stößt das Technologie-Akzeptanz-Modell von Davis aufgrund seiner Einfachheit häufig auf Kritik: Kritiker behaupten, dass mit diesem Modell keine umfassende Analyse möglich ist, da zu wenig Einflussfaktoren berücksichtigt werden. Neben dem Technologie-Akzeptanz-Modell von Davis existieren daher noch eine Vielzahl an weiteren Akzeptanzmodellen: Dazu gehören das Task-Technology-Fit-Model [Goodhue, 1995], das Akzeptanzmodell von Degenhart [Degenhardt, 1986] und das Akzeptanzmodell von Kollmann [Kollmann, 1998]. Auf diese drei Modelle soll im Rahmen dieses Buchs jedoch nicht weiter eingegangen werden.

3.4.2 Erfolg von Informationssystemen

Was die Messung des Erfolgs von Informationssystemen betrifft, stellen DeLone und McLean als Folge einer über zehnjährigen Forschung ein umfassendes Modell erfolgsrelevanter Faktoren inklusive deren Zusammenhängen vor [DeLone und McLean, 1992], [DeLone und McLean, 2003]. Gegenstand dieser Forschung war der Versuch, die für den Erfolg eines Informationssystems verantwortlichen zentralen Variablen zu identifizieren und in einem Modell abzubilden. Das Modell von DeLone und McLean basiert auf den Arbeiten von Shannon und Weaver zur Kommunikationstheorie [Shannon und Weaver, 1949] sowie auf der Forschung von Mason [Mason, 1978].

Die sechs Bestandteile des ersten „Information Systems Success Model" [DeLone und McLean, 1992] waren Systemqualität, Informationsqualität, Systemnutzung, Nutzerzufriedenheit, Auswirkung auf das Individuum und Auswirkung auf die Organisation. In diesem Modell wird der Erfolg eines Systems quasi als ein Prozess interpretiert, was sowohl kausale, als auch temporäre Einflüsse in das Konzept des Erfolgs mit einbezieht.

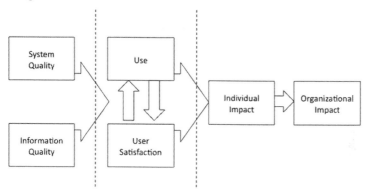

Abbildung 20: Erfolg von Informationssystemen I [DeLone und McLean, 1992]

In einem Update des beliebten Modells wurde es um die Dimension Servicequalität ergänzt [DeLone und McLean, 2003]. Die beiden Dimensionen Auswirkung auf das Individuum und Auswirkung auf die Organisation wurden zum Nutzen (wörtlich zum „Nettonutzen") zusammengefasst. Damit konnte sichergestellt werden, dass sowohl Einflüsse auf individueller, als auch Einflüsse auf Gruppenebene stets miteinbezogen werden.

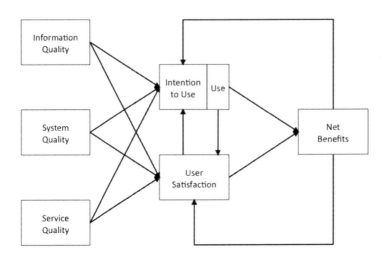

Abbildung 21: Erfolg von Informationssystemen II [DeLone und McLean, 2003]

Die in diesem Buch durchgeführte Forschung orientiert sich in ihren Datenerhebungstechniken an einzelnen Bestandteilen des Information Systems Success Model. So wird beispielsweise in der Mitarbeiter-Befragung nach dem Nutzen des Individuums und dem Nutzen von Team/Organisation bei der Anwendung von Wiki und Weblog geforscht.

4 Pilotfallstudie (Vorstudie)

4.1 Studiendesign und Zielsetzung

Das Ziel der explorativen Pilotfallstudie [Stocker u.a., 2008C] besteht in der Gewinnung erster Erkenntnisse zum intraorganisationalen Wissenstransfer durch Anwendungen des Web 2.0. Zusätzlich sollten unterschiedliche Forschungstechniken (Artefaktuntersuchung, Interview, Experiment, Mitarbeiterbefragung) im Hinblick auf ihren Beitrag zur Erkenntnisgewinnung im untersuchten Kontext getestet werden.

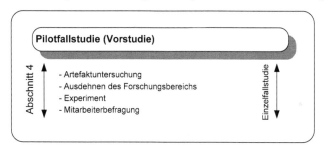

Abbildung 22: Studiendesign: Pilotfallstudie

Neben einer Ableitung vorläufiger Aussagen zum intraorganisationalen Wissenstransfer soll über die Pilotfallstudie der Weg zu einem möglichst robusten Mehrfachfallstudiendesign für die Hauptstudie erarbeitet werden. Die in der Pilotfallstudie eingesetzten Fragen wurden aus der bereits diskutierten Literatur zu Wissensmanagement, Wissenstransfer und Web 2.0, sowie aus den sehr konkreten Anforderungen der betrieblichen Praxis abgeleitet.

Untersuchungsgegenstand der Pilotfallstudie ist ein interner Geschäftsführer-Weblog in einem KMU aus der IT-Branche. Dabei sollen im Zuge der Fallstudie Auswirkungen eines neuen, internen Geschäftsführer-Weblogs auf den intraorganisationalen Wissenstransfer erstmals erforscht werden. Der Studienablauf dieser Pilotfallstudie stellt sich wie folgt dar:

- Die Autoren beginnen mit einer quantitativen Analyse von Beiträgen und Kommentaren.
- Weiters wird ein Vergleich zwischen den Inhalten der vom Geschäftsführer an alle Mitarbeiter versandten E-Mails mit den Inhalten der Weblog-Beiträge durchgeführt.
- Zudem wird der Geschäftsführer in einem persönlichen Interview zu den Zielen des Weblog befragt.
- In einem Experiment wird der Weblog für kurze Zeit deaktiviert, um die Reaktionen der Mitarbeiter auf diese Maßnahme zu beobachten.
- Als wesentlichste Quelle zur Erkenntnisgewinnung wird eine E-Mail-Befragung aller Mitarbeiter zur Nutzung des Weblog durchgeführt.

Die Nutzung von insgesamt fünf Datenquellen erlaubt es den Autoren, exaktere und gleichzeitig relevantere Aussagen abzuleiten, als dies nur bei einer einzigen Datenquelle üblich wäre [Vgl. Yin, 2003]. Yin bezeichnet dieses wesentliche Prinzip von Fallstudienforschung mit „*use multiple sources of evidence.*"

4.2 Studienergebnisse der Pilotfallstudie

4.2.1 Artefaktuntersuchung

Die Erkenntnisgewinnung startet mit einer Untersuchung der Entstehungsgeschichte des Weblog: Der Geschäftsführer eines Klein- und Mittelunternehmen (KMU) aus dem IT-Umfeld zeichnet sich für rund 50 Mitarbeiter verantwortlich. Aufgrund der Tatsache, dass er häufig unterwegs ist, leidet der Wissenstransfer zwischen ihm und vielen seiner Mitarbeiter. Vor allem wissen Mitarbeiter, die organisationsbedingt wenig persönlichen Kontakt haben, kaum über seine operativen und strategischen Tätigkeiten Bescheid. Der maßgebliche Anstoß für die Einführung des Weblog war ein „Live-Coverage" aus einer kritischen Projektsitzung, in dem der Geschäftsführer ähnlich einem Reporter im Stundentakt kurze E-Mails an seine Mitarbeiter verfasste, um in einer sehr persönlichen, beinahe schon Weblog-nahen Ausdrucksweise über die vorherrschende Stimmung zu berichten. In einer abschließenden E-Mail äußerte der Geschäftsführer den Wunsch nach einem Weblog, damit zukünftige „Live-Coverages" nicht mehr über klassisches E-Mail stattfinden müssen.

Dieser Geschäftsführer-Weblog wurde mit dem Ziel eingeführt, den internen Wissenstransfer zwischen Geschäftsführer und Mitarbeitern bestmöglich zu unterstützen. Wörtlich bestand ein Hauptziel aus der Sicht des Geschäftsführers darin, *„den Mitarbeiter[inne]n und Mitarbeiter[n] eine Gelegenheit bieten, sich über das zu informieren, was ich eigentlich tue – vor allem wenn ich nicht da bin".* Um die Existenz des Weblog zu verlautbaren, wurde durch den Geschäftsführer eine E-Mail mit der URL des Weblog an alle Mitarbeiter versandt. Weitere Maßnahmen zur internen Bewerbung wurden nicht getroffen. Parallel zum Wissenstransfer über den Weblog verwendete der Geschäftsführer allerdings auch weiterhin klassische Medien wie E-Mail, Telefon und Face-to-Face Meeting.

Der Geschäftsführer-Weblog basiert auf der Open-Source Weblog-Software Wordpress[56]. Obwohl Wordpress eine Reihe nützlicher Funktionen anbietet, blieben diese im untersuchten Fall weitestgehend ungenutzt. So verzichtete der Geschäftsführer auf die für Weblogs typische Blogroll, in welcher ein Blogger häufig gelesene Weblogs verlinkt. Ebenfalls verzichtete der Geschäftsführer auf jegliche Art von Verlinkung in seinen Weblog-Beiträgen, um auf interessante interne oder externe Ressourcen zu verweisen. Multimedial aufbereitete Inhalte waren ebenfalls nicht für die Präsentation im Weblog vorgesehen. Aufgrund der Tatsache, dass im Weblog ausschließlich vertrauliche, unternehmenskritische Informationen veröffentlicht wurden, durfte dieser auch nur aus dem Intranet gelesen werden.

Der Geschäftsführer-Weblog wurde von den Autoren sowohl aus einer qualitativen Perspektive (d.h. welche Informationen kommuniziert der Geschäftsführer), als auch aus einer quantitativen Perspektive (d.h. wie oft kommuniziert der Geschäftsführer) untersucht. Aus einer quantitativen Perspektive definierten die Autoren geeignete Kennzahlen wie Anzahl und Frequenz von Beiträgen und Kommentaren. Was die

---

[56] Wordpress: www.wordpress.org

Leserschaft betrifft, so zählt die gesamte Belegschaft des Unternehmens, bestehend aus 50 Mitarbeitern, dazu.

Tabelle 1: Quantitative Analyse des Geschäftsführer-Weblog

Monat	Anzahl		Zeitdifferenz in Tagen		
	Beiträge	Kommentare	minimal	maximal	durchschnittl.
Mai	8		0	5	1,1
Juni	5	1	2	14	5,6
Juli	9		0	7	3,7
August	3		2	21	10,3
September	2		8	18	13,0
Oktober	1		19	19	19
November	2		5	24	15

Im Zuge der qualitativen Analyse der Weblog-Inhalte wurde festgestellt, dass die im Weblog veröffentlichten Informationen sowohl von strategischer Natur (beispielsweise Antragstellungen, Partner-Akquise, Ergebnisse von Projektberichten und Sitzungen), als auch von operativer Natur (beispielsweise Reisen, Forschungsaktivitäten und Teilnahme an Veranstaltungen) waren und sowohl interne, als auch externe Aktivitäten behandelten. Ferner wurde durch den inhaltlichen Vergleich der Weblog-Beiträge mit den durch den Geschäftsführer an alle Mitarbeiter versandten E-Mails herausgefunden, dass über den Weblog zwar wichtige, jedoch keine zeitkritischen Informationen an die Mitarbeiter übermittelt wurden. Für zeitkritische Informationen, wie beispielsweise Terminankündigungen, setzte der Geschäftsführer nach wie vor das auf dem Push-Mechanismus basierende E-Mail ein, um sicherzustellen, dass über diese Art von Kommunikation auch alle Mitarbeiter möglichst rasch erreicht werden konnten. Aus dem Studium der quantitativen Aspekte des Weblog ließen sich vorläufige Forschungsfragen in Bezug auf den intraorganisationalen Wissenstransfer ableiten:

?	• Warum nehmen die Anzahl der Weblog-Beiträge im Zeitverlauf ab?
	• Warum werden die durchschnittlichen zeitlichen Abstände zwischen einzelnen Weblog-Beiträgen immer größer?
	• Warum wird lediglich ein einziger Kommentar veröffentlicht?

Das vorrangige Ziel der weiteren Erkenntnisgewinnung bestand in der Suche nach plausiblen Erklärungen für diese Fragestellungen. Dazu war es notwendig, zusätzliche Datenerhebungstechniken einzusetzen und den Forschungsbereich auszudehnen.

4.2.2 Ausdehnung des Forschungsbereiches

Aus der Beschäftigung mit der akademischen Literatur zu Weblogs [Vgl. Kolari u.a., 2007] wurde abgeleitet, dass die Analyse von internen Weblogs meist auf Basis extensiver Netzwerkdaten, also den Beziehungen zwischen einer hohen Anzahl an internen Weblogs, welche aus Verlinkungen über Kommentare, Blogrolls und Trackbacks entstehen, erfolgt. Unglücklicherweise können Techniken, welche bereits erfolgreich in Großunternehmen angewandt wurden und vor allem Netzwerktheorie und soziale Netzwerkanalyse basierend auf den elektronischen Spuren von Bloggern beinhalten, nicht auf dieselbe Art und Weise in kleinen und mittleren Unternehmen (KMU) angewendet werden: In KMUs finden sich oftmals nur ein einzelner oder eine entsprechend geringe Anzahl an Weblogs vor. Darum werden Forschungstechniken, welche Kennzahlen aus der soziale Netzwerkanalyse [Vgl. Wassermann und Faust, 1994] wie „Degree" oder „Centrality of Weblog-Networks" nutzen, unpraktikabel, weil sie völlig absurde Ergebnisse liefern können, welche unnötig viel Spielraum für Interpretation zulassen. Im Gegensatz dazu wird es bei einem KMU für den Weblog-Forscher interessanter zu erfahren, wie ein Weblog von Akteuren wahrgenommen wird, welche selbst keine Weblogs besitzen, wie Mitarbeiter, welche mit Bloggern über andere Kanäle auch offline kommunizieren.

Die im untersuchten KMU vorherrschende Situation, ein einzelner Weblog, machte es daher notwendig, die Erforschung elektronischer Spuren auf die Erforschung von Offline-Spuren aller Mitarbeiter auszudehnen. Mitarbeiter kommunizieren und interagieren dort mit dem Blogger, ohne selbst einen Weblog zu besitzen. Im Rahmen dieser Arbeit wird argumentiert, dass speziell für KMU soziale Netzwerkanalyse basierend auf elektronischen Spuren als einzige Forschungstechnik unzureichend ist. Die Analyse von Weblogs in KMU erfordert vielmehr Methoden, welche auch den Offline-Kontext miteinbeziehen. In einem KMU könnten viel zu wenige elektronische Spuren vorhanden sein, um Strukturen und Eigenschaften der dort vorgefundenen Weblogs verstehen zu können. Aus diesem Grund könnten sich auch Phänomene, welche lediglich auf der Basis von elektronischen Spuren erforscht werden, als zu offensichtlich, voreingenommen oder einfach falsch herausstellen. Eine Ausdehnung auf Offline-Spuren verhilft Forschern, weit mehr über die beobachteten Phänomene zu erfahren.

Eine entsprechend hohe Anzahl an Kommentaren wurde von den Autoren als Indikator für den Erfolg eines Weblog im Sinne von Popularität bei seinen Lesern vermutet. Nur einen einzigen Kommentar interpretierten die Autoren daher mit einem sehr geringen Interesse der Leserschaft.

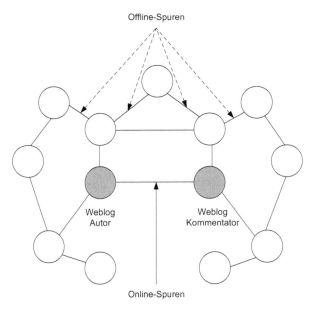

Abbildung 23: Offline- und Online-Spuren

4.2.3 Durchführung eines Experiments

Im Gegensatz zur Vorgehensweise von Kolari [Kolari, u.a., 2007] und gemäß der Diskussion im vorigen Abschnitt betonen die Autoren, dass es sehr nützlich ist, die Auswirkung des Weblog auf Knoten auszudehnen, welche offline sind und selbst nicht bloggen. Folgende vorläufige Forschungsfragen wurden von den Autoren im Hinblick auf die Untersuchung des intraorganisationalen Wissenstransfers abgeleitet:

?	• Wie nehmen Mitarbeiter einen Geschäftsführer-Weblog im Kontext intraorganisationaler Wissenstransfer wahr? • Welchen konkreten Nutzen erhalten Mitarbeiter durch das Lesen des Geschäftsführer-Weblog? • Worin besteht die Ursache für die beobachtete sehr geringe Kommentarneigung?

Im Zuge eines Experiments wurde der Weblog sieben Tage nach Veröffentlichung eines Weblog-Beitrags deaktiviert. In einer anschließend an alle 50 Mitarbeiter des KMU gerichteten E-Mail wurde nach dem Inhalt des letzten Beitrags gefragt. Dieser Aufruf wurde ein zweites Mal wiederholt.

14 Mitarbeiter (28 %) lieferten eine Antwort auf die im Zuge des Experiments gestellte Frage. 11 Mitarbeiter (22 %) waren in der Lage, den Inhalt des Beitrags zumindest in Grundzügen zu wiederholen. Drei Mitarbeiter hatten den entsprechenden Beitrag nicht gelesen. Von diesen drei Mitarbeitern gaben zwei Mitarbeiter auch einen Grund für ihr Verhalten an: Sie bekannten sich dazu, Weblogs typischerweise nur mit der Hilfe von web-basierten Feed-Readern zu lesen. Aufgrund der Tatsache, dass der News-Feed des untersuchten Weblog durch die restriktive Firewall-Einstellung nicht aus dem Web abboniert werden konnte, verzichteten sie gänzlich auf das Lesen. Aus der Analyse der im Rahmen des Experiments generierten Daten konnten daher folgende vorläufigen Aussagen abgeleitet werden:

- Eine geringe Anzahl an Kommentaren impliziert nicht notwendigerweise auch eine geringe Anzahl an Lesern.
- Spezielle IT-Infrastruktur-Vorgaben (z.B.: eine restriktive Firewall) können mit Weblog-Praktiken von Mitarbeitern kollidieren.
- Studien von Weblogs, welche rein auf der Basis elektronischer Spuren erfolgen, können zu falschen Ergebnissen führen: Liegt nur ein einzelner, oder ein entsprechend kleines Set an Weblogs vor, ist es interessanter, die Auswirkung des

Weblog auf Akteure zu untersuchen, welche offline sind und selbst keinen Weblog betreiben. Soziale Netzwerkanalyse kann als Technik angewandt werden, muss jedoch offline Spuren als Input heranziehen.

4.2.4 Durchführung einer Mitarbeiterbefragung

Die ersten über das tatsächliche Leseverhalten gewonnenen Informationen zeigten die Notwendigkeit für eine breiter angelegte Mitarbeiterbefragung. Das Ziel dieser Mitarbeiterbefragung bestand darin, mehr über die wahre Motivation von Lesern und Nichtlesern zu erfahren und weitere Erkenntnisse über den intraorganisationalen Wissenstransfer zu gewinnen.

Unter Bezugnahme auf das Experiment wurden alle 11 Mitarbeiter, welche eine positive Antwort liefern konnten, per E-Mail gebeten, eine Reihe von weiteren Fragen zum Weblog sowie zu ihrem Leseverhalten zu beantworten. Diese Mitarbeiter bildeten die Gruppe A - Leser. Mitarbeiter, welche im Rahmen des Experiments nicht, bzw. negativ geantwortet haben wurden befragt, warum sie den Weblog nicht lesen und unter welchen Bedingungen sie ihn lesen würden.

Da nicht auszuschließen war, dass sich auch in dieser Gruppe Leser befanden, welche lediglich am Experiment nicht teilgenommen haben, erhielten die Adressaten zusätzlich die Möglichkeit, den Fragebogen der Gruppe A zu beantworten. Alle Nichtleser wurden dann letztlich der Gruppe B - Nichtleser zugeordnet. Im Anschluss an die Befragung fand eine Transformation der qualitativen Daten aus den Antworten in quantitative Daten statt. Im Zuge dieser Transformation bildeten die Autoren für jede Frage passende Antwortkategorien, welche jeweils durch eine Abbildung veranschaulicht werden.

Insgesamt wurden 40 Fragebögen durch die Mitarbeiter vollständig beantwortet, was einer Rücklaufquote von 80 % entspricht. Die Antworten teilen sich genau zu 50 % auf die Gruppen A und B. Im Folgenden werden die Antworten der Gruppe A - Leser auf die gestellten Fragen dargestellt.

Das Ziel der Fragen 1-3 besteht darin, mehr über die Motivation der Mitarbeiter und über ihr Leseverhalten zu lernen. Aus einer organisationalen Perspektive war es ferner relevant zu erfahren, ob das Ziel des Geschäftsführers, die Mitarbeiter zu informieren

(a) ein verfolgenswertes Ziel darstellt und (b) über das Instrument Weblog tatsächlich erreicht wird.

Frage A1: Sie lesen den Weblog, weil ...

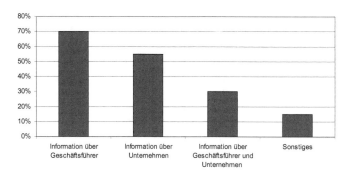

Abbildung 24: Pilotstudie: Lese-Motivation (n=20)

Auf diese Frage zeigten sich alle Antworten von ähnlicher Struktur. Fast alle Mitarbeiter gaben als Grund für ihr Leseverhalten an, dass sie erfahren wollten, welche Aufgaben der Geschäftsführer inne hat und welche Erfolge er für das Unternehmen erzielt. Rund ein Drittel der Mitarbeiter wollte zusätzlich erfahren, was in der Organisation überhaupt passiert. Durch das Lesen des Weblog bekamen die Mitarbeiter ein Gefühl dafür, wie sich die gesamte Organisation operativ und strategisch weiterentwickelt.

Die Pilotstudie stellte dar, dass sogar in KMU, wo aufgrund der überschaubaren Größe klassische Face-to-Face-Meetings mit der Geschäftsleitung vergleichsweise häufig stattfinden und Wissen aufgrund von fehlenden hierarchischen Strukturen schneller diffundiert, eine Nachfrage nach dem kodifizierten Wissen eines prominenten Wissensträgers, in diesem Fall eines Geschäftsführers, besteht. Die Pilotfallstudie bestätigt, dass allein das Explizitmachen von Wissen in einem Weblog ein effektiver Stimulator für eine entsprechend große Gruppe von Mitarbeitern sein kann, diesen Weblog auch regelmäßig zu lesen.

Frage A2: Wie und an welchem Ort lesen Sie den Weblog?

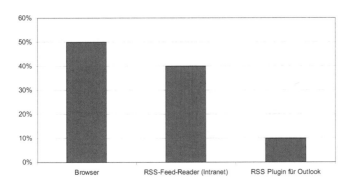

Abbildung 25: Pilotstudie: Weblog-Lese-Tools (n=20)

Zehn Mitarbeiter bekannten sich dazu, den Weblog über einen Web-Browser lesen. Acht Mitarbeiter gaben an, den Weblog über einen auf ihrem lokalen Desktop installierten Feed-Reader zu lesen. Zwei Mitarbeiter nutzten das kostenlose Outlook-Plug-In RSS-Popper. Auf die Frage, an welchem Ort der Weblog gelesen wurde, gaben 16 Mitarbeiter ihr Büro an, wobei drei Mitarbeiter explizit auf eine IT-infrastrukturelle Zugriffsbeschränkung hinwiesen. Eine solche Einschränkung kann, wie schon im Experiment gezeigt, im Konflikt mit den Lesepraktiken der Mitarbeiter stehen. Ein Lesen von Weblogs über News-Feeds kann viel effektiver sein, als Weblogs ständig im Browser anzusurfen. Die Hälfte der Leser bedient sich dennoch eines klassischen Web-Browsers. Nach Ansicht den Autoren ist in diesem Zusammenhang ein verstärktes persönliches Training der Mitarbeiter notwendig, um effektive Lesepraktiken herauszubilden. Rund die Hälfte der Mitarbeiter gab an, den Weblog zumindest einmal in der Woche zu sondieren, fünf Mitarbeiter haben ihn in entsprechend größeren Abständen gelesen. Aus diesen Antworten ziehen die Autoren den Schluss, dass der eigentliche Lesevorgang oftmals nur ein Scannen nach neuen Beiträgen darstellt. Mitarbeiter, die jedoch einen Feed-Reader nutzen, werden je nach Aktualisierungsintervall des Readers, zeitverzögert über neue Beiträge im Weblog benachrichtigt. In Abhängigkeit von ihrer IT-Kompetenz ist ein geeignetes Training

Studienergebnisse der Pilotfallstudie   101

der Mitarbeiter bezüglich Weblog-Funktionalität sogar in IT-Unternehmen notwendig. Was die Weblog-Praktiken betrifft, ist eine Herausbildung von Medienkompetenz wesentlich, welche niemals mit IT-Kompetenz gleichgesetzt werden darf.

Frage A3: Wie oft lesen Sie den Weblog?

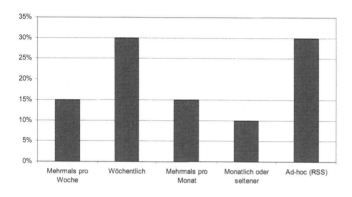

Abbildung 26: Pilotstudie: Weblog-Leseverhalten (n=20)

Das Ziel der nächsten Frage besteht darin, herauszufinden, warum lediglich ein Kommentar im gesamten Untersuchungszeitraum verfasst wurde.

Frage A4: Macht aus Ihrer Sicht das Kommentieren eines Weblog-Eintrags Sinn?

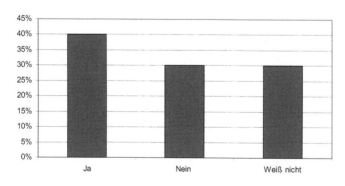

Abbildung 27: Pilotstudie: Kommentarneigung (n=20)

Acht Mitarbeiter konnten diese Frage mit ja beantworten und begründeten ihre Antwort damit, dass es wesentlich sein kann, unterschiedliche Sichtweisen, zusätzliche Informationen und nicht bedachte Aspekte an den Blogger zu kommunizieren. Sechs Mitarbeiter hatten diese Frage mit Nein beantwortet: Diese Mitarbeiter nahmen den Weblog nur als einseitig gerichtetes Instrument für Wissenstransfer wahr und nicht als Medium für einen echten Wissensaustausch. Der Rest der Mitarbeiter war weitestgehend indifferent und argumentierte, dass sowohl Gründe für, als auch gegen Kommentare sprachen.

Das Ziel der nächsten Frage besteht darin, Barrieren in der Weblog-Nutzung aus der Perspektive der Mitarbeiter zu identifizieren.

Frage A5: Inwiefern könnte der Geschäftsführer seinen Weblog hinsichtlich technischer, inhaltlicher und organisatorischer Perspektiven verbessern?

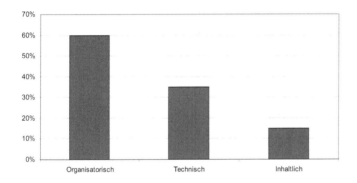

Abbildung 28: Pilotstudie: Verbesserungspotential (n=20)

Leser empfanden den Inhalt des Weblog als geeignet, um ihren individuellen Wissensbedarf zu befriedigen. Nur wenige Mitarbeiter äußerten zusätzlich den Wunsch nach Verlinkungen auf externe Ressourcen. Aus einer organisatorischen Perspektive betraf die Kritik der Mitarbeiter vor allem die viel zu geringe Frequenz an Weblog-Beiträgen. Neun Mitarbeiter sprachen sich auch ausdrücklich für eine höhere Anzahl an Kommentaren aus. Zwei Mitarbeiter schlugen vor, Weblog Beiträge zu kategorisieren, um diese leichter auffindbar und abrufbar zu gestalten. Aus Sicht der

Studienergebnisse der Pilotfallstudie 103

Autoren stellt eine entsprechend hohe Anzahl an Beiträgen den entscheidenden Faktor dar, um den Erfolg eines Weblog im Sinne von mehr Popularität zu erhöhen. Würde zudem eine entsprechend hohe Anzahl an Kommentaren erreicht, könnten weitere Mitarbeiter aufgrund von Reziprozität zum Kommentieren von Weblog-Beiträgen angeregt werden. Durch mehr Feedback könnte der Weblog auch den direkten Wissensaustausch innerhalb der Belegschaft stimulieren. Aus einer technischen Perspektive sprachen sich Mitarbeiter verstärkt dafür aus, den Weblog auch außerhalb der Büroumgebung aus dem Web verfügbar zu machen. Drei Mitarbeiter kritisierten das Weblog-Design als eher wenig professionell, weil es auch nicht dem Corporate Design entspricht.

Das vorrangige Ziel des Weblog besteht darin, als Instrument für den Wissenstransfer Mitarbeiter über die Tätigkeiten des Geschäftsführers zu informieren, weil dessen zeitliche Ressourcen einen stärker personifizierten Kanal nicht zuließen. Es stellt sich daher die Frage, ob der Weblog zur Erreichung dieses Ziels überhaupt beigetragen hat.

Frage A6: Hat sich der Wissenstransfer zu den Mitarbeitern durch den Weblog im Vergleich zu vorher verbessert (ja, eher ja, eher nein, nein)?

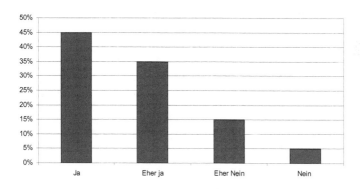

Abbildung 29: Pilotstudie: Wissenstransfer über Weblog (n=20)

Auf diese Frage antworteten neun Mitarbeiter mit „ja" und sieben Mitarbeiter mit „eher ja". Der Weblog öffnete einen völlig neuen Informationskanal zu den

Mitarbeitern. Die über diesen Kanal kommunizierten Informationen waren aus Sicht der Mitarbeiter hinreichend interessant, um ihr Leseverhalten zu stimulieren. Dennoch könnte der Wissenstransfer noch besser unterstützt werden: Drei Mitarbeiter antworteten mit „eher nein", wobei zwei Mitarbeiter diese Aussage insofern begründeten, dass der Geschäftsführer einfach zu selten Beiträge schreibt. Nur ein einziger Mitarbeiter antwortete mit einem klaren „nein" und argumentierte damit, die meisten Informationen aus dem Weblog ohnehin durch den Geschäftsführer im persönlichen Gespräch zu erhalten und keine wissenswerten Neuigkeiten aus dem Weblog zu erfahren.

Im Anschluss an die Antworten von Gruppe A werden die Antworten der Gruppe B - Nichtleser dargestellt. Gerade ein Einblick in die Beweggründe der Nichtleser kann helfen, beobachtete Phänomene besser zu verstehen, um damit den Wissenstransfer über den Weblog zu verbessern. Fragen B1-B2 widmen sich genau dieser Fragestellung.

Frage B1: Sie lesen den Weblog nicht, weil ...

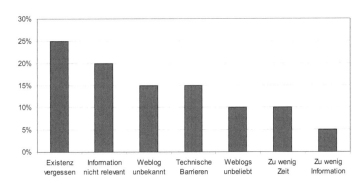

Abbildung 30: Pilotstudie: Nichtleserverhalten (n=20)

Acht Mitarbeiter lasen keine Beiträge, weil sie auf den Weblog selbst bzw. seine Adresse (URL) vergessen haben. Es mangelte deutlich an internem Marketing für den Weblog. Seit seiner Einführung wurde er lediglich ein einziges Mal beworben. Drei Mitarbeiter kritisierten, dass der Weblog nicht über einen webbasierten Feed-Reader lesbar ist, sie jedoch Weblogs grundsätzlich nur in solchen Reader lesen. Zwei Mitarbeiter gaben an, keine Begeisterung für Weblogs aufbringen zu können und ein Mitarbeiter erwähnte, dass neben seiner täglichen Arbeit zu wenig Zeit blieb, um den Weblog zu lesen: Die „Awareness", dass es im Weblog etwas Neues zu entdecken gibt, nahm bei diesem Mitarbeiter seit dem „Live Coverage" ständig ab.

Frage B2: Sie würden den Weblog lesen, wenn ...

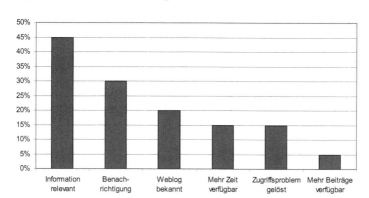

Abbildung 31: Pilotstudie: Nichtleser-Motivation (n=20)

Neun Mitarbeiter erkannten keine Relevanz für die veröffentlichten Weblog-Inhalte im Hinblick auf ihre betrieblichen Tätigkeiten bzw. nutzten bereits bestehende Kanäle, um entsprechende für sie relevante Informationen zu beziehen. Sechs Mitarbeiter gaben an, dass sie den Weblog lesen würden, wenn sie bei jedem neuen Eintrag eine Benachrichtigung, beispielsweise über E-Mail, erhalten. Drei Mitarbeiter würden den Weblog regelmäßig lesen, wenn dieser aus dem Web zugängig wäre. Aufgrund der Tatsache, dass der Geschäftsführer kaum Bewerbungsaktivitäten durchgeführt hat, wurden vor allem neue Mitarbeiter nicht über die Existenz des Weblog informiert. Immerhin konnten drei Mitarbeiter keine nennenswerten Gründe für ihr passives Verhalten angeben und gaben an, den Weblog in Zukunft zu lesen.

Fragen B3-B4 widmen sich dem Thema, ob ein Weblog von Nichtlesern überhaupt als Instrument für den Wissenstransfer wahrgenommen wird. Weiters möchten die

Autoren erfahren, welche Wissenstransferinstrumente von Nichtlesern gefordert, bzw. einem Weblog vorgezogen werden.

Frage B3: Welche Maßnahmen können aus Ihrer Sicht den Wissenstransfer zwischen dem Geschäftsführer und den Mitarbeitern verbessern?

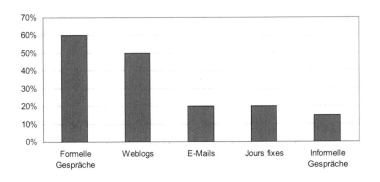

Abbildung 32: Pilotstudie: Bevorzugte Wissenstransferinstrumente (n=20)

Im Vorfeld wurde angenommen, dass Nichtleser den Weblog nicht als Instrument für den Wissenstransfer wahrnehmen. Überraschenderweise wurde der Weblog dennoch von acht Nichtlesern zu den Wissenstransferinstrumenten gezählt. Zusätzlich wurden E-Mail, Newsletter und Face-to-Face-Gespräche angeführt. Sechs Mitarbeiter betonten speziell die Wichtigkeit der persönlichen Zusammenkunft zwischen Geschäftsführer und Mitarbeitern. Sie wünschten sich die verstärkte Anwesenheit des Geschäftsführers bei diversen Face-to-Face-Treffen. Dieses Ergebnis bestätigte, dass sich auch Mitarbeiter in KMU mehr Face-to-Face-Situationen wünschen, obwohl mit Weblogs eine Technologie vorliegt, um den internen Wissenstransfer zu unterstützen. Gleichzeitig soll ein Weblog die Anzahl an notwendigen persönlichen Treffen minimieren, um Ressourcen bei allen Beteiligten zu sparen.

Frage B4: Zählen Sie Weblogs zu den Wissenstransferinstrumenten?

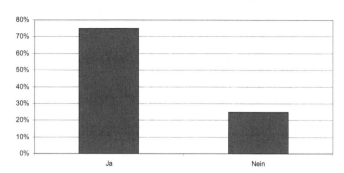

Abbildung 33: Pilotstudie: Weblogs als Wissenstransfer-Instrumente (n=20)

Von mehr als zwei Drittel der Mitarbeiter wurde bestätigt, dass ein Weblog den Wissenstransfer vom Geschäftsführer zu den Mitarbeitern verbessern kann. Als Gründe dafür wurden Asynchronität, die unkomplizierte Form Inhalte mitzuteilen, der geringe Aufwand für Leser, sowie der informeller Erzählstil angeführt. Fünf Mitarbeiter sprachen jedoch einem Weblog genau diese Eigenschaft ab. Der Aufwand, um relevante Informationen aus einem Weblog herauszufiltern, ist viel zu hoch, Benachrichtigungen bei neuen (relevanten) Inhalten sind nicht vorgesehen und in kleinen Organisationen bleiben die informellen Informationskanäle ohnehin bei einer überschaubaren Anzahl an Mitarbeitern und daher im persönlichem Rahmen. Die für die tägliche Arbeit relevanten Informationen stünden darüber hinaus ohnehin nicht im Weblog. Aus Sicht der Autoren können, basierend auf den Ergebnissen dieser Pilotstudie, Weblogs dennoch effektiv eingesetzt werden, wenn die Mitarbeiter die Web-2.0-Anwendung richtig nutzen. Dazu benötige es sowohl Training hinsichtlich der unterstützten Funktionalitäten (aus technischer Sicht), aber auch vielmehr hinsichtlich effektiver Weblog-Praktiken (aus sozialer Sicht). In diesem Kontext spielt die Medienkompetenz der Mitarbeiter eine bedeutende Rolle. Medienkompetenz bezeichnet die Fähigkeit, Medien und Inhalte gemäß den eigenen Zielen und Bedürfnissen entsprechend einzusetzen und ist niemals mit IT-Kompetenz, einer korrekten Bedienung der IT-Werkzeuge, gleichzusetzen.

4.3 Zusammenfassung und Beschränkung der Forschungsergebnisse

Ausgehend von den in der Pilotstudie erzielten Ergebnissen lassen sich folgende vorläufige Aussagen zum intraorganisationalen Wissenstransfer über Weblogs in KMU ableiten.

- Interne Weblogs können den intraorganisationalen Wissenstransfer auch in KMU verbessern. Die Frequenz der Weblog-Beiträge stellt den entscheidenden Erfolgsfaktor dar. Eine niedrige Frequenz führt dazu, dass Mitarbeiter den Weblog nicht als Instrument für Wissenstransfer wahrnehmen. Kommentare verschieben die Wahrnehmung des Weblog von einem Instrument für Wissenstransfer bis hin zu einem Instrument für Wissensaustausch.

- Weblogs werden in KMU gelesen, wenn sie hinreichend interessante Inhalte kommunizieren, welche nicht oder nur schwer über andere Kanäle bezogen werden können. Mitarbeiter empfinden ein geringes Verlangen, den Weblog zu lesen, wenn sie die Relevanz der Inhalte im Hinblick auf ihre betrieblichen Tätigkeiten als zu niedrig empfinden.

- Mangelnde technische Fähigkeiten und mit organisationalen Zielen nicht verträgliche Weblog-Praktiken führen zur ineffektiven Nutzung von Weblogs. Weblogs benötigen ein intensives Training, sowohl aus einer technischen Perspektive (betreffend der Beherrschung aller Funktionen), als auch aus einer sozialen Perspektive (betreffend der effektiven Nutzung).

- Zielkonflikte zwischen Bloggern und Lesern konterkarieren den Wissenstransfer. Zugangsbeschränkungen aus technischer Sicht können im Konflikt mit den verinnerlichten Weblog-Lesepraktiken von Mitarbeitern stehen und dazu führen, dass ein Weblog nicht gelesen wird.

- Weblogs müssen auch in KMU intensiv beworben werden, um ein effektives Instrument für den Wissenstransfer darzustellen.

Einzelfallstudien erlauben eine intensive Betrachtung von Phänomenen aus unterschiedlichen Perspektiven. Was die Verallgemeinerung der Forschungsergebnisse betrifft, so ist eine Beschränkung bei Fallstudienforschung besonders im Zusammenhang mit Einzelfallstudien erwähnenswert: Die Ergebnisse dieser Studie wurden durch die Untersuchung eines Geschäftsführer-Weblog aus einem einzelnen KMU generiert, was sich erstmals negativ auf die Generalisierbarkeit auswirkt. Doch treffen Einzelfallstudien ohnehin keine Aussagen über eine gesamte Population [Yin, 1984], im Gegensatz zu Methoden, welche auf statistischer Generalisierung basieren. Ein Einzelfall wird so gewählt, als wähle der Forscher in einem Labor ein Thema für ein neues Experiment. Der durch Fallstudien erzielbare Erkenntnisfortschritt entsteht dann durch die Generierung von Aussagen und durch das Testen von Theorien und ist mit dem anderer Forschungsmethoden vergleichbar [Vgl. Eisenhardt, 1989], [Vgl. Yin 1984]. Was die Neuartigkeit und Komplexität des Themas betrifft, zeichnete sich eine rein quantitative Forschung damit wenig zielführend. Eine Einzelfallstudie erschien zur Generierung erster Ergebnisse und Aussagen für die weitere Forschungsarbeit mehr als gerechtfertigt. Die in der Pilotfallstudie gewonnenen Ergebnisse ermöglichten so eine weitere Vertiefung der Forschung zu Wiki und Weblog im Rahmen der Mehrfachfallstudie.

5 Mehrfachfallstudie (Hauptstudie)

5.1 Studiendesign und Zielsetzung

Die Ergebnisse aus der Pilotfallstudie legen den Grundstein für die Konzeption eines robusten Fallstudiendesigns für die umfassende Mehrfachfallstudie. Durch dieses spezielle Studiendesign soll einerseits praxisnah genug auf Unternehmen und deren Bedürfnisse – insbesondere die Restriktion, was die Bereitstellung von personellen Ressourcen für Untersuchungen betrifft – eingegangen, andererseits aber auch die Validität der gewonnenen Erkenntnisse durch das Generieren von qualitativen und quantitativen Daten [Vgl. Eisenhardt, 1989] gesichert werden.

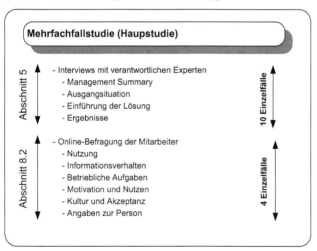

Abbildung 34: Studiendesign: Mehrfachfallstudie

Dieser Abschnitt beschreibt die im Rahmen der Hauptstudie gewählte Vorgehensweise und stellt zehn dokumentierte Einzelfälle von intraorganisationalem Wissenstransfer über die beiden speziellen Werkzeuge des Web 2.0, Wiki und Weblog, vor. Die fallübergreifende Untersuchung, inklusive der Beantwortung aller forschungsleitenden Fragen, findet sich im Abschnitt 6 „Ergebnisse der Mehrfachfallstudie". Die durchgeführte Mehrfallstudie weist im Hinblick auf die Erreichung des gesteckten Forschungszieles, wie bereits eingeführt, einen stark explorativen Charakter auf. Durch die Untersuchung einer Vielzahl an Einzelfällen will die Mehrfachfallstudie im Unterschied zur vorher durchgeführten Pilotfallstudie eine höhere Validität, Robustheit und Plausibilität der gewonnenen Erkenntnisse generieren. Die Autoren konnten zehn geeignete Unternehmen für eine Teilnahme an der Mehrfachfallstudie gewinnen. Die Fallstudienreports liefern für die teilnehmenden Unternehmen wertvolle Erkenntnisse und zeigen jeweils Verbesserungspotentiale für den Einsatz von Wiki und Weblog im Wissenstransfer auf.

Tabelle 2: Teilnehmer an der Mehrfachfallstudie

Fallstudien	Alpha	Beta	Gamma	Delta	Epsilon
Werkzeug	Unternehmens-wiki	Support-wiki	Unternehmens-wiki	Projekt-wiki	Kommunikations-weblogs
Branche	Luftfahrt	Elektronik	Dienstleister	Produktion	IT
Mitarbeiter	~19.000	~2.900	~250	~14.000	~340
Zielgruppe	Alle	Primär Support	Primär Techniker	Projekt-mitarbeiter	Alle
Erfahrung	>1,5 Jahre	>1,5 Jahre	>2 Jahre	>1 Jahr	>1,5 Jahre

Fallstudien	Zeta	Eta	Theta	Iota	Kappa
Werkzeug	Mitarbeiter-weblogs	Unternehmens-wiki	Themen-weblogs	Unternehmens-wiki-blog	Unternehmens-wiki
Branche	IT	IT	Consulting	IT	Consulting
Mitarbeiter	33	~750	~65	~130	~20
Zielgruppe	Alle	Alle	Alle	Alle	Alle
Erfahrung	>6 Jahre	>2 Jahre	>4 Jahre	>2 Jahre	>2 Jahre

Die in der Mehrfachfallstudie durchgeführte systematische Untersuchung von Einzelfällen lief unter Berücksichtigung des explorativen Forschungsziels dieser Arbeit in vier Phasen ab. Die nachfolgende Tabelle veranschaulicht jeweils Ziel, Maßnahme sowie Ergebnis der jeweiligen Phase.

Tabelle 3: Vorgehensweise bei der Fallstudienanalyse

	Phase I	**Phase II**	**Phase III**	**Phase IV**
Ziel	Kenntnis über den eigentlichen Business-Case	Strukturierte Beschreibung des Business-Case	Kenntnis über die Perspektive der Mitarbeiter	Beantwortung der forschungsleitenden Fragen
Maßnahme	Semi-strukturierte Interviews mit den Verantwortlichen	Dokumentation des Business-Case und Diskussion	Online-Befragung der Nutzer und Dokumentation	Analyse der Daten und Interpretation
Ergebnis	Qualitative Daten, Transkription der Interviews	Kurzversion des Einzelfallstudienreports	Quantitative Daten, Langversion des Einzelfallstudienreports	Fallstudienübergreifende Auswertung und Interpretation

In der **ersten Phase** erfolgten strukturierte Interviews mit den für Wiki- und Weblog-Projekte verantwortlichen Personen als Experten in den teilnehmenden Unternehmen. Bei der Befragung orientieren sich die Autoren nach den vier Projekt-Phasen (1) Planung und Vorbereitung, (2) Einführung der Lösung, (3) Betrieb der Lösung und (4) Evaluierung und kontinuierliche Verbesserung. Die dabei verwendeten Interviewleitfäden enthielten zusätzlich Fragen zu den Grunddaten des Unternehmens. Im Fragebereich „Planung und Vorbereitung des Wiki/Weblog Einsatzes" werden beispielsweise Fragen zu Ausgangssituation, Leidensdruck, Zielsetzung und Ablauf gestellt. Im Fragebereich „Einführung von Wiki/Weblog" finden sich Fragen zu Erhebung von Nutzerbedürfnissen, Einführungsmethodik, Mitarbeiterschulung und Projektmarketing. Der Fragebereich „Betrieb von Wiki/Weblog" beinhaltet beispielsweise Fragen zu Migration, Art, Aktualität und Glaubhaftigkeit der

Wiki/Weblog-Inhalte, Motivation, sowie Aufwand und Mehrwert für Gruppe und Individuum. Der Fragebereich „Evaluierung und kontinuierliche Verbesserung" berücksichtigt Fragen hinsichtlich einer eventuell bereits stattgefundenen unternehmensinternen Untersuchung bzw. Mitarbeiterbefragung.

Die Inhalte der durchgeführten Interviews liefern den Autoren ein erstes Verständnis über den Einzelfall (Business-Case) und adressierten das durch Wiki und Weblog zu lösende Problem. Die beiden insgesamt rund 40 offene Fragen enthaltenden Interviewleitfäden befinden sich im Anhang im Abschnitt 8.1. Aufgrund der gemeinsamen Untersuchungsziele von Wiki und Weblog finden sich nur marginale Unterschiede zwischen den beiden Interviewleitfäden.

In der **zweiten Phase** wird aus den Daten der Experteninterviews jeweils ein Einzelfallstudienreport erstellt und den im Vorfeld interviewten Experten für eine Diskussion zur Verfügung gestellt. Das Ziel dieser Maßnahme besteht einerseits darin, herauszufinden, ob die Fakten aus den Experteninterviews durch die Autoren korrekt wiedergegeben wurden. Eine unabsichtliche Vermischung von Erkenntnissen aus den Interviews mit subjektiven Interpretationen von Autoren soll mit dieser Vorgehensweise auf ein Minimum reduziert werden. Diese Maßnahme beeinflusst positiv die Konstruktvalidität der Mehrfachfallstudie.

Außerdem soll in dieser Phase eine strukturierte Beschreibung des Business-Case erfolgen, um solide Vergleiche zwischen Fallstudien zu ermöglichen. Zusätzlich wurden die unternehmensinternen Experten zu Erfolgs- bzw. Misserfolgsfaktoren der von ihnen betreuten Projekte befragt. Nach einer Einarbeitung von Kommentaren wurde das Ergebnis der zweiten Phase, die Kurzversion des Einzelfallstudienreports, durch die Autoren fertig gestellt und den jeweiligen Experten zur eigenen Verwendung übermittelt.

In der **dritten Phase** wurde eine Online-Befragung unter den Wiki und Weblog nutzenden Mitarbeitenden mittels eines standardisierten Fragebogens durchgeführt. Für die Online-Befragung wurde das Werkzeug LimeSurvey[57] verwendet. Die Ergebnisse der Online-Befragung vermittelt den Autoren einen tiefgreifenden Einblick

---

[57] LimeSurvey: www.limesurvey.org

Studiendesign und Zielsetzung 115

in die Perspektive der Mitarbeiter, welche als Wissensarbeiter Wiki oder Weblog als Werkzeug zur Unterstützung der betrieblichen Leistungserstellung nutzen.

Die beiden Online Fragebögen für Wiki und Weblog umfassen sechs große Frageblöcke mit insgesamt 17 Fragen zu den Bereichen „Nutzung", „Informationsverhalten", „betriebliche Aufgaben", „Motivation und Nutzen", „Kultur und Akzeptanz" sowie „Angaben zur Person". Die beiden Fragebögen sind aufgrund der gemeinsamen Untersuchungsziele für Wiki und Weblog bis auf wenige toolspezifische Fragen inhaltlich identisch und finden sich im Anhang in Abschnitt 8.1.

Die Daten aus der Online-Befragung werden systematisch ausgewertet und interpretiert. Das Ergebnis der dritten Phase ist damit die Langversion des Einzelfallstudienreports, welche zusätzliche Auswertungen enthält und den Business-Case vervollständigt. Auf speziellen Wunsch von teilnehmenden Unternehmen wurden in den Langversionen teilweise weitere Analyseebenen eingepflegt, wie beispielsweise zur expliziten Befragung von Nichtnutzern oder zum unterschiedlichen Verhalten von Vielnutzern im Gegensatz zu Wenignutzern und Begünstigten. Alle Langversionen wurden den teilnehmenden Unternehmen wiederum zur Diskussion übermittelt.

Während in diesem Abschnitt die Ergebnisse aus den Untersuchungen der Einzelfälle präsentiert werden, liefert die **vierte Phase** eine fallstudienübergreifende Auswertung und Interpretation der Daten aus den zehn Einzelfällen. Die auf der Basis aller Einzelfälle durchgeführte Beantwortung der forschungsleitenden Fragen finden ebenfalls in der vierten Phase statt und werden daher in Abschnitt 6 präsentiert. Abschnitt 6 beinhaltet somit die Kernergebnisse der Mehrfachfallstudie.

Im Folgenden wird mit der Darstellung aller zehn Einzelfälle fortgefahren. Dabei gliedert sich jeder Einzelfall fallstudientypisch in die vier Bereiche „Management Summary", „Ausgangssituation", „Einführung der Lösung" und „Ergebnisse". Auswertung und Interpretation der Daten der Mitarbeiter-Befragung aus Phase Drei finden sich aus Gründen der Übersichtlichkeit im Anhang dieses Buchs in Abschnitt 8.2. Insgesamt haben die Autoren für die Mehrfachfallstudie zehn Kurzversionen (Abschnitt 5) und vier Langversionen (zusätzlich Abschnitt 8.2) der Kategorie Einzelfallstudienreport erstellt.

Aus Gründen der besseren Lesbarkeit der Beschreibungen der Einzelfälle wird nur im ersten Einzelfall exemplarisch dargestellt, wie das in diesem Buch konzipierte Studiendesign konkret auf einen Einzelfall angewandt wurde. Die kursiven Textpassagen beschreiben den jeweils für die Untersuchung definierten Informationsbedarf. Die nachfolgende Abbildung veranschaulicht den strukturellen Aufbau von Einzelfallstudien in diesem Buch.

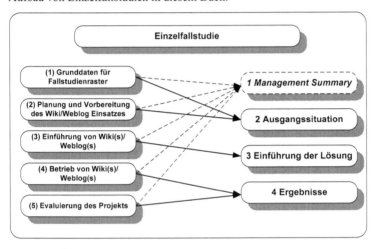

Abbildung 35: Struktureller Aufbau einer Einzelfallstudie

5.2 Fallstudie Alpha (Unternehmenswiki)

5.2.1 Management Summary

Die Management Summary beinhaltet eine Zusammenfassung der wesentlichen Informationen über einen untersuchten Einzelfall aus den fünf im Interviewleitfaden vorhandenen Frageblöcken „Grunddaten für Fallstudienraster", „Planung und Vorbereitung des Wiki-Einsatzes", „Einführung des Wiki", „Betrieb des Wiki" und „Evaluierung des Projekts".

(1) Grunddaten für Fallstudienraster: Beschreibung von Name, Größe, Branche und Lösung

Beim vorliegenden Business-Case handelt es sich um das interne Wiki bei einem Großunternehmen in der Flugbranche mit international rund 70.000 beschäftigten Mitarbeitern.

(2) Planung und Vorbereitung des Wiki-Einsatzes: Beschreibung von Ausgangssituation und Zielsetzung

Wissensaustausch entlang der Hierarchie zeigte sich im Unternehmen in der Vergangenheit oft als sehr langsam und fehleranfällig. Das Ziel der einzuführenden technologischen Lösung am Hauptstandort war die Schaffung eines unternehmensweiten Wissensmarktes, welcher es allen Mitarbeitern und insbesondere den Experten unter ihnen erlaubt, ihr Wissen einfach zu dokumentieren und im Unternehmen zu verbreiten.

(3) Einführung des Wiki: Beschreibung des Umfelds

Vor der Wiki-Einführung wurde im Unternehmen eine Online-Befragung zum zielorientierten Einsatz von Wissensmanagement-Instrumenten durchgeführt. Neben der Wissensstafette und den Gelben Seiten wurde vor allem das Wiki als optimale Ergänzung für den Wissensmanagement-Mix durch die Mitarbeiter genannt. Durch dieses neue Web-2.0-Werkzeug sollte kollaboratives Arbeiten über Hierarchien hinweg stimuliert und gefördert werden.

(4) Betrieb des Wiki: Beschreibung von Umfang, im Wiki dokumentiertes Wissen, Wiki-Statistiken, Wiki-Nutzer und Nutzen

Das im Juli 2007 eingeführte Wiki durchläuft eine rund zweijährige Pilot- und Experimentierphase. Während dieser Phase können alle Mitarbeiter am Standort Beiträge lesen und erstellen. Zum Zeitpunkt der Untersuchung befanden sich im Wiki rund 1200 Artikel, wovon etwa 500 Artikel vor dem Roll-out von einer fünfköpfigen Arbeitsgruppe in redaktioneller Arbeit erstellt worden sind. Viele Mitarbeiter erkennen als besonderen Nutzen des Wiki eine Verbesserung in der internen Kommunikation. Speziell jüngere Mitarbeiter nutzen das Wiki zur Erhöhung ihres Reputationskapitals. Das Wiki weist bereits positive Eigenschaften auf die Unternehmenskultur auf und ist ein erster Schritt in Richtung einer partizipativeren Kultur. Aus den bisher gemachten Erfahrungen wurde jedoch klar, dass die Förderung von Eigeninitiative durch eine auf nutzergenerierten Inhalten basierende Lösung zwar Erfolg versprechend, jedoch auch äußerst schwierig ist.

5.2.2 Ausgangssituation

In diesem Abschnitt geht es um das Schaffen eines Verständnisses für die spezielle Situation, welche zur Einführung einer neuen Lösung geführt hat. Dabei werden Informationen zu den Grunddaten für den Fallstudienraster in Frageblock 1 dargestellt. Danach werden Fragen zu „Ausgangssituation", „Entstehungsgeschichte", „Rückgriff auf Berater und/oder Best Practices", „besonderer Leidensdruck" und „Zielsetzung des Projekts" aus Frageblock 2 „Planung und Vorbereitung des Wiki/Weblog Einsatzes" behandelt.

(1) Grunddaten für Fallstudienraster: Name, Größe und Branche

Das untersuchte Unternehmen zählt zu den führenden Konzernen in der Flugbranche. Während der gesamte Konzern international etwa 70.000 Mitarbeiter beschäftigt, arbeiten am untersuchten Unternehmensstandort 19.000 Beschäftigte.

(2) Planung und Vorbereitung des Wiki-Einsatzes: Beschreibung von Ausgangssituation und Entstehungsgeschichte

Anfang 2006 wurden alle Mitarbeiter am untersuchten Standort ausgehend von einer Betrachtung der Bausteine des Wissensmanagements im Rahmen einer Online-Befragung nach aus ihrer Sicht sinnvollen und zum Unternehmen passenden Wissensmanagement-Instrumenten befragt. In dieser Befragung führten 30 % der

Mitarbeiter das Wiki als eine äußerst sinnvolle Ergänzung zu bereits bestehenden Wissensmanagement-Maßnahmen an.

(2) Planung und Vorbereitung des Wiki-Einsatzes: Rückgriff auf externe Berater, Rückgriff auf Best Practices

Im Anschluss an diese Befragung nahm das Unternehmen Gespräche mit der Wikimedia Deutschland eV auf, *„einer internationalen gemeinnützigen Organisation, die es sich zur Aufgabe gemacht hat, das Wissen der Menschheit allen Menschen auf der Welt zugängig zu machen"*[58]. So entstand eine intensive und zugleich fruchtbare Diskussion über den Einsatz von Wikis im Unternehmen mit Experten aus dem Wikipedia-Umfeld. Nach einer Recherche von Wikis im Umfeld von Unternehmen mit einem besonders intensiven Kontakt zu Siemens wurde den Verantwortlichen schnell klar, dass zum damaligen Zeitpunkt noch keine echten Best-Practices für den Einsatz von Wikis in Großunternehmen existierten. Es fanden sich zwar eine Reihe einzelner Beschreibungen über kleinere Insellösungen, sowie mehr oder weniger glaubwürdige Artikel über Wikis im Web, welche als Lektüre für die Projektvorbereitung zur Verfügung standen. In kleineren Unternehmen wurden Wikis bereits damals als günstige Alternative zu klassischen Intranet-Lösungen eingesetzt.

(2) Planung und Vorbereitung des Wiki-Einsatzes: Beschreibung des im Unternehmen vorherrschenden Leidensdrucks

Was den Leidensdruck für den Einsatz einer neuen Lösung betraf, zeigte sich ein für viele große Unternehmen typisches Bild: Wissensaustausch entlang von Hierarchien funktioniert sehr langsam und ist enorm fehleranfällig. Experten fühlen sich zum Teil oft gar nicht im eigenen Unternehmen anerkannt. Gerade aber weil das Wissen der Mitarbeiter ihr einziges Kapital im Unternehmen darstellt, halten Mitarbeiter genau dieses Wissen sehr gerne zurück. Mit dieser Strategie möchten sie ihre Position im Unternehmen schützen. Unter solchen Bedingungen ist ein effektiver Wissenstransfer am Arbeitsplatz nur sehr schwer möglich.

(2) Planung und Vorbereitung des Wiki-Einsatzes: Beschreibung der Zielsetzung des Wiki-Einsatzes

---

[58] Wikipedia Deutschland: www.wikimedia.de

Ausgehend von bereits eingeführten Wissensmanagement-Lösungen, der Wissensstafette, um nicht kodifiziertes Erfahrungswissen in einem moderierten Verfahren zu sichern, sowie den Gelben Seiten, welche eine rasche und einfache Identifikation von themenbezogenen Experten ermöglichen, sollte mit Hilfe des Wiki ein idealer Wissensmanagement-Mix erzielt werden: Wikis schaffen in Unternehmen als Instrument des intraorganisationalen Wissenstransfers einen unternehmensweiten Wissensmarkt und ermöglichen es vor allem Experten, aber auch anderen Mitarbeitern, ihr Wissen einfach zu dokumentieren und im Unternehmen zu verbreiten.

Mit einem Wiki-Projekt startete die experimentelle Erprobung eines Web-2.0-Werkzeugs für interne Kommunikation, interne Wissensdokumentation und internen Wissenstransfer. Kollaboratives Arbeiten sollte durch das Wiki über Hierarchien hinweg stimuliert und gefördert werden. Das Wiki sollte parallel dazu auch die Hervorbringung einer partizipativeren Kultur im Unternehmen unterstützen und mittel- bis langfristig den von den Wissensmanagern ersehnten Wissensmarkt für Experten hervorbringen. Für das Wiki war eine mit zwei Jahren angesetzte experimentelle Phase vorgesehen. Während dieser Phase sollte das Wiki durch eine interne Arbeitsgruppe intensiv inhaltlich betreut und administriert werden. Im Anschluss wird eine unternehmensinterne Zäsur stattfinden, um weitere Schritte und damit die Zukunft des Wiki im Unternehmen zu diskutieren.

5.2.3   Einführung der Lösung

Im diesem Abschnitt wird insbesondere der Einführungsprozess als kennzeichnendes Element von Wiki-Projekten beschrieben. Zu diesem Zweck werden Fragen zur „verwendeten Software", zur „Einführungsmethode", zur „vorgenommenen Erhebung von Anforderungen", zur „Einführungsphase allgemein", zur „technischen Implementierung", zum „zu dokumentierenden Wissen" und zum „Projektmarketing" behandelt.

(3) Einführung des Wiki: Beschreibung der verwendeten Wiki-Software und sowie der Auswahlkriterien

Das Wiki wurde im Juli 2007 am Unternehmensstandort eingeführt. Es basiert aus den nachfolgenden Gründen auf der Wiki-Software MediaWiki[59]: Da das Vorbild Wikipedia ebenfalls MediaWiki verwendet, ist die Wiki-Software allgemein bekannt und verinnerlicht durch die Assoziation mit der freien Enzyklopädie Wikipedia bestmöglich die Wiki-Prinzipien. Außerdem zählt MediaWiki zu Open Source und ist wesentlich kosteneffizienter als kommerzielle Wiki-Systeme. Vor der Wiki-Einführung wurde ebenfalls die Open-Source-Software TWiki[60] erprobt. In TWiki wurden vor allem die Ladezeiten für Dokumente von den verantwortlichen Experten im Unternehmen als zu hoch wahrgenommen. Außerdem erhöht die Vielzahl der spezifischen Funktionen für Projektmanagement und Kommunikation unnötig die Komplexität der neuen Lösung und macht sie für Mitarbeiter in diesem Szenario eher unattraktiv.

(3) Einführung des Wiki: Beschreibung der Einführungsmethode, Erhebung von Anforderungen

Die Einführung des Wiki wurde stark von einer aus fünf Personen bestehenden Arbeitsgruppe mit Mitgliedern aus Management, Personal, Informationstechnologie, interne Kommunikation und dem redaktionellen Intranet getrieben. Diese Arbeitsgruppe bildete zugleich die Pilotgruppe und beschäftigte sich rund ein halbes Jahr mit inhaltlicher Erstbefüllung, sowie mit Test und Vorbereitung des Wiki für den Roll-Out. Auch nach dem eigentlichen Roll-Out trifft sich die Pilotgruppe nach wie vor mindestens ein Mal pro Woche, um anstehende Themen in Bezug auf Pflege und Weiterentwicklung des Wiki zu planen.

(3) Einführung des Wiki: Beschreibung der Einführungsphase

Die Administration des eingeführten Wiki wird durch eine aus fünf Personen bestehende Wiki-Arbeitsgruppe in weitestgehender Selbstorganisation durchgeführt. Bei der Wiki-Einführung wurde bewusst darauf geachtet, den Faktor Zeit zu berücksichtigen und das Wiki nur mit ausreichend vielen Inhalten an die Mitarbeiter zu „übergeben". Die Beachtung dieser beiden Rahmenbedingungen zeichnete sich als Erfolgsfaktor in diesem Projekt aus.

---

[59] MediaWiki: www.mediawiki.org
[60] TWiki: www.twiki.org

(3) Einführung des Wiki: Beschreibung der technischen Implementierung

Die technische Implementierung der Wiki-Software dauerte lediglich zwei Monate. Der ressourcenintensivste Teil des Projekts war dabei einerseits die Anpassung von Corporate Design und Corporate Identity, sowie die Übersetzung der rein englischsprachigen Wiki-Hilfetexte in die deutsche Sprache. Im Rahmen der Wiki-Einführung passierte zudem ein reger Meinungsaustausch mit dem Verein Wikipedia e.V. Deutschland, um den Wiki-Einsatz durch fortwährende Diskussion und Reflexion weiter zu optimieren.

(3) Einführung des Wiki: Beschreibung der Funktionalitäten, Beschreibung des im Wiki dokumentierten Wissens

Aufbauend zum Basis-Wiki wurden eine Tag-Cloud sowie zusätzliche dynamische Wiki-Rubriken wie „aktualisierte Artikel", „Schulungen" und „beliebteste Artikel" entwickelt. Außerdem wurden fünf Themenportale als Oberstruktur definiert: Luftverkehr, Unternehmen, Technik, Projekte und Tipps & Tricks. So konnten die in der Vorbereitungsphase erstellten Wiki-Beiträge bereits in passender Struktur bereitgestellt werden. Insgesamt erstellte die Wiki-Arbeitsgruppe rund 500 Artikel, bevor das Wiki an die Mitarbeiter freigegeben wurde. Bestimmte Artikel verlinken aus dem Wiki in das Internet weiter, was in diesem Fall besonders relevant ist, da nur wenige Mitarbeiter über einen echten Zugang ins Internet verfügen.

Die verborgene Unterstruktur definiert sich über die in MediaWiki typischen Kategorien und stellt in zweiter Ebene eine großteils dynamisch gewachsene Struktur dar. Mit den fünf Themenportalen entstand nur ein Mindestmaß an inhaltlicher Struktur bereits im Rahmen der Erstbestückung des Wiki durch die Arbeitsgruppe. Um Kategorien einem dieser fünf Themenportale sinnvoll zuordnen zu können, bedarf es einer kritischen Masse an Wiki-Beiträgen und daher auch an Autoren. Kategorien mit sehr wenigen Einträgen wurden im Rahmen von redaktionellen Tätigkeiten der Wiki-Arbeitsgruppe umstrukturiert.

(3) Einführung des Wiki: Differenzierung des Wiki-Projekts von anderen (Software-) Projekten im Unternehmen (Top-Down vs. Bottom-Up)

Abseits klassischer, Top-Down getriebener Einsatzszenarien im Rahmen von Projekten aus dem Bereich Informationstechnologie wurde das Wiki-Projekt in diesem

Fall nicht durch das Management getrieben. Tatsächlich wurde es dem Management auf eine geschickte Art und Weise näher gebracht: Für die interne Vermarktung zeigte sich dabei eine verwendete Metapher als sehr hilfreich: *„In der Welt von Morgen werden wir den zukünftigen Herausforderungen mit klassischen Arbeitspraktiken nicht mehr gerecht. Es bedarf einer raschen Lösung – und dafür bilden Web-2.0-Technologien einen guten Ansatz"*.

Für die Erprobung des Wiki wurde in Absprache mit dem Management ein Zeitraum von zwei Jahren ins Auge gefasst. Erzielt das Wiki in diesen beiden Jahren nicht die ausreichende Dynamik, wird das Projekt sogar abgebrochen. Im Unterschied zu „gewöhnlichen" Projekten wurde für das Wiki-Projekt kein eigener Business-Plan erstellt. Das Projekt lief ohne ein internes Auswahlverfahren ab, um bestimmte Gremien zu umschiffen. Mit dieser Strategie sollte die erwartete Zerredung des Projekts verhindert werden. Nur eine einzige Abteilung, welche sich mit aktuellen Tools und Trends befasst, wurde im Vorfeld über das Wiki-Projekt informiert.

(3) Einführung des Wiki: Beschreibung von Aktivitäten zu Projektmarketing und Bekanntmachung, Integration von Experten

Um die neue Lösung in der gesamten Belegschaft zu vermarkten, wurden zahlreiche Flyer inklusive eines Vorworts des Arbeitsdirektors on- und offline verteilt. Für die Akquise von Autoren stellen im Unternehmen vorhandene Communities of Practice sowie bekannte Experten wesentliche Multiplikatoren dar. Diese Stakeholder wurden gezielt und persönlich von der Wiki-Kerngruppe angesprochen. Grundsätzlich kann allerdings jeder Mitarbeiter, der etwas zu einem bestimmten Thema schreiben möchte, einen Beitrag im Wiki erstellen. Das geschieht dann auch wesentlich einfacher, als im redaktionellen Intranet, wo auf komplexe Freigabeprozesse Rücksicht genommen werden muss. Zudem wurde die Akzeptanz für das Wiki beim Management rasch hergestellt, um keine breite Diskussion über die Sinnhaftigkeit dieser neuen Lösung zu gebären. Wiki-Autoren erhalten keine monetären Incentives für ihre Tätigkeit: Exzellente Wiki-Beiträge werden aber ausgezeichnet und diese Auszeichnung verhilft den Autoren dann zur Erhöhung ihres Reputationskapitals im Unternehmen.

5.2.4 Ergebnisse

In diesem Abschnitt geht es um die Darstellung der konkreten Ergebnisse aus dem durchgeführten Projekt. Dabei werden Fragen zur „aktuellen Situation", „Unternehmenskultur", „Umfang der Lösung", „Handlungsanweisungen zur Lösung", „Akzeptanzsteigerungsmaßnahmen", „Einbindung informeller Netzwerke"," wahrgenommener Nutzen" und „Erfolgsfaktoren" behandelt.

(4) Betrieb des Wiki: Beschreibung der aktuellen Situation, Beschreibung von Unternehmenskultur

Das Unternehmenswiki wurde im Juli 2007 mit einer geplanten Probelaufzeit von zwei Jahren eingeführt. Der äußerst großzügige Zeitraum ermöglichte dem Wiki genügend Spielraum zur stärkeren Verankerung. Auf das Wiki können alle Mitarbeiter am Unternehmensstandort lesend und schreibend zugreifen. In diesem Zusammenhang ist im Hinblick auf den Einsatz von Humanressourcen besonders erwähnenswert, dass über die Hälfte aller Mitarbeiter im Unternehmen „Arbeiter" darstellen: Diese besitzen erfahrungsgemäß einen völlig anderen Zugang zu Informationstechnologie, als Angestellte, was sich auch in ihrem Nutzerverhalten widerspiegelt.

Vereinzelt kristallisierten sich im Unternehmen ganze Wiki-Autorengruppen heraus. So besteht etwa die Betriebsfeuerwehr am Unternehmensstandort aus besonders aktiven Autoren, welche auch in der Lage sind, anspruchsvolle informative Beiträge über ihre eigenen Tätigkeiten zu erstellen. Sie nutzen dann für ihre Autorentätigkeiten die berufstypisch vorhandenen Leerkapazitäten.

(4) Betrieb des Wiki: Beschreibung von Wiki-Umfang sowie eventuell erfolgter Migrationsarbeiten

Zum Zeitpunkt der Einführung bestand das Wiki aus etwa 500 Beiträgen. Mitte 2008 wuchs die Anzahl auf fast 1.200 Artikel an, was einem Zuwachs von rund 140 % im ersten Jahr entspricht. An Werktagen werden rund 800-900 Zugriffe auf das Wiki festgestellt. Mitte 2008 erschienen pro Woche rund drei bis fünf neue Beiträge, welche jeweils durch die Arbeitsgruppe begutachtet wurden. Im Zuge dieser Begutachtung findet auch die Auszeichnung besonders guter Artikel statt, welche Mitarbeiter zum verstärkten Beitragen motivieren soll. Viele Artikel verlinken ins Web, um relevantes Wissen „von draußen" verfügbar zu machen. Das Wiki wächst und immer mehr

Mitarbeiter nehmen dieses Wachstum wahr und wollen im Wiki tätig werden. Mit dem Wachstum des Wiki wächst die von den Mitarbeitern empfundene Relevanz der Wissensdatenbank im Unternehmen. So wird das Wiki nach und nach immer mehr zum Instrument, um das eigene Reputationskapital durch aktives Beitragen zu erhöhen.

(4) Betrieb des Wiki: Beschreibung des im Wiki dokumentierten Wissens

Inhalt des Wiki ist jede Art von Wissen, welches für das Unternehmen bzw. für seine Mitarbeiter wichtig sein kann. Jeder Mitarbeiter darf und soll Artikel schreiben sowie die Beiträge von Kollegen überarbeiten und verbessern. Alle Prozesse rund um das Wiki basieren, wie bei der Wikipedia, auf den beiden Web-2.0-Prinzipien Selbstorganisation und Freiwilligkeit. Die Entwicklung der Wiki-Inhalte geschieht nach persönlichem Interesse sowie nach dem Bedarf der Mitarbeiter. Vertrauliche Informationen haben im Wiki allerdings nichts zu suchen.

(4) Betrieb des Wiki: Beschreibung von Handlungsanweisungen, Netiquette

Das Wiki stellt mit nutzergenerierten Inhalten eine bewusste Abgrenzung gegenüber dem klassischen Intranet dar. Im Vergleich zum Wiki besteht das Intranet als eine redaktionelle Plattform mit umfangreichen Workflows und exakten Richtlinien. Damit sollen geschäftsrelevante Informationen (Organigramme, Stellen und Abteilungen, Nachrichten, ...) nicht dem Spiel der Kräfte im Unternehmen überlassen werden. Das Wiki stellt sich in der Entwicklung sogar als das genaue Gegenteil zum redaktionellen Intranet dar: Es möchte viel dynamischer sein und ist ständigen Veränderungen aus einer inhaltlichen Perspektive unterworfen.

Eine kurze Netiquette mit einfachen Hauptregeln wie *„sachlich bleiben"*, *„Quellen belegen"*, *„am Thema bleiben"* sowie einem *„benehmt euch"* erleichtert die korrekte Nutzung des Wiki im Sinne der Wiki-Arbeitsgruppe. Um Aktualität und Glaubwürdigkeit der Artikel im Wiki zu gewährleisten, wird regelmäßig eine inhaltliche Qualitätskontrolle durchgeführt. Innerhalb dieser begutachten sogar themenbezogene Experten im Unternehmen die jeweiligen Fachbeiträge. Bei besonders heiklen Artikeln findet außerdem eine äußerst genaue Prüfung von Fakten statt. Die Wiki-Kerngruppe verfügt in diesem Fall auch über die Berechtigung, unpassende bzw. ungeeignete Artikel gänzlich zu löschen. Informationen, welche auch problemlos im redaktionellen Intranet gefunden werden können, Duplikate mit Informationen aus anderen unternehmensinternen Datenbanken und vertrauliche Firmeninformationen dürfen nicht den Weg ins Wiki finden.

(4) Betrieb des Wiki: Beschreibung von Maßnahmen zur Akzeptanzsteigerung

Die im Unternehmen verteilten Wiki-Flyer veranschaulichten deutlich Nutzen und Mehrwert der neuen Lösung für Mitarbeiter und forderten Mitarbeiter zur aktiven Teilnahme auf. Permanente Mitarbeiterschulungen sowie intensive interne Kommunikationskampagnen wollen zusätzlich die Aufmerksamkeit der Mitarbeiter auf das Wiki lenken. Die fünfköpfige Wiki-Arbeitsgruppe weist auch immer wieder darauf hin, dass Mitarbeiter auch anonym Beiträge erstellen können. Damit soll die Hemmschwelle möglichst gering gehalten werden.

Auch über ein zusätzliches monetäres Anreizsystem wurde im Unternehmen lange und ausführlich diskutiert: Die Wiki-Arbeitsgruppe gelangte allerdings zum Schluss, dass monetäre Anreize lediglich eine unnötige Konkurrenz zwischen den Mitarbeitern hervorrufen würden. Das könnte ein Teilen von Wissen sogar behindern. Daher sollen einzig und allein ausgezeichnete Wiki-Artikel prämiert werden, jedoch nicht monetär.

(4) Betrieb des Wiki: Beschreibung der Einbindung informeller Netzwerke

Die gezielte persönliche Ansprache von Autoren stellte einen weiteren wesentlichen Erfolgsfaktor dar. Die rund 370 bisher registrierten Autoren, von denen 80 Autoren besonders aktiv sind, verdeutlichen das steigende Interesse für das Wiki. Was die Teilnehmerzahl betrifft, so relativiert sich diese über eine sehr hohe Anzahl an Nicht-Wissensarbeitern, sowie über eine sehr niedrige Akademikerquote von nur rund 5 %. Der Großteil der Beiträge ist auf Mitarbeiter zurückzuführen, welche Spaß an der Nutzung des Wiki, an der Erstellung der Artikel sowie an der Wissensteilung selbst haben. Mitarbeiter, die sich aktiv beteiligen, empfinden die Nutzung des Wiki daher auch kaum als Mehraufwand. Manche Mitarbeiter, speziell jüngere unter 35 Jahren, nutzen das Wiki zur Erhöhung ihrer eigenen Reputation im Unternehmen.

Was die häufigsten Wiki-Beitragsarten betrifft, werden Artikel eher ergänzt als gänzlich neu verfasst. Einige Mitarbeitende haben sich sogar zum Ziel gesetzt, auch die Rechtschreibung und Grammatik bei fremden Artikeln zu überprüfen und zu korrigieren. Es ist auffallend, dass Wiki-Autoren kaum die im Unternehmen anerkannten Themen-Experten darstellen. Die wahren Experten scheinen es, analog zur Wikipedia, nicht als notwendig zu empfinden, Wiki-Beiträge zu verfassen. Es zeigte sich allerdings, dass sich Experten sehr wohl zur Qualitätssicherung von bestehenden Wiki-Artikeln zur Verfügung stellen.

(4) Betrieb des Wiki: Beschreibung des durch die Mitarbeiter individuell wahrgenommenen Nutzens

Viele Mitarbeitende stehen der Nutzung des Wiki äußerst offen gegenüber und empfinden es als nützliches Instrument zur Verbesserung der internen Kommunikation. Die Benutzung des Wiki wird als sehr einfach empfunden. Eine Kultur der Wissensteilung wird als positive und nachhaltige Auswirkung auf die eigene Arbeit gesehen. Das Wiki versteht sich als internes Nachschlagewerk: Mitarbeiter müssen nicht erst zeitintensiv über unterschiedliche Kanäle nach nützlichen und aktuellen Informationen für ihre Arbeit recherchieren. Projektmitarbeiter verwenden es auch als Mittel für ihre Projektdokumentation.

Erste Gespräche mit Mitarbeitern zeigen, dass das Wiki im Unternehmen auch weiter Bestand haben soll, weil es sich aus ihrer Sicht nachhaltig positiv auf die Unternehmenskultur ausgewirkt hat. Auch die Unternehmensführung nimmt das Wiki äußerst positiv wahr: Es gilt als Enabler einer partizipativen Unternehmenskultur über Hierarchien hinweg: *„Hierarchien können in der Lage sein, Wissen und Vernunft zu erschlagen: Genau an diesem Punkt setzt ein Wiki an."* Aus den in der Experimentierphase bisher gemachten Erfahrungen kann bereits gesagt werden, dass eine Förderung der Eigeninitiative der Mitarbeiter durch ein auf nutzergenerierten Inhalten basierendes Wiki zwar Erfolg versprechend, jedoch auch äußerst schwierig ist. Die Einführung eines Wiki stellt einen langwierigen und äußerst komplexen Prozess dar, welcher eine Reihe bisheriger Erfahrungen auf den Kopf stellt. Es zeigte sich beispielsweise, dass etwa die unternehmenskritische Fragestellung, wer wen im Unternehmen mit Wissen versorgt, mit einem Wiki völlig neu beantwortet werden muss. Mit dem Wiki können völlig neue kooperative Formen der Zusammenarbeit und ein fairer Umgang mit Kritik erstmals unternehmensweit erprobt werden. Auch die sachliche Korrektheit von Wiki-Beiträgen kann durch die Meinung vieler, welche unter Umständen „mehr" wissen können als die Hierarchie, sichergestellt werden.

(4) Betrieb des Wiki: Beschreibung der von den Experten wahrgenommenen Erfolgsfaktoren

Folgende Erfolgsfaktoren für den Wiki-Einsatz in Unternehmen wurden aus diesem Business-Case extrahiert:

> **!**
>
> - Zu Beginn einer Wiki-Einführung ist es wesentlich, rasch Akzeptanz beim Management herzustellen, um keine breite Diskussion im Unternehmen anzustoßen, welche einer effektiven Wiki-Einführung hinderlich sein kann.
> - Eine kleine Gruppe überzeugter Mitarbeiter muss rasch gesammelt werden, um eine Wiki-Einführung voranzutreiben.
> - Um die Akzeptanz der Mitarbeiter für das Wiki zu sichern, müssen bereits vor dem Roll-Out ausreichend viele Wiki-Inhalte bereitstehen.
> - Potenzielle Autoren für Wiki-Beiträge müssen persönlich angesprochen werden, höfliche Hartnäckigkeit wirkt unterstützend.
> - Für eine erfolgreiche Wiki-Einführung müssen sich Unternehmen viel Zeit nehmen – der Aufbau eines Wiki soll ja nachhaltig sein.
> - Durch ständige interne Bewerbung und inhaltliche Incentivierung, beispielsweise über ausgezeichnete Artikel oder über Artikel des Monats, müssen stets neue Impulse für das Wiki gesetzt werden.

Da in diesem Einzelfall noch keine Evaluierung des Wiki durchgeführt wurde, werden die Fragen zur Evaluierung aus Frageblock 5 nicht berücksichtigt.

5.3 Fallstudie Beta (Supportwiki)

5.3.1 Management Summary

Beim vorliegenden Business-Case handelt es sich um ein internes Wiki in der Österreich-Niederlassung eines weltweit operierenden Konzerns in der Elektronikindustrie an einem Standort mit rund 200 Mitarbeitern. Das Hauptziel des 2007 eingeführten Wiki war die Schaffung einer elektronischen Wissensbasis, mit der das Kerngeschäft des Unternehmens durch effektiven und effizienten Tool- und Methodensupport unterstützt werden sollte.

Ausgangssituation war der durch den Manager des Design Application Engineering (DAE) Teams empfundene Bedarf an einer technischen Lösung für Wissensaustausch zwischen seinen verstreut am Standort sitzenden Mitarbeitern. Es wurde der Ruf nach einer zentralisierten Lösung laut, welche immer wiederkehrende Fragen und Probleme behandeln sollte. Durch das Wiki wurde eine Lösung gemäß der Vision *„Wissensaustausch im Unternehmen muss offen sein"* implementiert. Diese Lösung sollte in erster Linie das DAE-Team durch den Aufbau einer Wissensbasis unterstützen.

Schon bald wurde das Wiki zur sekundären Zielgruppe, Forscher und Entwickler, ausgeweitet. Verbunden mit internen Marketingmaßnahmen und der starken Identifikation von DAE mit Wissensmanagement, dem Wiki und dem daraus resultierenden Push-Effekt wird sukzessive versucht, die Techniker dazu zu bewegen, das Wiki auch ohne die Aktivierung von DAE-Mitarbeitern einzusetzen. Auf der Basis bisheriger Erfahrungen funktioniert diese Stimulation im Hinblick auf ein Lesen von Inhalten viel besser, als die Erstellung. Dieser Umstand kann damit erklärt werden, dass das Kerngeschäft der Entwickler im Design von Bauteilen besteht und nicht in der Dokumentation aufgetretener Probleme oder gemachter Erfahrungen.

Durch das Wiki steht am Standort eine effektive Lösung für Tool und Methodensupport zur Verfügung, welche auch über den Standort hinaus Beachtung findet. Mit dem Wiki konnte das DAE-Team aufgrund der effizienteren Zusammenarbeit die Qualität seines Service weiter verbessern.

5.3.2 Ausgangssituation

Das im Rahmen dieser Fallstudie untersuchte Unternehmen ist die Österreich-Niederlassung eines weltweit operierenden Konzerns in der Elektronikindustrie mit rund 2900 Mitarbeitern. In Österreich werden Bauteile entwickelt, die unter anderem in der Automobil und Industrie-Elektronik Einsatz finden. Diese Fallstudie untersucht die Lösung an einem Standort, welcher rund 200 Mitarbeiter mit überwiegend technischem Background beschäftigt.

Am untersuchten Standort sorgt das Design Application Engineering (DAE) Team als internes Supportteam dafür, dass sich technisch versierte Mitarbeiter auf ihr Kerngeschäft, Forschung und Entwicklung im Halbleiterbereich konzentrieren können. DAE stellt zu diesem Zweck intensiven Tool- und Methodensupport für Chipdesigner zur Verfügung. Aufgrund des hohen Grades an Innovation der am Standort erbrachten Forschungsleistung gilt Geheimhaltung als oberstes Prinzip. Kein Mitarbeiter darf alle Einzelheiten über Projekte wissen. Zudem sind Forscher und Entwickler zum Teil baulich, sowie durch Zugangskontrollen eingeschränkt, was den Wissensaustausch über Face-to-Face Gespräche hemmt. Nun steht das DAE-Team als interner Ansprechpartner für Fragen rund um Tools und Methoden aller Art zur Verfügung, welche sich Forscher und Entwickler im Rahmen ihrer Arbeit stellen. DAE-Mitarbeiter üben eine Schnittstellen- und Betreuungsfunktion aus. Jeweils ein DAE-Mitarbeiter befindet sich physisch in einem durch Zugangskontrollen gesicherten Bereich in einer Gruppe von Forschern und Entwicklern und fungiert dort als Ansprechpartner vor Ort. Damit soll der Bedarf an Support gleich vor Ort befriedigt werden.

Wissen über Tools und Methoden wurde zwischen den Mitarbeitern des DAE-Teams in der Vergangenheit ausschließlich über traditionelle Kanäle wie Telefon, E-Mail, Face-to-Face Gespräche und Meetings geteilt. Durch eine technische Lösung könnte der Wissensaustausch zwischen den DAE-Mitarbeitern hinsichtlich Effizienz und Effektivität weiter verbessert werden. Darüber hinaus bestünde die Möglichkeit einer zentralisierten Wissensbasis mit laufend aktualisiertem Supportwissen.

Das Ziel der von rund eineinhalb Jahren am Standort eingeführten technischen Lösung bestand daher in erster Linie auch in der Unterstützung des Wissensaustauschs zwischen DAE-Mitarbeitern, um diese Mitarbeiter stärker untereinander zu vernetzen. Das Einsatzgebiet der einzuführenden Lösung sollte in der Dokumentation sowie im Transfer von Supportwissen an relevante Wissensträger bestehen. Dadurch sollte eine kontinuierliche Verbesserung der Kernkompetenz von DAE, das Leisten von Support über Tools und Methoden, erfolgen. Die im DAE-Team geprägte Vision lautet daher „Wissensaustausch im Unternehmen muss offen sein".

Weil das Wiki durch den DAE-Leiter als die „beste Plattform für den Wissensaustausch" wahrgenommen wurde, fiel die Entscheidung über eine technische Lösung rasch zugunsten eines internen Wikis aus. Als Wiki-Software wurde MediaWiki in Analogie zur Wikipedia verwendet. Als Gründe für die Einführung eines Wiki galten der hohe Bekanntheitsgrad der Wiki-Software MediaWiki, die damit verbundene Spekulation auf eine höhere Akzeptanz bei Mitarbeitern, die spezielle Funktionsweise von Wikis (lesender und schreibender Zugriff auf alle Ressourcen für alle Mitarbeiter), die mit einem Wiki verbundene Einfachheit, die Plattformunabhängigkeit und der durch die Wikipedia bereits gelieferte Funktionsbeweis der Skalierbarkeit.

Kein Ziel des einzuführenden Wikis bestand in der Unterstützung von Projektteams: Projektteams nutzen „Shared-Spaces", welche sich auf einem geschützten Fileserver-Laufwerk befinden, um der geforderten Geheimhaltung in Projekten nachzukommen. Die Unterstützung eines allgemeinen Wissensmanagements und eines allgemeinen Wissenstransfers am Standort war ebenso wenig Ziel des zu implementierenden Wikis. Das Wiki sollte fokussiert auf die Belange des DAE-Teams und der von DAE ausgeübten Kompetenzen bleiben.

5.3.3 Einführung der Lösung

Während der Konzern weltweit zwar bereits mehrere Wikis einsetzt, wurde das Wiki am untersuchten Unternehmensstandort erst 2007 eingeführt. Beim diesem Wiki handelt es sich um eine klassische MediaWiki-Instanz, mit einem zentralen Unterschied: Lediglich Administratoren sind dazu berechtigt, Wiki-Beiträge zu löschen. Ferner wurden bei der Einführung des Wiki Inhaltsblöcke aus einem alten System übernommen, um kein inhaltsleeres System an die Benutzer zu übergeben.

Auf eine systematische Erhebung von Requirements wurde bewusst verzichtet. Wohl aber fand eine interne Diskussion im DAE-Team über erste Abläufe und Strukturen im Wiki statt. Auch auf die Verwendung einer bestimmten Einführungsmethodik wurde verzichtet. Es konnte bereits auf einschlägiges Wissen und auf Erfahrung mit der Technologie zurückgegriffen werden. Die Einführung des Wiki geschah, wie im technologiegestützten Wissensmanagement üblich, Top-Down orientiert durch den Manager des Design-Applications-Engineering-Teams. Dieser ist direkt dem Standortleiter unterstellt und konnte dem Projekt das nötige Commitment auf den Weg geben. Das Wiki ist aus dem Design Applications Engineering (DAE) Kontext heraus entstanden. Abläufe und Strukturen sind im Wiki weitestgehend langsam gewachsen und wurden nicht im Vorhinein strikt definiert. Der gesamte Einführungsprozess wurde durch den Standortleiter selbst unterstützt.

Der einfache Zugriff auf den neuen Wissenspool wird über ein Startportal, welches nach Tasks und Themen gegliedert ist, sichergestellt. Zur Meta-Beschreibung und Strukturierung von Wiki-Inhalten wird auf Kategorien zurückgegriffen. Die Mitarbeiter können jedoch selbstorganisiert bestimmen, wie Wiki-Seiten ausgestaltet sein sollen. Allerdings sollten es die Mitarbeiter vermeiden, komplexe hierarchische Strukturen aufzubauen. Derartige Strukturen führen zu unzähligen kurzen Einzelseiten und verursachen damit eine Unübersichtlichkeit. Das passiert vor allem dann, wenn ein Benutzer über eine Suche auf eine Einzelseite verlinkt wird und seinen Kontext im Wiki nicht mehr erkennen kann.

Im Hinblick auf die Einschulung von Mitarbeitern und die Bewerbung des Wiki wurden zahlreiche Aktivitäten durchgeführt: Eine erste allgemeine Vorstellung fand in einem Standort Jour-Fixe statt. Weiters wurde das Wiki inklusive seinen Zielen und Werten in einzelnen Abteilungsrunden durch den DAE-Manager persönlich vorgestellt. Einladungen zur aktiven Teilnahme wurden per E-Mail an alle Mitarbeiter ausgesprochen. Aus der starken Identifikation der DAE-Gruppe mit dem Thema Wissensmanagement und daher auch mit dem Wiki lässt sich der massive Support, den DAE am Standort ausüben kann, erklären.

Im Wiki finden sich zahlreiche Beiträge zum tooltechnischen und methodischen Support für Chipdesigner. Diese Ansammlung von Wissen geschieht vor dem Hintergrund, dass sich das kreative Potential der Techniker auf das Design von

Microchips und Schaltungen beschränken soll. Das DAE-Wiki bildet die technische Schnittstelle zu diversen Problemlösungen aus dem Kerngeschäft des Unternehmens aus einer nutzernahen Perspektive: Beispielsweise kann mit Hilfe des Wiki die Frage beantwortet werden, wie eine flüchtige Idee in eine fertige Schaltung umgesetzt werden kann. Das zur Beantwortung dieser Frage notwendige methodische Wissen wird im Wiki bereitgestellt. Konkret zählen zu den Wiki-Inhalten Dokumente zur Entwicklungsmethodik, Tipps und Tricks, Spezialfachwissen, Best-Practices zu Tools und Methoden und die Dokumentation spezifischer Workflows.

Zahlreiche Anfragen von Technikern zur Erstellung fachspezifischer Wiki-Artikel mit restriktivem Zugang wurden durch DAE mit der Begründung abgelehnt, dass das Wiki im Unternehmen offen sein muss. Informationen, welche einer Geheimhaltung unterliegen, haben im Wiki nichts zu suchen. Auch private Informationen finden sich nicht im Wiki und sollen darin auch nicht zu finden sein. Die korrekte Nutzung des Wiki wird auf einer „How-To" Seite beschrieben, auf eine formale Netiquette kann verzichtet werden.

Das Wiki wird politisch als Werkzeug für den Wissensaustausch akzeptiert, einen konzernweiten Roll-Out soll es jedoch bis auf weiteres nicht geben. Ein weltweiter Wiki-Einsatz als Support-Tool müsste anders ausgestaltet sein, um dem drohenden Information-Overload entgegenzusteuern. Globalisierung ist mit Unübersichtlichkeit verbunden und generiert durch die aufkeimende Informationsflut auch Produktivitätsverluste. So ist es im Interesse der für den untersuchten Unternehmensstandort verantwortlichen Kräfte, dass der Einzugsbereich des Wiki nicht zu stark ausgedehnt wird. Außerdem fungiert im Konzern ein globales Dokumentationszentrum als organisationale Wissensbasis.

5.3.4 Ergebnisse

Im Wiki finden sich nach eineinhalb Jahren Betrieb rund 500 Artikel zu Tools und Methoden, auf die rund 70 Mitarbeiter aus dem untersuchten Standort periodisch zugreifen. Laut einer aktuellen Server-Statistik wurde das Wiki seit seiner Einrichtung rund 130.000 Mal durch Mitarbeiter aufgerufen, Wiki-Inhalte wurden insgesamt rund 10.000 Mal editiert. Durchschnittlich ist jeder Wiki-Artikel etwa vier Mal bearbeitet worden. Das Verhältnis von Seitenaufruf zu Seiteneditierung gilt für den projektverantwortlichen Manager mit 13:1 als durchaus befriedigend. Die Gruppe der besonders aktiven Mitarbeiter, welche regelmäßig Beiträge im Wiki erstellt, erstreckt sich auf rund 15 Mitarbeiter. Diese 15 Mitarbeiter verleihen dem Wiki als Intensivnutzer auch verstärkt Dynamik.

Als zentrale technische Lösung, welche in erster Linie den Wissensaustausch zwischen den DAE-Mitarbeitern erleichtern sollte, wird das Wiki sukzessive ausgeweitet, was den Adressatenkreis des darin befindlichen Wissens betrifft. Während in der Anfangsphase vor allem DAE-Mitarbeiter mit dem Wiki gearbeitet haben, wurde bald begonnen, Forscher und Entwickler als Begünstigte stärker in Wissensnutzung und auch aktiv in Wissenserstellung zu integrieren. Bisher wurden Forscher und Entwickler hauptsächlich durch DAE direkt über E-Mails, persönliche Face-to-Face Gespräche sowie Telefonate unterstützt. Zu einem zwar noch sehr geringen Teil haben sie bereits damit begonnen, das Wiki aktiv zu nutzen. Im Wissensaustausch durch das Wiki gestärkt, konnte DAE die Effizienz und Effektivität seines Supports verbessern.

Die Tatsache, dass DAE-Mitarbeiter in den Fachabteilungen vor Ort ihre Betreuung durchführen, übte erstmal einen negativen Einfluss auf die Nutzung des Wiki aus. Obwohl es sich durch die Bereitstellung von Support am Ort der Support-Nachfrage um eine äußerst effektive Wissensmanagement-Maßnahme handelt, schwächt es das Potential des Wiki. Weil ein entsprechender DAE-Mitarbeiter immer vor Ort zu finden ist, kann es aus einer individuellen Sicht für Forscher und Entwickler effektiver sein, beim Auftreten eines Problems den DAE-Mitarbeiter direkt zu kontaktieren. Das Suchen einer Information im Wiki wird von Forschern und Entwicklern mit Aufwand verbunden.

Obwohl das Wiki im DAE-Team ausgesprochen intensiv genutzt wird, könnte es am gesamten Standort noch weitere Nutzer akquirieren. Was die Bereitschaft zur Wissensteilung betrifft, kann gesagt werden, dass Forscher und Entwickler ihr Wissen auf Anfrage grundsätzlich gerne teilen. Die Motivation, aktiv in elektronische Wissensdatenbanken zu schreiben, ist unter ihnen jedoch noch vergleichsweise gering verbreitet. Der überwiegende Teil der Wiki-Nutzer erkennt im aktiven Erstellen von Inhalten einen deutlichen Mehraufwand, wie in einer internen Zufriedenheitsanalyse festgestellt wurde. So schreiben Forscher und Entwickler Inhalte meist nicht selbst ins Wiki, sondern leiten Ideen an die DAE-Mitarbeiter weiter, welche sich dann um das

Fallstudie Beta (Supportwiki) 135

Erstellen eines Wiki-Artikels kümmern müssen. Insbesondere das Explizieren und Niederschreiben von derartigem Wissen wird von den Technikern als großen Aufwand empfunden, wahrscheinlich auch deshalb, weil es nicht ihr Kerngeschäft darstellt und somit nicht formell in ihrer Verantwortung liegt.

Was die Evaluierung des Wiki Einsatzes betrifft, wurde bisher eine Befragung zur allgemeinen Zufriedenheit mit dem DAE-Team am untersuchten Unternehmensstandort durchgeführt. Über diese Umfrage wurden ebenfalls Fragen zum Wiki gestellt. Dabei fand das Unternehmen heraus, dass das Wiki auch über den Standort hinaus bekannt ist. Die meisten Mitarbeiter ziehen naturgemäß das Lesen von Artikeln dem Schreiben vor. Jene Mitarbeiter, welche das Wiki nicht im Arbeitsalltag einsetzen, rechtfertigen sich mit Vorwänden, wie beispielsweise *„das ist zu viel Aufwand", „es ist zu kompliziert", „ich bin zu faul", „ich lese nicht, ich frage gleich den DAE Mitarbeiter", „es steht zu wenig drin"* und *„ich habe dafür keine Zeit".*

Der in der Literatur angeführte individuelle Vermarktungseffekt, eigenes Wissen über ein Wiki zu verbreiten, wird im Unternehmen noch als sehr gering empfunden. Um eine derartige Wissens-Vermarktung zu bewerkstelligen, fehlen auch die geeigneten Statistiken im Wiki. Das Thema Wissensvermarktung ist jedoch für das Unternehmen nicht unspannend: Im Konzern werden für die Fachkarriere „Gradings" durchgeführt. Einen hohen „Grade" erhält ein Mitarbeiter dabei durch allgemein anerkanntes Fachwissen – jedoch bisher nicht für Beiträge in Wissensdatenbanken. Von Mitarbeitern mit einem hohen „Grade" wird allerdings auch erwartet, dass sie ihr Wissen verstärkt teilen. Da das Schreiben von Wiki-Beiträgen nachvollziehbare Wissensteilung bedeutet, sollten diese Fachkräfte ihr Wissen auch stärker im Wiki dokumentieren. Mitarbeiter von DAE haben den Austausch von Wissen über das Wiki in ihren persönlichen Zielvorgaben.

Die Sicherstellung der Aktualität des Wissens im Wiki ist ein wichtiges Thema. Die Idealvorstellung lautet, dass Mitarbeiter veraltetes oder nicht glaubhaftes Wissen in Selbstorganisation und ohne Zuruf anpassen. Wurde beispielsweise die Druckerwarteschlange geändert, so sollte der betreffende Eintrag im Wiki durch den ersten Mitarbeiter, welcher auf die Änderung aufmerksam geworden ist, nach dem Prinzip „first come - first serve" angepasst werden. Sollte es nötig sein, einen Artikel gänzlich zu löschen, kann dieser Löschvorgang aber nur durch einen Wiki-

Administrator vorgenommen werden. Bislang war noch kein formeller Mechanismus nötig, welcher regelt, wann ein Wiki-Beitrag gelöscht werden muss.

Der individuelle Nutzen des Wiki besteht in der durch das Wiki ermöglichten einfachen Suche nach Hilfe. Eine so mächtige und gut funktionierende Suchmaschine für Tool und Methodenwissen stand in dieser Form am Standort noch nicht zur Verfügung. Das Wiki ist plattformunabhängig, funktioniert auf allen Rechnern und erfordert keine speziellen Berechtigungen. Es zentralisiert die heterogene Systemlandschaft in einer einzigen Plattform, was Tool- und Methodensupport betrifft. Im Wiki finden sich einfache, nutzernahe und verständliche Problembeschreibungen, welche kurz und prägnant die Lösung von auftretenden Problemen skizzieren. Dadurch ersparen sich Mitarbeiter die manuelle Suche und damit ein Stöbern in den bis zu mehreren hundert Seiten langen Dokumentationen. Weiteres können Mitarbeiter erkennen, wer einen für sie relevanten Artikel erstellt hat und diesen direkt kontaktieren. Die Identifikation relevanter Wissensträger erfolgt durch die Selbstdarstellung der Wissensträger im Wiki über Fachthemen.

Folgende Erfolgsfaktoren für den Wiki-Einsatz in Unternehmen wurden aus diesem Business-Case extrahiert:

!	<ul><li>Bereits zu Beginn muss eine entsprechend große Anzahl an Beiträgen bestehen, damit das Wiki als relevante Wissensquelle empfunden und von den Mitarbeitern akzeptiert wird.</li><li>Der Roll-out eines funktionierenden Wiki muss auf breiter Basis erfolgen und verlangt nach einer Hand voll überzeugter Nutzer, welche Kollegen durch persönliche Ansprache motivieren.</li><li>Einfachheit in der Benutzung stellt eine Mindestvoraussetzung dar.</li></ul>

5.4 Fallstudie Gamma (Unternehmenswiki)

5.4.1 Management Summary

Beim vorliegenden Business-Case handelt es sich um das interne Wiki in der Österreich-Niederlassung, einer weltweiten Engineering-Gruppe. In dieser Niederlassung arbeiten rund 250 Mitarbeiter mit zum größten Teil technischer Ausbildung. Das Hauptziel der vor rund zweieinhalb Jahren eingeführten Lösung bestand darin, Wissensdokumentation und Wissenserwerb von Projektmitarbeitern in Phasen geringer Kapazitätsauslastung zu unterstützen. Außerdem sollte eine organisationale Wissensbasis bestehend aus Wissen über Prozesse und Abläufe erschaffen werden.

Durch das Wiki erhalten Mitarbeiter einen strukturierten und zentralisierten Zugang zum Unternehmenswissen. So konnte eine der Wikipedia nachempfundene Sammlung von technischem, unternehmens- und projektrelevantem Fach-Know-How durch die Community der technisch versierten Projektmitarbeiter geschaffen werden. Dieser Wissenspool zeigt sich nachhaltig und wird selbständig durch die technsichen Mitarbeiter aktuell gehalten. Das Wiki generiert Transparenz über die vorhandenen Fähigkeiten der technischen Mitarbeiter und vermittelt so ein aktuelles Gesamtbild über die Kompetenzen der Organisation.

Dennoch scheinen nicht alle Bereiche gleich gut unterstützt zu werden. Während der Bereich mit technischem Fachwissen lebendig ist und intensiv durch die Autoren gepflegt wird, verlangt der organisatorische Bereich nach einem besonders ausdauernden „Kümmerer", welcher Inhalte aktuell hält und Kollegen zur Nutzung aufruft. Der redaktionelle Aufwand zeigt sich bei diesem Anwendungsbereich viel höher. Die Erfahrung bestätigt, dass technisch versierte Nutzer den Mehrwert aus einer aktiven Arbeit mit dem Wiki stärker und rascher empfinden.

Aus Sicht der Befragten ist das Wiki, wenn gezielt eingesetzt, eine gute Lösung für Wissenstransfer und kann Dokumentation und Wissensspeicherung effektiv unterstützen. Mitarbeiter, welche ein Wiki weniger intensiv nutzen, empfinden die Nutzung stärker als Mehraufwand. Werden Mitarbeiter von einer nachhaltigen Arbeit mit dem Wiki überzeugt, erkennen sie rascher die damit verbundenen Vorteile.

5.4.2 Ausgangssituation

Das in dieser Fallstudie untersuchte Unternehmen ist die Österreich-Niederlassung einer weltweiten Engineering-Gruppe. Als Dienstleister für österreichische Industrieunternehmen zählen Softwareentwicklung, Maschinen- und Anlagenbau sowie Elektrik und Elektronik zum Leistungsspektrum des Unternehmens. So arbeiten rund 250 Mitarbeiter an vier österreichischen Standorten.

Vor Einführung der neuen Lösung existierte noch kein Intranet im betrachteten Unternehmen. Dokumente und Vorlagen wurden dabei in komplexen hierarchischen Ordnersystemen abgelegt oder zum Teil gar nicht an einer zentralen Stelle archiviert. Für die Einführung eines Wiki waren aus Sicht der Geschäftsleitung vor allem die nachfolgenden beiden Gründe wesentlich.

Der ehemalige Leiter der Abteilung „Technik und Entwicklung" konnte bei einem Kunden beobachten, wie durch ein Wiki die Dokumentation von technischem Fachwissen auf einfache Art und Weise unterstützt wurde. In Reflexion auf das eigene Unternehmen hat dieser dann den Einsatz eines derartigen Tools als äußerst Gewinn bringend erachtet. Außerdem weist das untersuchte Unternehmen als Dienstleister eine hohe temporäre Fluktuation von Mitarbeitern auf, weil diese laufend aus Projekten in die Zentrale zurückkommen, um dann wiederum nach einer kurzen Pause neue Projekte beim Kunden anzutreten. Aus diesem Grund *„fließt sehr viel Wissen durch das Unternehmen"*, welches bisher durch technische oder organisatorische Lösungen nicht zufriedenstellend aufgefangen werden konnte. Dieses Wissen könnte mit Hilfe eines Wiki expliziert und zugleich kodifiziert werden.

Der zweite Grund für die Einführung eines technischen Werkzeugs für Wissenstransfer bestand in der ausdrücklichen Anforderung der Geschäftsleitung, bestimmte Prozesse wie beispielsweise Dienstvertragerstellung, in einem dafür geeigneten System zu dokumentieren und aktuell zu halten. Organisatorische Abläufe sollten in der Form von Checklisten gesammelt und den Mitarbeitern rasch und einfach zur Verfügung gestellt werden.

Das Wiki ist als technische Lösung in der Lage, beide Anforderungen optimal zu erfüllen. Es kann sowohl das Wissen von Mitarbeiter auffangen und dokumentieren, als auch im Sinne eines betrieblichen Wissensmanagements den raschen Aufbau einer organisationalen Wissensbasis ermöglichen.

Das Hauptziel der einzuführenden Lösung bestand darin, das im Unternehmen vorliegende Wissen zu dokumentieren und den Mitarbeitern möglichst effektiv zur Verfügung zu stellen. Im Wiki sollte einerseits das technische Wissen der Mitarbeiter, welches relevant für Kundenprojekte ist und zum großen Teil auch in Kundenprojekten entsteht, dokumentiert werden. Andererseits sollte durch den Einsatz eines Wiki die Dokumentation des organisationalen Wissens der Mitarbeiter aus dem internen Verwaltungsbereich erfolgen, um Abläufe und Ergebnisse in den internen Abteilungen zu optimieren. Inhalten mit starkem Nachrichtencharakter sollte kein Platz im Wiki zugewiesen werden. Solche Inhalte werden in einem externen Community-Bereich auf der Unternehmenswebsite und in einem Newsletter redaktionell verfügbar gemacht.

5.4.3 Einführung der Lösung

Die bestehende Lösung wurde 2006 eingeführt. Als Wiki-Software wurde Perspective[61] verwendet. Der Grund für die Verwendung von Perspective bestand in einigen speziellen Anforderungen des Wiki-Kernteams: Dazu zählten Seitenerstellung mittels WYSISWYG-Editor (*„what you see is what you get"*), Suche in Filesystem und Office Dateien, sowie Hochladen von Anlagen. Die durch die Wikipedia bekannte Wiki-Software MediaWiki erlaubte zu diesem Zeitpunkt weder eine Integration von Active-Directory, noch ein mit der Arbeit mit Office-Anwendungen vergleichbares WYSIWYG-Editieren von Wiki-Beiträgen. In Perspective werden Mitarbeiter automatisch über die Active-Directory-Integration am Wiki angemeldet und ersparen sich damit manuelle Logins. Anonymes Erstellen von Wiki-Beiträgen ist nicht gestattet. Perspective vermittelt eine wesentlich stärkere Integration des Wiki in die bestehende technische Infrastruktur.

Das Wiki ist in vier große Bereiche gegliedert: In einem allgemeinen organisationalen Bereich befinden sich Beschreibungen zu Abteilungen sowie häufig verwendete Formulare und Dokumente, welche zwar gelegentlich, aber nicht regelmäßig von

---

[61] Perspective V3: www.high-beyond.com

Mitarbeitern nachgefragt werden. In einem der Wikipedia sehr ähnlichen Bereich – der Technipedia – findet sich das explizit gemachte und äußerst umfangreiche technische Fach-Know-How der Mitarbeiter, welches in Lexikonform dokumentiert ist. Alles technische und unternehmensrelevante Wissen, welches nicht *„in zwei Minuten über Google gefunden werden kann"*, soll dort dokumentiert werden. Für große Projektgruppen wurde zudem ein eigener Project-Space eingerichtet, welcher diesen zur Projektdokumentation dient. Abschließend beinhaltet ein spezieller Verwaltungsbereich Wissen über interne Abläufe. Dieser ist Verwaltung, Vertriebssekretariat und Geschäftsleitung zugeordnet und enthält Formulare, Urlaubslisten, Kurzwahlnummern und Prozessbeschreibungen.

Das Wiki wurde ohne externe Beratung durch das aus zwei Personen, einem Techniker und einem Vertriebsmitarbeiter, bestehende Wiki-Kernteam implementiert. Die Definition erster Strukturen entstand in Zusammenarbeit mit Mitarbeitern aus den Fachabteilungen. Auch auf eine explizite Berücksichtigung von Best-Practices wurde verzichtet. Aus Internet-Recherchen war bekannt, dass Wissensmanagement-Plattformen nicht ohne Inhalte an die Mitarbeiter übergeben werden sollten. Daher wurde ein Teil der Wiki-Inhalte durch das Wiki-Kernteam in redaktioneller Arbeit erzeugt. Was die Aufteilung der redaktionellen Arbeit auf die verschiedenen Bereiche im Wiki betrifft, so floss ein Großteil der personellen Ressourcen in den Aufbau und die Befüllung des Verwaltungsbereiches, während der technische Bereich nur minimal mit Inhalten erstbestückt wurde. Fünf Beiträge wurden im technischen Lexikon in redaktioneller Arbeit erstellt, während in die Initialbefüllung des Verwaltungsbereiches rund ein bis zwei Personenmonate geflossen sind.

Technisch gesehen besteht das Wiki aus zwei Instanzen, dem allgemeinen Bereich, welcher auch die Technipedia beinhaltet, sowie dem Verwaltungsbereich. Diese Trennung war notwendig, weil in der frühen Version der Wiki-Software Perspective keine Leseberechtigungen auf Inhalte vergeben werden konnten, jedoch nicht alle Mitarbeiter Zugriff auf den Verwaltungsbereich haben durften. Aufgrund der Nichtverfügbarkeit eines VPN-Tunnels (virtual private network) erhalten Mitarbeiter keinen Zugriff auf Wiki-Beiträge, wenn sie sich außerhalb des Unternehmens befinden.

5.4.4 Ergebnisse

Aus Sicht der Befragten ist das Wiki eine gute Lösung für das betriebliche Wissensmanagement und kann die Dokumentation und Wissenssicherung optimal unterstützen. Auf die eingeführte Wiki-Lösung können alle 250 Mitarbeiter lesend und schreibend zugreifen. Für einige Bereiche, wie den Verwaltungsbereich oder spezielle Projektbereiche, existieren besondere Zugriffsberechtigungen. Der Verwaltungsteil betrifft rund 20 Mitarbeiter, während die Technipedia von insgesamt 180 Mitarbeitern verwendet wird. Aufgrund der intensiven Projekttätigkeit halten sich jedoch nur etwa 15-20 Mitarbeiter ständig in der Zentrale auf, was bedeutet, dass auch nur diese unmittelbar mit dem Wiki arbeiten können.

Die Technipedia stellt das Herzstück des Wiki dar. In der Technipedia befinden sich rund 500 Artikel. Durchschnittlich werden rund 15 Wiki-Artikel pro Tag geändert und damit aktuell gehalten. Die Technipedia wurde wesentlich stärker durch die Mitarbeiter mitentwickelt, als andere Bereiche. In der Technipedia dokumentieren die Mitarbeiter in der Zeit zwischen Kundenprojekten das erworbene technische Know-How und bereiten sich im Eigenstudium auf künftige Kundenprojekte vor. Aufgrund der hohen Fluktuation zwischen Projekten können Mitarbeiter durch das Wiki frei werdende Kapazitäten dazu verwenden, Wissen zu dokumentieren und um zu lernen.

Die Technipedia unterstützt in der Wissensidentifikation und in der Identifikation von Wissensträgern. In der Praxis arbeiten einige Mitarbeiter vorerst aus rein privatem Interesse mit einer bestimmten Software oder Technologie und dokumentieren dieses Wissen sowie ihre Erfahrung anschließend in der Technipedia. Das Wissen im Wiki spiegelt daher direkt die Kompetenzen der Organisation wider. Projektleiter können anhand von Wiki-Artikeln und ihrer Autoren Mitarbeiter für künftige Projekte themenbezogen selektieren. Sie erhalten als Zusatznutzen einen aktuellen Überblick über die im Unternehmen vorhandenen Kompetenzen.

Jene Person, welche einen Artikel erstellt hat, zeigt sich weitestgehend für diesen verantwortlich und hält ihn selbstständig aktuell. Der vom Wiki-Kernteam wahrgenommene redaktionelle Aufwand beschränkt sich in der Technipedia lediglich auf das Zuweisen von Artikeln zu anderen Kategorien und das Anpassen der Kategorien selbst.

Was den Erfolg des Wiki im Unternehmen betrifft, kann gesagt werden, dass der Bereich mit technischem Wissen durchwegs als sehr lebendig gilt und daher das Wissen darin aktuell ist. Diese Tatsache wird im betrachteten Unternehmen dergestalt interpretiert, dass Techniker leidenschaftlich gerne über Technik schreiben und von Technik sprechen: Sie besitzen eine höhere Affinität, ihr Wissen mit Kollegen zu teilen. Der Verwaltungsbereich stellt das Sorgenkind dar: Obwohl stark versucht wird, internes Marketing in den entsprechenden Abteilungen zu betreiben, wurden bisher von den betroffenen Mitarbeitern wenig bis keine Inhalte erstellt bzw. aktualisiert. Der Zugriff beschränkt sich meist auf Lesevorgänge, wodurch das Wissen im Verwaltungsbereich veraltert.

Die Sicherstellung der Aktualität des Wissens stellt eine große Herausforderung dar: Bei der Technipedia gelingt dies aus Sicht des Unternehmens sehr gut. Obwohl Wissen über Software zwar zum großen Teil sehr kurzlebig ist, wird es von den artikelverantwortlichen Mitarbeitern in Eigeninitiative aktuell gehalten. Im Verwaltungsbereich zeigt sich ein völlig konträres Bild: Der Großteil des Wissens wurde durch einen Vertriebsmitarbeiter erstellt, welcher Mitglied im Wiki-Kernteam war und dem Verwaltungsbereich angehörte. Nachdem dieser „Kümmerer" allerdings das Unternehmen verlassen hatte, ging die Nutzung des Wiki im Verwaltungsbereich immer mehr zurück. Die Aktualität des Wissens nimmt durch das Fehlen dieses „Kümmerers" im Verwaltungsbereich immer stärker ab. Wiki-Inhalte werden älter und für die Mitarbeiter mit der Zeit daher wertlos.

Was Hindernisse und Barrieren der Wiki-Nutzung betrifft, hat das Unternehmen lernen müssen, dass Techniker in Bezug auf den durch die Wiki-Nutzung entstehenden Mehraufwand auch viel leidensfähiger sind. Der mangelnde Komfort der Erstellung von Wiki-Inhalten im Vergleich zu einer allgemein bekannten Office-Lösung wird von Nichttechnikern viel stärker wahrgenommen und manifestiert sich in einem unternehmensweiten Akzeptanzproblem. Während Mitarbeiter der Verwaltung das Erstellen von Inhalten als Aufwand empfinden und daher vernachlässigen, passiert dies in der Technipedia kaum. Der Nutzen aus der Technipedia wird von technischen Mitarbeitern viel besser verstanden.

Der Mehrwert des Wiki auf der individuellen Ebene besteht in einem strukturierten Zugang zum Unternehmenswissen. Dieses Wissen wurde durch das Wiki effektiv dokumentiert und kann einfacher durchsucht werden. Die integrierte Suche im Dateisystem, welche auch Office-Dateien indiziert, trägt wesentlich dazu bei, Nutzen für Mitarbeiter zu stiften. Durch einen einfachen und raschen Zugriff auf häufig benötigte Ressourcen wird der Arbeitsalltag erleichtert. Die Technipedia enthält als unternehmensinterne Enzyklopädie nicht nur textbasierte Beschreibungen von Technologien, sondern auch Tools und Ressourcen als direkte Verknüpfung auf entsprechende Dateien. Der Zugriff auf diese Dateien geschieht über das Wiki. Vor der Wiki-Einführung mussten Mitarbeiter erst umständlich über das unübersichtliche hierarchische Dateisystem zum bevorzugen Ordner und der darin befindlichen Datei navigieren.

Was den Nutzen des Wiki auf der organisationalen Ebene betrifft, wurde die Zusammenarbeit der Mitarbeiter stark vereinfacht. Das Wiki ermöglicht schnellen Zugriff auf Inhalte, welche zwar regelmäßig, aber nicht täglich nachgefragt werden und daher schnell in Vergessenheit geraten. Weiters können Mitarbeiter jetzt Leerkapazitäten zwischen Projekten sinnvoll nutzen, um ihr Wissen zu dokumentieren und um sich neues Wissen anzueignen. Weiters ermöglicht das Wiki eine orthogonale Schicht über die sehr umfangreiche, aber teilweise undurchsichtige, weil historisch gewachsene verteilte Dateistruktur. Durch die Verknüpfung von Wiki-Seiten mit Dateien erhalten Mitarbeiter einen effektiveren Zugriff auf die nachgefragten Dateien, wie beispielsweise Vorlagen, Dokumente, Programme oder Quelltext. Dieser Aspekt erleichtert die Wissensarbeit im Unternehmen.

Das Unternehmen hat die Erfahrung gemacht, dass der Nutzen des Wiki erst im Zuge einer regelmäßigen Nutzung durch die Mitarbeiter wahrgenommen wird. Gerade ein solcher Umstand ist im Vorfeld allerdings sehr schwer an die Mitarbeiter zu vermitteln, wenn es um die Einführung dieser neuen Technologie und damit verbunden um die Veränderungen von Verhaltensweisen geht. Wikis funktionieren mit *„Management Attention"*. Werden Mechanismen basierend auf einem *„sanften Druck"* im Unternehmen eingeführt, wird das Wiki von den Mitarbeitern eher in ihren Arbeitsalltag integriert. Außerdem sollen im Wiki nur Inhalte angeboten werden, welche Mitarbeiter im beruflichen Alltag benötigen. Mit Hilfe zahlreicher Trainings und Schulungen wurde versucht, das Wiki stärker in den Arbeitsalltag zu integrieren.

Eine Wiki-Redaktion ist notwendig, um Strukturen und Abläufe zu definieren und diese zu adaptieren. Bei der Technipedia ist der Verwaltungsaufwand durch das Wiki-Kernteam wesentlich geringer, als beim internen Verwaltungsbereich. In der Technipedia bezieht sich der ressourcenintensivste Verwaltungsaufwand darauf, Kategorien einzubauen und Strukturen zu schaffen. Das Redaktionsteam unterstützt bei der Erstellung geeigneter Portal-Seiten im Wiki. Übersichtlichkeit im Wiki gestalten und Ebenen einziehen, um den Informationsfluss zu kanalisieren, gehören zu Aufgaben, welche nicht den Mitarbeitern überlassen werden dürfen.

Es passiert eine ständige Diskussion im Unternehmen, wie sich das Wiki in Zukunft weiterentwickeln soll: Ein wesentlicher Punkt in diesen Gesprächen betrifft die Verbesserung von Usability durch einen verbesserten Wiki-Editor. Der neue Editor soll eine ähnliche Funktionalität aufweisen, wie aus der Office-Welt bekannte Programme. Damit will man vor allem die Akzeptanz bei nicht technisch versierten Mitarbeitern erhöhen. Auch der Umstieg auf eine integrierte Wiki-Lösung ist denkbar. Ein Redesign des Wiki im Corporate-Layout ist ebenfalls wünschenswert, um die Akzeptanz der Nutzer zu steigern. Zusätzlich würde aus der Sicht des Wiki-Kernteams eine Vergabe fixer Zeitressourcen für redaktionelle Arbeit die Effektivität des Wiki weiter erhöhen. Für eine begleitende redaktionelle Arbeit sind die Wiki-Inhalte bereits zu umfangreich. Jedoch sieht sich das Unternehmen als zu klein, um eine professionelle Redaktion zu rechtfertigen, deren Tagesgeschäft darin besteht, das Wiki zu pflegen.

Bei der Einführung des Wiki wurden eine Reihe von Barrieren identifiziert: Eine schnelle Einführung ohne Beobachtung von Entwicklungen, sowie ohne Gespräche mit künftigen Anwendern, also das „bloße Aufsetzen" eines Wiki, bringt nicht den gewünschten Erfolg. Wird im Unternehmen nicht klar genug kommuniziert, dass die Einführung des Wiki ein firmenweites Anliegen ist, kann das Wiki-Projekt ebenfalls schnell scheitern.

Fallstudie Gamma (Unternehmenswiki)

Folgende Erfolgsfaktoren für den Wiki-Einsatz in Unternehmen wurden aus diesem Business-Case extrahiert:

> ❗
> - Eine erfolgreiche Wiki-Einführung verlangt nach einem engagierten, frustrationsresistenten und grenzenlos optimistischen Wiki-Kernteam, welchem die benötigten Ressourcen durch das Management zur Verfügung gestellt werden.
> - Eine offene Firmenkultur, welche transparente Kommunikation lebt und unterstützt, ist für einen Wiki-Erfolg unumgänglich.
> - Das Top-Down-Committment, also das wirkliche Wollen des Wiki durch die Geschäftsleitung, ist eine wesentliche Voraussetzung. Das Wiki darf nicht die Initiative einer einzelnen Person oder Abteilung sein.
> - Die künftigen Wiki-Anwender müssen so rasch wie möglich in den Entwicklungs- und Einführungsprozess integriert werden.

5.5 Fallstudie Delta (Projektwiki)

5.5.1 Management Summary

Beim vorliegenden Business-Case handelt es sich um ein österreichisches Unternehmen mit rund 14.000 Mitarbeitern aus der Branche Maschinen- und Anlagenbau. Eine Verbesserung der Kommunikation im Team sowie eine Optimierung der Projektarbeit sollte durch den Einsatz von Web-2.0-Werkzeugen erreicht werden.

Szenario 1: In dem betrachteten Unternehmen litt ein internationales Team aus Spezialisten unter folgendem Kommunikationsproblem: Nicht alle Mitglieder befanden sich zu jeder Zeit auf demselben Informationsstand. Aus diesem Grund wurde helfende Sofort-Maßnahme beschlossen, das vorherrschende Kommunikationsproblem durch einen Team-Weblog aus der Welt zu schaffen. Die Nutzung dieses Weblog zeichnete sich aber von Beginn an als äußerst schwierig. Die wenigen Intensivnutzer begannen zu frustrieren und stellten ihre Aktivitäten im Weblog mit der Zeit ein.

Szenario 2: Für ein rund ein Jahr dauerndes Projekt wurde ein passendes Werkzeug gesucht, um die Projektabwicklung zu verbessern. Ein Wiki stellte aus Sicht der Verantwortlichen genau dieses Werkzeug dar. Anders als beim Weblog war der Nutzen des Wiki auch allen Projektmitarbeitern von Beginn an klar. Durch das Wiki konnte die Projektarbeit wesentlich vereinfacht und viel effektiver durchgeführt werden, als über traditionelle Mittel. Die Wiki-Einführung zur Unterstützung des Projekts zeigte sich daher als klarer Erfolg.

5.5.2 Ausgangssituation

Die untersuchte Organisation ist ein österreichisches Unternehmen, welches rund 14.000 Mitarbeiter beschäftigt und zur Branche Maschinen- und Anlagenbau gehört. Im Folgenden sollen zwei Problemstellungen analysiert werden:

Szenario 1: Ein internationales Team bestehend aus 14 Mitarbeitern, davon 10 Mitarbeiter am selben Standort, leidet unter einem Kommunikationsproblem. Nicht alle Mitglieder des Teams befinden sich jederzeit auf demselben Wissensstand, was die jeweiligen Aktivitäten betrifft. Damit ergibt sich das folgende Bild: Mitarbeiter A weiß nicht (immer) was Mitarbeiter B macht, sollte es jedoch wissen, um seinen betrieblichen Aufgaben im Unternehmen effektiv und effizient nachkommen zu können. Der Wissenstransfer zwischen den einzelnen Team-Mitgliedern sollte mit Hilfe einer technologischen Wissensmanagement-Lösung verbessert werden. Bei einem Meeting diskutierten die Team-Mitglieder außerdem, dass sie sich besser organisieren wollen. Um die in diesem Team-Meeting gesteckten Ziele zu erreichen, wurde beschlossen, mit einem Team-Weblog zu experimentieren. Können die Mitarbeiter aus diesem Team-Weblog keinen klaren Nutzen erkennen, sollte er wieder eingestellt werden.

Szenario 2: In einem rund ein Jahr dauernden Projekt mit 12 internen und externen Projektmitarbeitern sollte ein neues CRM-System im Unternehmen eingeführt werden. Dabei sollte ein externer Berater unterstützen. Aufgrund der Komplexität dieses IT-Projekts wird zusätzlich eine technologische Lösung benötigt, um Projektdokumentation und die Zusammenarbeit im Projektteam zu unterstützen. Ein Wiki schien den beiden Projektleitern für diese Aufgabenstellung geeignet zu sein. Die speziell auf die Anforderungen von Projektmitarbeitern zugeschnittene Wiki-Software TWiki[62] sollte in diesem Zusammenhang verwendet werden.

5.5.3   Einführung der Lösung

Szenario 1: Im März 2007 wurde eine Weblog-Lösung basierend auf Wordpress[63] eingeführt, um das im internationalen Team vorherrschende Kommunikationsproblem zu beseitigen. Dazu bestand eine klare Vorgabe des Teamleiters, dass jedes Teammitglied mindestens ein Mal pro Monat die wesentlichen Informationen über seine Aktivitäten, welche als wichtig für das gesamte Team empfunden werden, als Weblog-Beitrag veröffentlicht. Ursprünglich hatte der Teamleiter sogar die Absicht, dass alle Teammitglieder täglich einen kurzen Bericht über ihre Tätigkeiten im Weblog erstellen. In der Anfangsphase hat der Teamleiter als Anreiz zur Nutzung des Weblog auch private Informationen darin veröffentlicht. Durch die Veröffentlichung privater

---

[62] Twiki: www.twiki.org
[63] Wordpress: www.wordpress.org

Informationen wollte er ein stärkeres Interesse und somit ein Leseverhalten bei den Mitarbeitern stimulieren.

Szenario 2: Die Einführung der Wiki-Lösung TWiki gestaltete sich als sehr unkompliziert. Im zu unterstützenden Projekt unterstützten auch externe Berater, welche aus ihrer Erfahrung mit dem Einsatz von Wikis im Projektmanagement rasch eine Struktur für Dokumente sowie eine Systematik für die Namensgebung der Dokumente entwickelten. So konnten etwa Spezifikationen, welche im System abgelegt wurden, über die im Wiki integrierte Volltextsuche rasch und einfach gefunden werden. Der Teamleiter hatte bereits im Vorfeld klare Verantwortungen an seine Mitarbeiter verteilt, insbesondere was die Zuständigkeit für die Erarbeitung von Spezifikationen betrifft. Nach einer entsprechenden Kontrolle durch die Projekt-Mitglieder wurden Spezifikationen durch den Teamleiter ausgedruckt, unterschrieben, gescannt und in das Wiki hochgeladen. Auch Testergebnisse sollen im Wiki dokumentiert werden. Dazu wurde im Vorfeld klar definiert, welches Team-Mitglied welche Funktion testen soll. Wird beim Testen ein Problem bemerkt, kann das entsprechende Thema im Wiki „auf Rot" gesetzt werden.

5.5.4   Ergebnisse

Szenario 1: Die Nutzung des Weblog zeigte sich komplizierter als zu Beginn erwartet. Für die Mitarbeiter war es schwierig, gemeinsame Weblog-Praktiken zu entwickeln. Nicht jede Woche gab es relevante Informationen, welche die Mitarbeiter im Team-Weblog veröffentlichen konnten. Zudem wurden die zum Teil veröffentlichten privaten Informationen von einigen Mitarbeitern völlig falsch aufgefasst. Tatsächlich war aber niemand im Team verpflichtet, Privates von sich zu geben. Spannend zu beobachten war, dass gerade Mitarbeiter, welche die Verbreitung von privaten Informationen im Weblog falsch aufgefasst haben, auf Web-2.0-Plattformen wie Facebook oder Xing mit diesen Informationen vertreten waren.

Ein Drittel der Mitarbeiter zeichnete sich als Weblog-Verweigerer und schrieb selten bis nie Beiträge und wenn, dann nur auf ausdrückliche Aufforderung durch den Teamleiter. Lediglich drei Team-Mitglieder zählten zu den Vielschreibern. Abseits des Weblog wurden wirklich spannende zeitkritische Informationen nach wie vor über E-Mail verteilt. Die gewohnten und in diesem Zusammenhang vom Teamleiter nicht als effektiv empfundenen Kommunikations-Praktiken der Mitarbeiter haben sich daher durchgesetzt. Viele Mitarbeiter lasen Weblog-Beiträge gar nicht, sondern wählten den klassischen Weg über E-Mail, Telefon oder Face-to-Face Gespräch, wenn sie einen konkreten Informationsbedarf verspürten. Für ein nach Informationen suchendes Teammitglied entstanden durch diese Suchstrategie geringere individuelle Aufwände. Die Kosten der Informationsbereitstellung konnten durch eine solche Strategie stets auf andere Team-Mitglieder abgewälzt werden.

Jeder Mitarbeiter besitzt im Team ein klar abgegrenztes Verantwortungsgebiet hinsichtlich regionaler und inhaltlicher Kriterien und beschäftigt sich entweder mit organisatorischen oder technischen Themen. Die Wenig-Nutzung des Weblog kann vor diesem Hintergrund damit interpretiert werden, dass nicht alle Mitarbeiter „die gleiche Sprache sprechen" und gleiche Interessens- und Aufgabengebiete haben. Außer der Zugehörigkeit zum selben Team fehlen den Team-Mitgliedern scheinbar auch Gemeinsamkeiten, welche für eine gemeinsame Kommunikation über einen Weblog notwendig sind. Aufgrund der Heterogenität des Teams könnte abgeleitet werden, dass die Mitarbeiter Weblog-Beiträge gegenseitig gar nicht oder nur ungern lesen würden.

Vor allem durch die internationalen Team-Mitglieder hätte der Team-Weblog an Dynamik gewinnen sollen. Diese werden aber nicht freiwillig, sondern nur nach expliziter Aufforderung durch den Teamleiter aktiv und erstellten dann hauptsächlich wenig relevante Inhalte. Völlig überraschend war im Gegensatz dazu, dass Mitarbeiter, welche am Standort ohnehin nebeneinander saßen, viele Beiträge im Team-Weblog erstellen. Ein selbstorganisiertes Erstellen von Weblog-Beiträgen schien allerdings nicht jeder Person zu liegen: Viele Mitarbeiter wussten zum Teil überhaupt nicht, was sie in den Weblog schreiben sollten. Was die Weblog-Praktiken der Mitarbeiter betrifft, so zeigte sich, dass die Arbeitsweise des Teams nicht zum Weblog gepasst hat. Ein Nutzen des Team-Weblog für einen teaminternen Wissenstransfer wurde durch die Mitarbeiter nicht wahrgenommen.

Folgende Misserfolgsfaktoren konnten im Rahmen der Weblog-Einführung in diesem Einzelfall abgeleitet werden:

- Im Vergleich zum Wiki wurden Strukturen im Weblog als äußerst mangelhaft empfunden.

- Mitarbeiter haben sich durch die klare Vorgabe, periodisch Beiträge zu erstellen, zum Teil überwacht gefühlt.
- Die Akzeptanz der Mitarbeiter für den Weblog zeigte sich nicht nachhaltig. Die wenigen Intensivnutzer waren aufgrund des mangelnden Leseverhaltens der Masse frustriert und stellten ihre Aktivitäten nach und nach ein.

Szenario 2: Im Gegensatz zum Weblog war der Nutzen des Wiki für die Mitarbeiter von Beginn an klar. Der Mehrwert aus dem Wiki wurde für die Organisation sehr schnell erkannt: Geht ein bestimmtes Projekt über eine gewisse Komplexität hinaus, wird eine geeignete technologische Lösung für die Unterstützung benötigt. Ein Wiki erfüllt die Anforderungen an eine solche Lösung und ist einfach und rasch implementierbar. Die Projektmitarbeiter verstanden diesen Umstand schnell und verwendeten daher das Wiki als vorrangige technologische Unterstützung für ihre Projektarbeit.

Es zeigte sich während des Projektes, dass das Wiki ein strukturiertes Arbeiten im Projekt mit allen Freiheitsgraden ermöglicht. Durch die spezielle im Wiki integrierte Versionskontrolle verringert sich der Aufwand in der Erstellung von Spezifikationen deutlich. Vorher musste in Microsoft Word jedes Mal ein neues Dokument für jede Version einer Spezifikation angelegt werden. Mehrere hundert Dokumente sowie Unübersichtlichkeit unter den Spezifikationen waren die Folge. Erfahrungen aus dem Testen von Funktionalitäten konnten durch die jeweiligen Mitarbeiter ebenfalls einfach und rasch auffindbar in die Wiki-Struktur eingearbeitet werden.

Folgende Erfolgsfaktoren für den Weblog-Einsatz in Unternehmen wurden aus diesem Business-Case extrahiert:

> ⚠
> - Jedem Mitarbeiter war von Beginn an klar, dass das Wiki ein Projekt unterstützt, welches über eine hohe Komplexität verfügt. Mitarbeiter müssen verstehen, dass ein solches Vorhaben mit bisherigen Mitteln nicht, oder nur viel schwerer umsetzbar ist und daher ein neues Werkzeug benötigt wird. Infolgedessen darf auch nicht mit alten Werkzeugen wie beispielsweise E-Mail weitergearbeitet werden.
> - Geeignete Strukturen, wie beispielsweise eine Nomenklatur, müssen im Wiki bereits zu Beginn soweit wie möglich durchdacht werden, um während der Wiki-Nutzung im Projekt wenig Anpassungsaufwand zu verursachen.
> - Mitarbeiter sollten ein gewisses Grundverständnis für Informationstechnologie und Web-Anwendungen besitzen.

Zusammenfassend wurde beobachtet, dass Weblogs eher die Kommunikation unterstützen, während ein Wiki zur Unterstützung von Kollaboration geeignet ist.

5.6 Fallstudie Epsilon (Kommunikationsweblogs)

5.6.1 Management Summary

Beim vorliegenden Business-Case handelt es sich um eine vollständig in die Office-Welt integrierte Intranet-Portallösung mit eingebauter Weblog-Funktionalität. Das Hauptziel der vor rund zwei Jahren im Unternehmen eingeführten Lösung bestand darin, Effektivität und Effizienz der internen Unternehmenskommunikation zu erhöhen. Ausschlaggebend für die Einführung des Intranet waren die Ergebnisse einer hausinternen Studie zum Einsatz von Kommunikationsmedien. Diese auf dem Six-Sigma-Ansatz[64] (ein systematisches Vorgehen zur Prozessverbesserung) basierende Untersuchung konnte eine ineffektive Verwendung von E-Mail und Meeting als Ursache von Produktivitätsverlusten aufdecken. Der Auftrag zur Erstellung eines Kommunikationskonzeptes und der Einführung einer technologischen Lösung wurde durch die Geschäftsleitung der Österreich-Niederlassung erteilt.

Durch das eingeführte Intranet mit Weblog-Funktionalität wurde eine allgemeine Verbesserung der internen Kommunikation erreicht. Gerade die Integration der neuen Lösung in die bekannte Softwarelandschaft half den Mitarbeitern, sich einfach und rasch auf die neuen Werkzeuge umzugewöhnen. Zusätzlich zum klassischen redaktionellen Teil des Intranet wurden Weblogs speziell für die Mitarbeiter zu Mitarbeiter Kommunikation implementiert. Insgesamt finden sich zwei sehr umfangreiche Weblogs mit geschäftsrelevanten Inhalten sowie fünf Abteilungsblogs im Intranet. Die Weblog-Einträge weisen einen starken Nachrichtencharakter auf, wodurch sich die Kerngruppe der aktiven Produzenten von Beiträgen auf die Mitarbeiter einschlägiger Fachabteilungen, wie Marketing und Public Relations fokussiert.

Die implementierten Weblogs fangen einen Großteil der ehemals stark verteilerorientierten E-Mail-Kommunikation ab und kanalisieren den Kommunikationsstrom in Kategorien, welche den im Unternehmen bekannten E-Mail-Verteilern sehr ähnlich sind. Zudem finden sich weniger Inhalte in Weblogs, als vorher über Massen-E-Mails verteilt wurden. Dieses Ergebnis ist erwünscht, gerade weil die

Weblog-Beiträge eine höhere Informationsqualität im Vergleich zu den Informationen in E-Mails aufweisen. Insgesamt hat sich das Intranet inklusive Weblogs positiv auf die interne Unternehmenskommunikation ausgewirkt und die Informationsflut im Unternehmen reduziert. Durch die ins Intranet integrierten Weblogs wurde ein effektives Mittel installiert, um die Kommunikation von Mitarbeiter zu Mitarbeiter besser zu unterstützen.

5.6.2 Ausgangssituation

Das untersuchte Unternehmen ist die Österreich-Niederlassung eines mit weltweit 80.000 beschäftigten Mitarbeitern auf internationaler Ebene agierenden Software-Konzerns. In dieser Niederlassung arbeiten rund 340 Mitarbeiter.

In der betrachteten Organisation gestaltete sich die interne Kommunikation zwischen den Mitarbeitern als ausgesprochen schwierig. Es wurden hauptsächlich traditionelle Kommunikationswerkzeuge, wie Face-to-Face-Meetings, Telefon und E-Mail eingesetzt. Deren Einsatz gestaltete sich jedoch weder effektiv noch effizient. Was das Kommunikationsmedium E-Mail betrifft, konnte von einer die Kommunikation hemmenden E-Mail-Flut gesprochen werden, welche vor allem durch eine unüberschaubare Anzahl an internen E-Mail-Verteilern ausgelöst wurde.

Im Rahmen einer auf dem Six-Sigma-Ansatz basierenden Studie zum Einsatz von Medien in der internen Kommunikation wurde unter anderem die Effizienz und Effektivität von Face-to-Face-Meetings und E-Mail unter Berücksichtigung der Anforderungen der betreffenden Organisation untersucht. Auch die Frage nach der Relevanz der durch die Medien übertragenen Informationen für die Informationsempfänger stellte einen wesentlichen Untersuchungsgegenstand dar. Mittels gezielter Mitarbeiter-Befragung wurden Störfaktoren erhoben, welche die Mitarbeiter-Kommunikation erschweren. Dabei untersuchten die Verantwortlichen zum Beispiel, welche Rahmenbedingungen bestehen müssen, damit eine E-Mail vom Empfänger als wirklich relevant eingestuft wird.

In der E-Mail-Kommunikation herrschte eine ausgesprochen intensive Verwendung von Verteilerlisten. Insgesamt existierten in dieser Organisation fast 80

---

[64] Six Sigma: www.tqm.com/methoden/six-sigma

unterschiedliche Verteiler, über die im Monat rund 35.000 interne E-Mails versandt wurden. Ein Ergebnis der durchgeführten Studie bestand beispielsweise darin, dass 24 % aller über diese Verteiler versandten E-Mails von Empfängern als nicht relevant eingestuft wurden. Weiters konnte in 19 % aller Fälle die Frage, ob eine E-Mail relevant ist oder nicht, erst nach dem Lesen beantwortet werden. Ein Lesen war in sehr vielen Fällen für den Empfänger daher kaum nützlich. In vielen E-Mails konnte die Relevanz anhand des Betreffs nicht eindeutig abgeschätzt werden. Unzählige Weiterleitungen von E-Mails wurden kommentarlos und ohne Erklärung eines Grundes vorgenommen, sodass der Empfänger der weitergeleiteten Nachricht oft nicht wusste, was er mit dieser anfangen sollte. Diese gelebte E-Mail-Praxis führte zu Produktivitätsverlusten bei den Mitarbeitern, was ihre betrieblichen Leistungen betrifft. Genau diese Produktivitätsverluste sollten durch ein zukünftiges Kommunikationskonzept und mit Hilfe einer dafür geeigneten Technologie aufgefangen werden.

Als zweites Kommunikationsinstrument wurden Face-to-Face-Meetings untersucht. Ein großer Teil dieser Meetings gestaltete sich auch als ineffizient, weil sie viele personelle Ressourcen an einem Platz bündelten, obwohl diese Bündelung oft nicht notwendig war. Für Meetings existierten selten Agenden, welche einerseits eine Strukturierung des zeitlichen Ablaufs vorsahen und andererseits die geplanten Inhalte vorab an die Teilnehmer kommunizierten. Zum Teil wussten die Teilnehmer daher nicht, was sie im Meeting eigentlich tun sollten und nutzten die entstehenden Leerzeiten, um E-Mails zu schreiben. Diese Mitarbeiter saßen unnötig in Meetings, was wiederum zu Produktivitätsverlusten führte.

Auf Basis der Erkenntnisse aus der durchgeführten Studie wurde ein Kommunikationskonzept erarbeitet. Dieses Kommunikationskonzept sollte in der Lage sein, die Informationsverteilung unter besonderer Bezugnahme auf das Relevanzkriterium zu optimieren, um durch ineffektive Kommunikation verursachte Produktivitätsverluste zu minimieren. Aus den Ergebnissen der hausinternen Studie wurde ein Intranet zusammen mit Fokusgruppen, d.h. Personen aus den Fachabteilungen, entwickelt. Weil der eigentliche Auftrag zur Durchführung der Studie, zur Erstellung des Kommunikationskonzeptes, sowie zur anschließenden

Konzeption des Intranet direkt von der Niederlassungsleitung ausgesprochen wurde, kann hier von einer klassischen Top-Down-Einführung gesprochen werden.

Ein Ziel des Intranet-Projekts bestand darin, eine sowohl effektivere, als auch effizientere Gestaltung der internen Kommunikation unter spezieller Berücksichtigung der Mitarbeiter zu Mitarbeiter Kommunikation, zu gewährleisten. Jede Information sollte allen Mitarbeiter im Unternehmen bestmöglich zugängig gemacht werden. Weitere Ziele des Intranets bestanden in einer effektiveren Dokumentation und Archivierung von Informationen. Besonders auch neue Mitarbeiter sollten von einem besseren Zugriff auf neue und alte Wissensressourcen profitieren. Dies ist bei einer rein E-Mail fokussierten Kommunikation nicht möglich, da immer nur direkte E-Mail-Empfänger eine bestimmte Information erhalten, jedoch nicht alle Personen, für die diese Information potentiell relevant ist.

Für die im Kommunikationskonzept als wesentlich erachtete Mitarbeiter-Kommunikation waren Weblogs vorgesehen. Die Ziele des Intranet korrelieren mit den Zielen der Weblogs. Das Hauptziel der Weblogs bestand in der aktiven Integration aller Mitarbeiter der Österreich-Niederlassung in die Erstellung von Inhalten speziell für Mitarbeiter. Es war beabsichtigt, die Weblog-Nutzung aus der E-Mail-Nutzung abzuleiten, um Mitarbeiter möglichst einfach auf eine geeignete Technologie umzugewöhnen. Damit sollte die E-Mail-Flut eingedämmt und die Informationsqualität im Unternehmen erhöht werden.

5.6.3   Einführung der Lösung

Als Software-Hersteller kann auf eine breite Palette an Lösungen zurückgegriffen werden, welche auch bei Kunden im Einsatz sind. Aufgrund der Größe des Unternehmens bestand die Möglichkeit, Technologieinstallation und –support auszulagern. Für die Entwicklung des Intranet wurde eine Portallösung herangezogen, welche auf virtuellen Servern gehostet, „out of the box" eingeführt werden konnte.

Für die Einführung des Intranet wurde nicht auf externe Berater zurückgegriffen Auch Inhouse-Spezialisten wurden nicht konsultiert, da diese den Auftrag haben, direkt bei Kunden fakturierbare Beratungsleistungen zu erbringen. Auf die Berücksichtigung von Best-Practices wurde ebenenfalls verzichtet, da solche Sammlungen von Erfahrungen sehr speziell auf die Anforderungen eines bestimmten Unternehmens zugeschnitten sind. Die in Best-Practices dokumentierten Erfahrungen basieren auf den jeweils untersuchten Fällen und erlauben keine Generalisierbarkeit.

Was die Definition von Abläufen und Strukturen für das Intranet betrifft, wurde ein großer Teil der Aufwände in Eigeninitiative durch eine Person mit Kommunikationshintergrund getragen. Ein hoher persönlicher Einsatz dieser Person zeichnete sich als Erfolgsfaktor aus. In intensiver Zusammenarbeit mit den Fokusgruppen aus den Abteilungen wurden auf der Basis der Ergebnisse der Kommunikationsstudie erste Strukturen und Portale definiert und im Intranet abgebildet.

Im Intranet spielt die Bereitstellung der Weblog-Funktion eine wesentliche Rolle, um die Kommunikation von Mitarbeiter zu Mitarbeiter zu unterstützen. Im Gegensatz zum grundsätzlich redaktionell erstellten Inhalt im allgemeinen Intranet wird der Inhalt in Weblogs ausnahmslos durch Mitarbeiter erstellt. Weiters bietet die Weblog-Funktion allen Mitarbeitern die Möglichkeit, Informationen auf eine Art und Weise abzurufen, welche ihrem bisherigen Arbeitsalltag mit E-Mails relativ nahe kommt. Durch die Integriertheit der Portallösung und der Weblog in die Office-Welt kommt es fast zu einer 1:1 Umlegung von E-Mails auf Intranet-Weblogs. Mit dieser Strategie wird versucht, die Handhabung für Mitarbeiter möglichst einfach zu gestalten. Das ist wesentlich, weil ein Großteil der Mitarbeiter Weblogs vorher überhaupt nicht kannte.

Mitarbeiter der Österreich-Niederlassung können das Intranet als eine Art Informationsdrehscheibe verstehen, auf die sie direkt aus den bekannten Office-Anwendungen zugreifen können. Sie können Informationen aus den Intranet-Weblogs sowohl über RSS, als auch über E-Mail abrufen und auch beide Benachrichtigungsarten für unterschiedliche Informationstypen und Kategorien je nach Wichtigkeit und Dringlichkeit einsetzen. Die Weblog-Beiträge können direkt aus bestehenden Anwendungen wie Office oder dem E-Mail-Client erzeugt werden. Durch die Integration der Lösung in die Office-Welt ist die Bedienung für Mitarbeiter, welche sich mit E-Mails wohl fühlen, einfach und intuitiv.

Die Ziele der eingeführten Lösung wurden allen Mitarbeitern in einem „All-Employee-Meeting" vermittelt. Weiters fanden alle Mitarbeiter das Projekt beschreibende Flyer in ihren Postfächern. Zudem erhielten die Mitarbeiter

Einladungen zu lösungsspezifischen Trainings direkt als Termin in ihre elektronischen Kalender. Bisher wurden im Unternehmen rund 100 Mitarbeiter trainiert. Auf ausdrücklichen Wunsch der Geschäftsleitung wurde jedoch auf weiteres internes Projektmarketing verzichtet.

Das Intranet wurde nicht als leeres System an die Mitarbeiter übertragen. In redaktioneller Arbeit wurde eine Initialbefüllung an Inhalten durchgeführt und dabei rund zehn Beiträge in den beiden Hauptblogs erstellt.

5.6.4 Ergebnisse

Eine direkte Zuordnung der Ergebnisse zum Intranet bzw. zu den Weblogs ist aufgrund der Integriertheit äußerst schwierig. Ein großer Teil der erzielten Ergebnisse muss dem Intranet insgesamt zugerechnet werden. Es ist davon auszugehen, dass durch die Integration der Weblogs in das Intranet eine höhere Leserschaft akquiriert werden kann.

Im Intranet finden sich zwei umfangreiche Weblogs: Der „Austria News Blog" beinhaltet Informationen, die einen direkten Bezug zum Kerngeschäft des Unternehmens aufweisen. Dazu gehören Informationen, die für den Großteil der Mitarbeiter relevant sind, wie beispielsweise Unternehmensnachrichten, Informationen über Wettbewerber, Pressenachrichten, Informationen über neue Mitarbeiter, Informationen aus den unterschiedlichen Geschäftsbereichen und offene Positionen. Diese Informationen werden ohne redaktionellen Aufwand von den Mitarbeitern selbst verteilt. Der zweite Weblog wird als „Schwarzes Brett" bezeichnet. Darin finden sich alle Informationen ohne direkten Bezug zum Kerngeschäft, jedoch mit Nähe zum Unternehmen und seinen Mitarbeitern. Dazu gehören beispielsweise private Angebote der Mitarbeiter, Informationen über Events, Laufteams, Witze und mehr.

Auch die einzelnen Abteilungen der Niederlassung wurden zur Nutzung der Weblogs angehalten. Derzeit bieten fünf Abteilungen ihren Mitarbeitern Weblogs an. Darin befinden sich einschlägige Informationen aus den Abteilungen, welche für andere Mitarbeiter im Unternehmen für ihre betriebliche Tätigkeit relevant sein könnten. Zum Teil kündigen Mitarbeiter Informationen kurz in den „Austria News" an, um dann über einen Verweis Zugriffe auf den ausführlicheren Weblog-Eintrag im jeweiligen

Abteilungsblog zu generieren. Durch die Weblogs können Mitarbeiter ihr Informationsportfolio durch Abos über RSS- Feeds oder E-Mail zusammenstellen. Seit der Einführung des Intranet im Jänner 2007 existieren rund 500 von den Mitarbeitern generierte Weblog-Beiträge. Im Schnitt werden rund 35-40 Beiträge im Monat verfasst. Auffallend ist, dass nicht alle Mitarbeiter gleich viele Beiträge erstellen. Die Kerngruppe der besonders aktiven Schreiber besteht aus Mitarbeitern aus den Abteilungen Marketing und Public Relations und umfasst rund zehn Personen. Diese Personen erstellen durchschnittlich drei Beiträge pro Monat.

Weblog-Beiträge besitzen zum großen Teil Nachrichten-Charakter. Aus diesem Grund ist verständlich, dass nicht alle Mitarbeiter gleich viel berichten können. Trotzdem erstellt der Vertrieb nur wenige Beiträge, obwohl zu erwarten wäre, viel Spannendes aus Kundenprojekten zu erfahren. Die Fokussierung auf Nachrichten limitiert den Kreis der Träger relevanter Informationen auf wenige Personen, welche in einschlägigen Abteilungen tätig sind. Das ist durchaus beabsichtigt, um die Informationsflut im Unternehmen zu kanalisieren. Durch die Weblog-typische Chronologie wird die Aktualität des Wissens sichergestellt.

Grundsätzlich dürfen alle Mitarbeiter der Österreich Niederlassung in allen Weblogs sowohl lesen und schreiben. Ferner haben alle Mitarbeiter im gesamten Konzern ein Leserecht auf die Beiträge der Österreich-Niederlassung, wobei in der Praxis Sprache und Thema den Kreis der interessierten Mitarbeiter einschränken. Bisher wurden wenige Zugriffe aus dem internationalen Raum festgestellt.

Aus informellen Gesprächen mit den Mitarbeitern ist bekannt, dass diese die Nutzung der Weblogs als Mehraufwand ansehen. Zudem erkennen sie soziale Barrieren, wenn sie Weblog und E-Mail miteinander vergleichen. Beispielsweise empfinden Mitarbeiter eine per E-Mail übermittelte Information nach dem Empfang beim Adressaten als zugestellt und sind dann der Ansicht, die Verantwortung über den entsprechenden Inhalt an den Adressaten der E-Mail abgetreten zu haben. In Weblogs wissen Mitarbeiter im Vergleich zu E-Mail nicht genau, wer eine bestimmte Information wann gelesen hat. Mitarbeiter müssen daher erst lernen, Informationen über die Weblogs zu veröffentlichen und Praktiken herauszuarbeiten, um effektiv über Portale zu kommunizieren.

Die neue Lösung wird den Mitarbeitern in Form von internen Trainings näher gebracht. In dieser Ausbildung geht es darum, dass Mitarbeiter sowohl die technischen Funktionen erlernen und damit die neuen Werkzeuge korrekt bedienen können. Viel wesentlicher ist jedoch auch das Lernen effektiver Weblog-Praktiken, damit Mitarbeiter sinnvoll und zielgerichtet mit den neuen Werkzeugen umgehen können. Eine effektive Arbeitsweise muss erst erlernt werden. Mitarbeiter übertragen zum Teil alte Fehler. Eine häufige, wiederkehrende Nutzung der neuen Medien kann ein gutes Instrument darstellen, entsprechende Praktiken über „learning by doing" herauszubilden.

In Bezug auf die traditionelle Massenkommunikation finden sich erhebliche Einschränkungen. Bis auf wenige Ausnahmen, wie etwa die Kommunikation durch die Geschäftsleitung sowie Notfälle, wurde der Versand einer Information an alle Mitarbeiter am Standort verboten. Ein solches Verbot ist notwendig, um die Mitarbeiter zur Nutzung der neuen Medien anzuregen.

Die Motivation zum Bloggen aus Sicht der Mitarbeiter besteht zu einem Teil darin, dass diese Informationen verteilen müssen. Dazu sind sie im Unternehmen ausdrücklich verpflichtet. Es gehört für viele Mitarbeiter zum Auftrag, bestimmte Informationen an die richtigen Adressaten zu kommunizieren. Ein Teil der Mitarbeiter empfindet auch das Bedürfnis, Informationen in Eigenregie zu kommunizieren und veröffentlicht gerne und häufig Einträge in den Weblogs. So erreichen Mitarbeiter mit den von ihnen vertretenen Themen erhöhte Sichtbarkeit. Zum Teil fühlen sich Mitarbeiter jedoch nicht besonders wohl, wenn sie sich der Allgemeinheit präsentieren. Viele würden eher noch eine klassische E-Mail an eine Hand voll Empfänger versenden.

In einer kürzlich durchgeführten hausinternen Evaluierung wurde herausgefunden, dass sich Mitarbeiter weit mehr strategische Informationen im Intranet wünschen. Derzeit distanziert sich das Führungsteam noch, unternehmenskritische Informationen in den Weblogs zu veröffentlichen. Weiters ist bekannt, dass ein Teil der Mitarbeiter Weblogs noch klassisch im Browser ansurft, obwohl es effizienter ist, diese Informationen über RSS-Feeds abzurufen.

Was die Anzahl der Zugriffe betrifft, wird der „Austria News Blog" am häufigsten gelesen. Dieser Umstand beweist, dass Informationen in diesem Weblog von hoher

Relevanz für die betrieblichen Tätigkeiten der Mitarbeiter sind. Auch ist die Nachfrage nach Business Informationen wesentlich höher, als nach privaten Inhalten ohne Nähe zum Kerngeschäft. Was die Weblog-Praktiken betrifft, zeigt sich, dass Mitarbeiter zum Teil die Zusammenfassungen von neuen Beiträgen als E-Mail abrufen.

Ein wesentlicher Nutzen der Weblogs für den einzelnen Mitarbeiter besteht darin, dass Informationen durch die Weblogs archiviert werden, damit längere Zeit abrufbar bleiben und nach Kategorien, welche zum Teil identisch mit den ehemaligen Verteilernamen sind, strukturiert sind. Durch Kommentare können Mitarbeiter außerdem Feedback zu einzelnen Weblog-Beiträgen geben. So kann ein fruchtbarer Wissensaustausch zwischen Mitarbeitern entstehen, welcher in eine direkte Diskussion mündet, die für alle Mitarbeiter im Unternehmen spannend ist. Feedback kann mit Hilfe der neuen Medien an alle potentiell interessierten Mitarbeiter gegeben werden, womit sich der Feedbackgeber klar positioniert. Durch Weblogs können engagierte Mitarbeiter weit mehr Sichtbarkeit im Unternehmen erreichen und ihre berufliche Position langfristig stärken.

Der Nutzen der Weblogs für die gesamte Organisation besteht in der zentralen Archivierung der Nutzerbeiträge. Weiters finden sich weniger Informationen in den Weblogs, als vorher in E-Mails. Dieser Umstand ist durchaus erwünscht, da durch die neue Lösung einerseits die Informationsflut reduziert werden konnte und andererseits die Qualität der zur Verfügung gestellten Information deutlich erhöht wurde. Die Qualität der Information ist daher zu Lasten der Quantität gestiegen und konnte Effizienz und Effektivität in der internen Kommunikation steigern. Als weiterer Nutzen konnten aus der Art und Weise, wie das Intranet inklusive den Weblogs implementiert worden ist, direkte Folgegeschäfte generiert werden. In diesen Folgeprojekten wird auf das aufgebaute Wissen im eigenen Haus zurückgegriffen. Das eigene Intranet dient Kunden und Beratern als „Show-Room" und damit als echte Referenz.

Im Rahmen des Projekts wurden eine Reihe von Barrieren und Hindernissen identifiziert: Mitarbeiter argumentieren Passivität gern mit Vorwänden wie *„ich habe keine Zeit"*. Schreibhemmungen, echter Zeitmangel wie bei Führungskräften und Unkenntnis über Nutzen und Nutzung stellen ebenfalls Barrieren dar.

Folgende Erfolgsfaktoren für den Weblog-Einsatz in Unternehmen wurden aus diesem Business-Case extrahiert:

!	• Schreibbarrieren müssen aktiv abgebaut werden. • Grundkenntnissen über Web-2.0-Technologien bei Mitarbeitern sind wesentlich für den Erfolg der neuen Lösungen. • Regelmäßigkeit in der Beitragserstellung ist der wichtigste Erfolgsfaktor.

5.7 Fallstudie Zeta (Mitarbeiterweblogs)

5.7.1 Management Summary

Beim vorliegenden Business-Case handelt es sich um einen nachhaltigen Weblog-Einsatz in einem deutschen KMU aus der IT-Branche. Das Hauptziel der 2001 im Unternehmen eingeführten Mitarbeiter-Weblogs bestand in der Verbesserung von Effektivität und Effizienz in der internen Kommunikation. Ausschlaggebend für die Einführung der neuen Lösung war der empfundene Bedarf nach einer Verbesserung der Kommunikation auf der Seite der Geschäftsleitung.

Durch Mitarbeiter-Weblogs wurden eine sowohl effektive als auch effiziente Möglichkeit der Informationsverteilung zwischen Mitarbeitern und ein dokumentiertes Angebot aufgabenrelevanter Informationen durch aktive Einbeziehung von Informationsträgern geschaffen. Die Stimulation einer verstärkten Interaktion unter Mitarbeitern führte zur Verbesserung des Informationsflusses im gesamten Unternehmen, was berufliche und private Information betrifft. Die eigenständige und eigenmotivierte Kommunikation der Mitarbeiter über Ziele und Tätigkeiten hat die Selbstreflektion bei den beteiligten Mitarbeitern gefördert. Mitarbeiter-Weblogs konnten zu einer nachhaltigen Stärkung der Unternehmenskultur beitragen.

In dem Unternehmen herrscht heute eine sehr ausgeprägte Weblog-Nutzung vor. Fast die Hälfte der Mitarbeiter liest zumindest wöchentlich, ein Großteil täglich und sogar mehrmals täglich Beiträge in den Weblogs. Fast zwei Drittel der Mitarbeiter erstellen mindestens einen Beitrag pro Woche. Die Hauptmotivation der Mitarbeiter besteht darin, Kollegen aktiv über ihre Arbeit zu informieren, sowie passiv zu beobachten, was im Unternehmen passiert. Mitarbeiter verwenden Weblogs, um aufgabenrelevante Informationen zu finden und mit ihren Kollegen über betriebliche Tätigkeiten zu sprechen. Sie erstellen Weblog-Beiträge, um durch ihre eigene Nutzung auch Kollegen zur Nutzung anzuregen und weil sie wissen, dass ihre Beiträge für Kollegen wertvoll sind. Durch ihre Nutzung erwarten sie sich, sowohl die Wünsche ihrer Kollegen, als auch die Wünsche ihrer Vorgesetzten zu erfüllen. Der Einsatz von Weblogs führte dazu, dass ein Teil der Mitarbeiter Effektivität und Effizienz der individuellen Leistungserbringung erhöhen konnte. Mitarbeiter empfinden außerdem, dass Weblogs der gesamten Organisation dabei verholfen haben, Wissensaustausch, Zusammenarbeit und Abläufe zu verbessern.

Diese Fallstudie veranschaulicht, dass Mitarbeiter-Weblogs auch in kleinen KMUs sinnvoll sein können, obwohl dort die Anzahl der Informationskanäle überschaubar ist und es im direkten Vergleich zu großen Unternehmen einfacher ist, relevante Informationsträger zu identifizieren.

5.7.2 Ausgangssituation

Das untersuchte Unternehmen mit Sitz in München zählt mit 33 Mitarbeitern zur Gruppe der KMU. Mit den Dienstleistungen IT-Consulting und Software-Entwicklung mit Schwerpunkt IBM Lotus/Domino und Web 2.0 werden sowohl mittelständische Unternehmen, als auch international agierende Großkonzerne betreut.

In der betrachteten Organisation gestaltete sich die Kommunikation zwischen den Mitarbeitern als äußerst mühsam. Aufgrund der Tatsache, dass viele Mitarbeiter geographisch verteilt beim Kunden in Projekten arbeiten, konnte keine bestmögliche Zusammenarbeit zwischen ihnen gefunden werden. Über Telefon und Face-to-Face-Meetings konnte nicht effektiv genug kommuniziert werden. So war die gelebte Kommunikation durch Parallelitäten geprägt und verursachte einen hohen Aufwand für alle Beteiligte. Der tatsächliche Auslöser für die Einführung von Mitarbeiter-Weblogs war jedoch der empfundene Bedarf nach besserer Kommunikation unter der Belegschaft bei den Führungskräften im Unternehmen. Das zentrale Ziel der neuen auf Web 2.0 basierenden Lösung war die Verbesserung des intraorganisationalen Wissenstransfers, insbesondere zwischen den Mitarbeitern.

5.7.3 Einführung der Lösung

Aufgrund der einschlägigen Tätigkeiten im Kerngeschäft wurden bereits im Jahr 2001 die ersten Mitarbeiter-Weblogs auf der Basis von Lotus Notes/Domino eingeführt. Alle für einen Weblog typische Funktionen, wie Inhalte chronologisch absteigend darstellen und Kommentieren ermöglichen, wurden über Notes abgebildet. Obwohl dezidiert keine Weblog-typische Software wie etwa Wordpress verwendet wird, bestehen in der Ausgestaltung der Weblogs keine wesentlichen Unterschiede zum

„Original". Alle 33 Mitarbeiter inklusive Geschäftsführung können Mitarbeiter-Weblogs betreiben und Einträge von Kollegen kommentieren. Das Ziel der Mitarbeiter-Weblogs besteht in der Verbesserung der Kommunikation im Unternehmen und in dem Initiieren einer Selbstreflektion der Mitarbeiter durch die Erstellung von Weblog-Beiträgen, welche ein Transparent machen ihrer Tätigkeiten und Ziele darstellt. Die Mitarbeiter-Weblogs sollen die im Unternehmen wesentlichen Bereiche und Themen wie beispielsweise Dokumentation, Projektmanagement und Software-Entwicklung auf einer Meta-Ebene unterstützen. Eine Vorgabe seitens der Geschäftsführung besagt, dass ein Blogger nicht mehr als zehn Zeilen pro Woche schreiben sollte, um die Kommunikation zugleich effektiv und effizient zu gestalten. Im Unternehmen wurde zudem festgestellt, dass Mitarbeiter ausgesprochen lange Beiträge negativ kommentieren.

Die Mitarbeiter-Weblogs wurden ohne externe Beratung konzipiert und implementiert. Alle Mitglieder des für die Einführung der Mitarbeiter-Weblogs verantwortlichen Projektteams stammen aus dem Professional-Services-Umfeld und waren bei Kunden tätig. Sie sind also erfahren im Umgang mit der eingesetzten Technologie. In der Projektsteuerungsgruppe befanden sich fünf Mitarbeiter, darunter zwei Vorstände. Diese fünf Köpfe bildeten auch die Pilotgruppe.

Die Ziele der Mitarbeiter-Weblogs wurden als Teil der allgemeinen Einschulung durch die Geschäftsleitung an alle Mitarbeiter kommuniziert. Die Geschäftsführung beteiligte sich auch durch ihre Mitgliedschaft in der Pilotgruppe besonders stark in der internen Vermarktung der neuen Lösung. Zu diesen gehören unternehmensinterne Präsentationen sowie das „Feiern" erster Erfolge hinsichtlich erzielter Selbstorganisation und Lessons Learned.

Als besondere Maßnahme zur Akzeptanzsteigerung dienen auf der pragmatischen Ebene Lob und Tadel durch die Geschäftsführung. Die Einführung einer statistischen Auswertung und Ranglisten stellen einen weiteren Motivator für Mitarbeiter dar, Weblogs aktiv zu nutzen. Außerdem werden gute Blogging-Praktiken als kleiner Teil im variablen Bonusanteil der Mitarbeitervergütung finanziell honoriert.

5.7.4 Ergebnisse

In den Mitarbeiter-Weblogs finden sich Wissen zu Projektstatus-Informationen, Lessons Learned und besondere, nennenswerte Ereignisse im betrieblichen oder privaten Umfeld. Mitarbeiter sollen in ihren Weblogs kommunizieren, was sie im Unternehmen tun, warum sie genau das tun und welchen Bezug ihre Tätigkeit zum Unternehmenserfolg hat. Dieser Soll-Zustand wurde in einer Netiquette für die Mitarbeiter als Leitfaden zur Nutzung der Weblogs dokumentiert. Ein Großteil der Mitarbeiter hält sich auch an diese Vorgabe. Jedoch beteiligen sich nicht alle Mitarbeiter aktiv genug am Bloggen: Manchen mangelt es an Quantität, d.h. sie bloggen nicht oft genug, andere Mitarbeiter wiederum reflektieren nicht tief genug. Als durchwegs positiv wird durch die Geschäftsleitung der Umstand empfunden, dass Mitarbeiter auch über private Ereignisse bloggen und so Synergien zu ihrem beruflichen Umfeld herstellen.

Die Kultur in dem analysierten Unternehmen ist eine partizipative, das Wissen teilende. Die Motivation der Mitarbeiter zur Nutzung der Weblogs begründet sich vor allem in der Tatsache, dass diese mehr von ihren Kollegen zurückbekommen, als sie selbst einbringen. Sie können die durch das Lesen von Weblog-Beiträgen erhaltene Information dazu verwenden, sowohl ihren Beruf, als auch ihr privates Leben abseits der Arbeit besser zu organisieren. Ein kontinuierlicher sanfter Druck durch die Geschäftsleitung fungiert als ein sehr effektives begleitendes pragmatisches Change-Management. Doch trotz aller Vorteile sieht ein Teil der Mitarbeiter einen Weblog als Mehraufwand im hektischen Tagesgeschäft.

Was eine unternehmensinterne Evaluierung der Weblogs angeht, wurden bereits einige Maßnahmen verabschiedet: Dabei ist bereits bekannt, wie viele Mitarbeiter jede Woche die Weblog-Einträge jedes einzelnen Bloggers lesen. Auf Mitarbeiter-Interview-Basis lassen sich aber nur indirekte Ergebnisse aus den vorhandenen Daten im Unternehmen ableiten. So kann die hohe Mitarbeiterzufriedenheit im Unternehmen (1,3 auf einer Skala von 1-6) als Zeichen für eine gesunde Kultur gesehen werden, zu der auch die Mitarbeiter-Weblogs einen wesentlichen Beitrag geleistet haben.

Aus der Sicht der Geschäftsleitung besteht der der Nutzen der Weblogs auf Ebene des einzelnen Mitarbeiters in der Bereitstellung relevanter Informationen, die seine

Selbstorganisation stimuliert und unterstützt. Das betrifft sowohl die berufliche, als auch die private Ebene. Als durch die Geschäftsleitung empfundener Nutzen auf der Basis von Projektteams fungieren die stets aktuellen Informationen über laufende Entwicklungen in Projekten. Aufgrund der Tatsache, dass alle Ebenen vom Manager bis zum Mitarbeiter bloggen, ergibt sich ein signifikantes Gesamtbild der Organisation und ihrer Tätigkeiten. Der durch die Geschäftsleitung empfundene Nutzen für die gesamte Organisation besteht in einer nachhaltige Stärkung der Unternehmenskultur.

Der von Mitarbeitern empfundene Nutzen von Weblogs besteht auch darin, dass Mitarbeiter jederzeit die Weblogs relevanter Informationsträger im Unternehmen lesen können und sich damit Zugriff über relevante Informationen verschaffen. Damit können Mitarbeiter ihren subjektiven Informationsbedarf besser befriedigen, als über traditionelle Methoden. Gleichzeitig schaffen Mitarbeiter aus ihrer betrieblichen Praxis heraus zeitnah ein einfach durchsuchbares und nutzernahes Informationsangebot für Kollegen. Durch Bloggen können Mitarbeiter verstärkt selbstorganisatorisch tätig werden und sich so im Unternehmen gut entfalten. Im Gegensatz zum Bloggen ist bei der Verwendung von E-Mails bzw. in Face-to-Face Meetings eine potentiell relevante Information nach dem erfolgten Schreiben für die Allgemeinheit verloren. Die durch Bloggen erzielte zentrale Archivierung und Durchsuchbarkeit von Informationen ist der originäre Nutzen aus der neuen Technologie. Somit wird Information generiert, welche vorher nicht im Unternehmen vorlag. Durch die Chronologie wird zudem die Aktualität der Information gesichert.

Folgende Erfolgsfaktoren für den Weblog-Einsatz in Unternehmen wurden aus diesem Business-Case extrahiert:

!	• Ein „sanfter Druck" durch die Geschäftsleitung bringt die Mitarbeiter dazu, Weblogs aktiv im betrieblichen Alltag zu nutzen. • Mitarbeiter müssen sowohl oft genug, als auch tief genug bloggen. Quantität und Qualität von Weblog-Beiträgen muss stimmen. • Bloggen über Privates hilft den Mitarbeiter bei der Herstellung von Synergien. So können sie Leben und Beruf besser organisieren.

5.8 Fallstudie Eta (Unternehmenswiki)

5.8.1 Management Summary

Beim vorliegenden Business Case handelt es sich um das interne Wiki eines österreichischen IT-Dienstleister mit rund 750 beschäftigten Mitarbeitern. Das Hauptziel des 2007 eingeführten Wikis besteht in der Schaffung einer elektronischen Wissensbasis, welche in Analogie zur Wikipedia als ein unternehmensinternes Nachschlagewerk fungieren sollte.

Durch das Wiki erhalten Mitarbeiter im Unternehmen Zugang zu Wissen, welches vorher im Unternehmen nicht bzw. nicht strukturiert in einem zentralen Wissenspool vorhanden war. Bei diesem Wissen handelt es sich um statisches Wissen, welches im täglichen Arbeitsablauf periodisch von Mitarbeitern benötigt wird. Dazu zählen Glossare, Begriffe und Abkürzungen, Abteilungsinhalte, Kundennamen und Bezeichnungen: Das Wissen ist in die sechs Themenkörper Kunden, Projekte, IT, Fachwissen, Unternehmen und „Knowledge Group" gegliedert und wird durch die Mitarbeiter in Abstimmung mit der für Wissensmanagement zuständige „Knowledge Group" organisiert.

Identifikation und Erfassung von relevanten Inhalten gelingen gut, wenn auch, wie bei unternehmensweiten Wikis bekannt, wenige Mitarbeiter eine hohe Anzahl an Beiträgen erstellen. Obwohl das Wiki ursprünglich als Selbstläufer konzipiert war, wurde im Unternehmen schnell deutlich, dass sich nicht alle Mitarbeiter die Bedienung eines solchen Werkzeuges zutrauen. Durch eine Vielzahl an Maßnahmen und Schulungen wird seitdem versucht, das Akzeptanzproblem rund ums Wiki zu minimieren.

Durch die mit einem Wiki gut funktionierende Informationssammlung und Dokumentation konnte die Transparenz über Inhalte im Unternehmen erhöht werden. Die meisten Mitarbeiter erkennen den Nutzen des Wiki und halten es für eine gute Idee. Viele Mitarbeiter stolpern noch über die als schwierig wahrgenommene Bedienung und den als zu hoch empfundenen Einarbeitungsaufwand.

5.8.2 Ausgangssituation

Das in dieser Fallstudie untersuchte Unternehmen ist mit rund 750 beschäftigten Mitarbeitern einer der bedeutendsten IT-Dienstleister Österreichs und betreut branchenübergreifend nationale Kunden von mehreren Standorten aus.

In dem Unternehmen besteht eine heterogene, historisch gewachsene Systemlandschaft, welche unter anderem eine große Anzahl an internen Datenbanken mit zum Teil redundanten Inhalten hervorgebracht hat. Immer wieder wurde der Wunsch nach einer zentralen technischen Lösung für bestimmte Inhalte laut. Aufgrund der Tatsache, dass es sich bei untersuchten Unternehmen um einen IT-Dienstleister handelt, wurde der Entschluss gefasst, eine technische Wissensmanagement-Lösung einer organisatorischen Lösung vorzuziehen.

Die eigentliche Idee für ein auf nutzergenerierten Inhalten basierendes Wissensmanagement-System entstand in der internen aus 13 Personen bestehenden und sich mit Wissensmanagement im Unternehmen befassenden „Knowledge Group", sowie im Rahmen eines Gremiums zur Steuerung interner Projekte. Insbesondere fanden die Initiatoren bei der Diskussion zum einzuführenden System an der Wiki-Idee Gefallen. Darunter wird das Wiki-Prinzip verstanden, welches auf Unternehmen umgelegt darauf abzielt, dass jeder Mitarbeiter jederzeit einen Beitrag im Wiki leisten kann und alle Inhalte nach Belieben anpassen darf. Durch ein Wiki erhält jeder Mitarbeiter daher im Unternehmen die Chance, die organisationale Wissensbasis aktiv mitzugestalten. Für die Knowledge Group gilt Wikipedia als das Vorbild für eine aus dem Kollektiv heraus erstellte Wissensbasis. Eine derartige Wissensbasis mit betrieblich relevanten Inhalten galt es im Unternehmen sinngemäß umzusetzen.

Das Ziel des Wiki-Einsatzes bestand in der Schaffung einer elektronischen Wissensbasis, welche wie ein Nachschlagewerk als unternehmensinterne Wikipedia für eine genau definierte Art und Menge von Wissen fungieren soll. Zusätzlich wird ein Glossar mit den wichtigsten Begriffen, sowie den gängigsten im Unternehmen verwendeten Abkürzungen und Kurzbezeichnungen von Produkten ein Bestandteil der einzuführenden Lösung sein. Vor allem diese Art von Wissen, welche von den Mitarbeitern im täglichen Arbeitsablauf periodisch benötigt wird, wurde bisher im Unternehmen nicht, oder zumindest nicht zentral und für alle Mitarbeiter abrufbar dokumentiert. Im Wiki soll gemäß dieser Zielsetzung nur dauerhaftes Wissen, welches eine entsprechend lange Halbwertszeit hat, archiviert werden. Solches Wissen zeichnet sich in der Praxis durch weniger Aktualisierungszyklen aus. Nicht-Ziel des Wiki bestand in der Schaffung einer Wissensbasis über tagesaktuelle Inhalte mit Nachrichtencharakter. Projektbezogene Inhalte finden sich ebenfalls in einer speziell auf die Bedürfnisse von Projektleitern und Projektmitarbeitern zugeschnittenen Datenbank.

Im Wiki soll unkritisches Wissen bereitgestellt werden, welches ohne eine Vergabe spezieller Zugriffsberechtigungen für alle Mitarbeiter verfügbar sein darf. Auf die einzuführende Lösung sollen alle 750 Mitarbeiter lesend und schreibend zugreifen. Die Knowledge Group soll aufgrund der starken Identifikation mit dem Thema Wissensmanagement im Unternehmen eine Vorreiterrolle im Bezug auf die Einführung des Wiki einnehmen.

5.8.3 Einführung der Lösung

Das Wiki wurde als internes Projekt 2007 im untersuchten Unternehmen eingeführt. Auf externe Beratung wurde zwar verzichtet, jedoch nicht auf allgemeine externe Unterstützung. Im Zuge der Wiki-Einführung wurde die Wiki-Implementierung eines Schwesterunternehmens evaluiert. Die daraus gewonnenen Erfahrungen, wie etwa die Notwendigkeit einer klaren Abgrenzung des Wiki zu anderen Dokumentationsbeständen, flossen in das Einführungsprojekt mit ein. Auf Rat dieses Schwesterunternehmens wurde die auf Java basierende Wiki-Software JSP-Wiki[65] verwendet. Der Hauptgrund für die Auswahl von JSP-Wiki bestand darin, dass sich innerhalb der Schwesterfirma aus vergangenen Wiki-Projekten eine Menge an einschlägigem Implementierungswissen angesammelt hat und JSP-Wiki als besser erweiterbar und programmierbar empfunden wurde. Zu einem Teil wurde das Expertenwissen der Schwesterfirma auch für die Wiki-Einführung herangezogen.

Das eigentliche Projektteam bestand aus vier ausgewählten Mitgliedern der Knowledge Group. Die Einführung der neuen Lösung wurde zusätzlich vom Management des Unternehmens abgesegnet. Aufgrund der Tatsache, dass die

---

[65] JSPWiki: www.jspwiki.org

Knowledge Group im Haus sehr angesehen ist, konnte das nötige Management-Commitment zügig eingeholt werden.

Bei der eingeführten Lösung handelt es sich um ein unternehmensweites Wiki, welches alle 750 Mitarbeiter erreicht. Die Einführung des Wiki gestaltete sich wie im technologiegestützten Wissensmanagement üblich, klassisch Top-Down, wobei der Anstoß zur Wiki-Einführung von der Knowledge Group kam. Vor dem eigentlichen Roll-Out fungierten die Mitglieder der Knowledge Group auch als Pilotgruppe.

Das Wiki wurde nicht als leere Plattform ohne Inhalte an die Nutzer übergeben. Im Zuge der Wiki-Einführung hat die Knowledge Group erste Strukturen und Inhalte vordefiniert und erstellt. Auch Ferialpraktikanten wurden herangezogen, um einzelne für das Wiki relevante Inhalte aus anderen dezentralen Systemen ins zentrale Wiki zu überführen.

Das Einstiegsportal des Wiki ist ähnlich aufgebaut, wie die Website des Unternehmens, damit sich Benutzer schnell zu Recht finden können. Im Wiki finden sich allgemeine Informationen zum Wiki, Regeln und Netiquette, Anleitungen mit Screenshots und Informationen zu den sechs zentralen Themenkörpern Kunden, Projekte, Informationstechnologie, Fachwissen, Unternehmen und Knowledge Group. Inhalt des Wiki ist glaubhaftes Wissen mit statischem Charakter. Dazu zählen Glossare, Begriffe, Projektnamen, Abteilungsinhalte, Kundennamen und Kurzbezeichnungen. Ebenso streng definiert ist, welches Wissen nicht Inhalt im Wiki sein darf: Besprechungsprotokolle, Projektdaten, Programmdaten, interpersonelle Kommunikation, News (finden sich im Intranet) und spezifische Berichte (etwa von Veranstaltungen) haben nichts darin zu suchen. Bewusst sollen Doppelgleisigkeiten von Wiki-Inhalten zu redaktionell erstellten Inhalten im Intranet vermieden werden.

Eine für die Akzeptanz der Mitarbeiter wesentliche Kommunikation über die Ziele des Wiki sowie über die Erwartungen an die künftigen Nutzer wurde durch einen das Wiki vorstellenden Intranet-Artikel vorgenommen. Um den Nutzern die Bedienung näher zu bringen, wurde ebenfalls ein entsprechender Einführungsartikel im Wiki verfasst. Als Akzeptanz steigernde Maßnahmen wurden weitere Intranet-Artikel, periodische News-Ticker auf der Startseite des Intranet und Wiki-Flyers für alle Mitarbeiter durchgeführt. Grundsätzlich basierte der Großteil der durchgeführten Maßnahmen im Unternehmen vielmehr auf Pull, als auf Push-Mechanismen.

Im Unternehmen greift man in der Mitarbeiterführung auf Zielvereinbarungen zurück. Mit den Mitarbeitern wurde vereinbart, dass sie Inhalte im Wiki erstellen sollen. Bisweilen existiert aber kein monetäres Anreizsystem im Unternehmen, welches nutzergenerierte Inhalte vergütet und den Anreiz für Mitarbeiter, aktiv zu werden, erhöht. Auch ein in der Literatur genanntes Nutzungsmotiv, die Erhöhung der eigenen Reputation durch die Erstellung von Beiträgen und damit das Erreichen von mehr Sichtbarkeit, scheint kein Thema für die Mitarbeiter zu sein.

5.8.4 Ergebnisse

Im betrachteten Unternehmen lassen sich Wiki-Nutzer klassisch in eine A/B/C Kategorie einteilen. Es gibt wenige A-Nutzer, welche viele Inhalte erstellen. Diese rund zehn Mitarbeiter kennen sich auch aus dem privaten Umfeld gut mit Wikis aus und beschäftigen sich in der Freizeit ebenfalls mit der Erstellung von Wiki-Inhalten. Zur Kategorie A zählen unter anderem Führungskräfte, welche ihre Abteilungen im Wiki beschreiben sowie Mitglieder aus der Knowledge Group. A-Nutzer erkennen im Wiki ein sehr gutes Werkzeug, reflektieren jedoch, dass viele der Tätigkeiten rund um das Wiki zu stark mit Freiwilligkeit verbunden sind. Sie erkennen in diesem Umstand eine mögliche Barriere für die Nutzung. B-Nutzer sind teilweise Mitarbeiter, welche Informationen im Intranet nicht vorgefunden haben und dann beschließen, diese selbst im Wiki abzulegen. Sie werden zum Teil auch von Vorgesetzten dazu angehalten. B-Nutzer verwenden das Wiki nur sehr sporadisch. Der Großteil der Mitarbeiter gehört allerdings der Kategorie C an und verwendet das Wiki überhaupt nicht.

Im Unternehmen existieren mehr Mitarbeiter, welche Inhalte im Wiki lesen, als Mitarbeiter, welche aktiv Beiträge im Wiki erstellen. In Analogie zu Wikipedia wurde das Wiki ursprünglich als Selbstläufer konzipiert. Diese Einstellung erwies sich jedoch als zu enthusiastisch. Das heute im Unternehmen vorherrschende Bild lautet, dass sich viele Mitarbeiter die Bedienung eines Wiki noch nicht zutrauen. Um weitere Mitarbeiter für das Wiki zu gewinnen, werden im Unternehmen zahlreiche interne Schulungen angeboten.

Als Beitrag zur Evaluierung der eingeführten Lösung wurde eine allgemeine Umfrage zum Thema Wissenstransfer durchgeführt. Darin befand sich eine Frage zum Nutzungsgrad des Wiki. Was den Nutzen des Wiki auf individueller Mitarbeiter-Ebene betrifft, halten die meisten Mitarbeiter das Wiki für eine gute Idee und finden das Wissen im Wiki durchaus nützlich. Viele stolpern jedoch über die als schwierig wahrgenommene Handhabung des neuen Werkzeuges. Vor allem die Bedienung des Editors und die Komplexität der Wiki Syntax bereitet ihren Schwierigkeiten. Insbesondere für neue Mitarbeiter wird das Wiki als besonders wichtig erachtet, um sich rasch mit Wissen vertraut zu machen, welches Mitarbeiter zwar im Arbeitsalltag benötigen, jedoch in sonst keiner Quelle im Unternehmen finden. Außerdem bietet das Wiki für Mitarbeiter meist die einzige Möglichkeit, selbst einen Beitrag zur organisationalen Wissensbasis leisten zu können.

Was den Nutzen des Wiki für die gesamte Organisation betrifft, erhöht es die Transparenz über Inhalte. Die Informationssammlung und Dokumentation funktioniert gut. Dabei ist erwähnenswert, dass eine Zusammenarbeit zwischen Mitarbeitern bei der Erstellung von Beiträgen so gut wie nie vorkommt. Es ist sehr selten, dass mehrere Autoren gemeinsam an einem Artikel schreiben, die meisten Beiträge wurden durch einzelne Personen erstellt. Mehrere Revisionen finden sich am ehesten noch bei den Wiki-Hauptseiten, also bei den Themenkörben.

Obwohl die vorherrschende Unternehmenskultur durchaus als partizipativ beschrieben werden kann, besitzen viele Mitarbeiter hohe Hemmschwellen, Inhalte ins Wiki zu stellen. Aufgrund der fehlenden Anonymität fühlen sich manche Mitarbeiter unwohl, Informationen im Wiki zu veröffentlichen. Manche Mitarbeiter tun sich auch schwer dabei Wissen zu strukturieren. Die korrekte Zuordnung eines Wiki-Artikels zu einem der sechs Themenkörbe bedarf oft einer Unterstützung. Um die Benutzerfreundlichkeit des Wiki zu erhöhen, werden eine Reihe technischer Erweiterungen geplant. Beispielsweise soll eine Tagging-Erweiterung den Zugriff auf Wiki-Inhalte weiter optimieren. Außerdem ist ein Upgrade auf eine neuere Version der Wiki-Software vorgesehen, welche einen einfach zu bedienenden Editor beinhaltet. Mit diesen Maßnahmen wird erhofft, die Akzeptanz bei den Mitarbeitern zu verbessern, weil es einfacher für sie wird, aktiv Inhalte in das System einzupflegen. Zusätzlich sollen einzelne kundennahe Wikis, welche zum Teil Fachbegriffe für kundenspezifische Projekte beinhalten, zusammengefasst werden. Ferner ist eine Berechtigungsvergabe geplant, um bestimmte Artikel im Wiki vor Veränderungen zu schützen.

Im Rahmen des Projekts wurde eine Reihe von Barrieren identifiziert: So muss ein Nutzen aus dem Wiki durch den Anwender möglichst rasch empfunden werden, damit ein Anreiz für die weitere Nutzung besteht. Auch die Erwartungen hinsichtlich der Wikis sollten zu Beginn nicht zu hoch geschraubt werden. Über Teilziele kann ein Unternehmen übertriebene Hoffnungen relativieren und Enttäuschungen vermeiden. Ohne fokussierte Aktivitäten in Richtung Wissensmanagement inklusive eines schrittweisen Aufbaus der Wissenskultur ist das *„Feld"* für den Einsatz eines Wiki nicht richtig vorbereitet. Dazu hilft eine Metapher: *„Obwohl gutes Saatgut vorhanden ist, muss trotzdem zuerst gepflügt werden, um einen entsprechenden Ertrag zu erzielen"*. Dieser Faktor wird in Wiki-Projekten immer noch unterschätzt.

Folgende Erfolgsfaktoren für den Wiki-Einsatz in Unternehmen wurden aus diesem Business-Case extrahiert:

!	• Wesentlich für die Nutzung ist Einfachheit in der Bedienung: Auch in einem technischen Unternehmen stellt die Wiki-Syntax für viele Mitarbeiter eine große Herausforderung dar. • Eine gute inhaltliche Struktur und Gliederung der Wiki-Inhalte erleichtert die Arbeit. • Nach erfolgter Einführung müssen rasch angesehene Personen identifiziert werden, welche das Wiki nutzen. • Eine Vorab-Befüllung des Wiki mit Inhalten reduziert die Schwelle für Mitarbeiter, selbst Inhalte zu veröffentlichen. • Internes Marketing ist wesentlich, um die für das Wiki typischen Inhalte gleich dorthin zu lenken • Eine organisatorische Verankerung des Wiki ist für den Erfolg. Die Wiki-Technologie muss zwar passen, sie ist aber eher als Mindestanforderung zu sehen.

5.9 Fallstudie Theta (Themenweblogs)

5.9.1 Management Summary

Beim vorliegenden Business-Case handelt es sich um interne Themen-Weblogs in einem deutschen KMU der IT-Branche. Das Hauptziel der im Jahr 2003 gestarteten und sukzessiv weiter ausgebauten Lösung bestand darin, das Kerngeschäft des Unternehmens durch eine effektivere und effizientere Verteilung von innovativen Inhalten zu bestimmten Themen zu unterstützen.

Die im Unternehmen eingeführte Lösung besteht heute aus sechs internen themenspezifischen Weblogs mit ausgeprägter Nähe zum Kerngeschäft des Unternehmens, welche von allen 65 Mitarbeitern gelesen und kommentiert werden können. Zu diesen Weblogs zählt auch ein Geschäftsleitungs-Weblog, welcher durch die Mitarbeiter besonders nachgefragt wird.

Durch diese Themen-Weblogs erhalten alle Mitarbeiter Zugang zu Wissen, welches vorher im Unternehmen nicht in einer elektronischen Wissensbasis vorhanden war. Mit diesen Werkzeugen können Mitarbeiter relevante Wissensträger schnell identifizieren und mit ihnen dann, auch über andere Kanäle, in Kontakt treten. Vor der Einführung der Weblogs wurde dieses Wissen nicht zentral gespeichert und ging durch ineffektive Kommunikation über E-Mail oder andere Kanäle verloren, weil eine potentiell nützliche Information die richtigen Adressaten oft nicht erreichen konnte.

Was den Nutzen von Themen-Weblogs für die Organisation betrifft, sind alle Mitarbeiter über wesentliche Innovationen und Veränderungen im Unternehmen stets aktuell informiert. Durch dieses neue Werkzeug erreicht Wissen rasch die relevanten Wissensempfänger, wodurch der Grad an Wissensaustausch kontinuierlich erhöht werden kann. Mitarbeiter erhalten wertvolle Impulse und können das neue Wissen direkt in ihren Projekten anwenden. Mehr Wissen pro Mitarbeiter resultiert in einer Kompetenzsteigerung und führt zu einer höheren Wettbewerbsfähigkeit des Unternehmens.

5.9.2 Ausgangssituation

Das im Rahmen dieser Fallstudie untersuchte Unternehmen ist ein deutsches KMU aus der IT-Branche, welches 65 Mitarbeiter beschäftigt. Als IT-Systemhaus und Werbeagentur bietet das Unternehmen aus einer Hand Lösungen für Kunden aus der Healthcare-Industrie an.

Aus der zunehmenden Präsenz von Wissenssilos im Unternehmen resultierte ein Leidensdruck, welcher als klassisch für Unternehmen bezeichnet werden kann. Mitarbeiter finden interessante Inhalte, sichern diese auf ihren Rechnern oder leiten sie per E-Mail an Kollegen weiter, von denen sie glauben, dass ein entsprechender Inhalt für diese hilfreich sein kann. Effektivität und Effizienz einer derartigen über Kanäle (im Gegensatz zu Portalen) gesteuerten Informationsverteilung sind meist gering. Die weitergeleitete Information ist oftmals nur für einen kleinen Teil der Adressaten wirklich relevant und liefert für die übrigen Empfänger einen Beitrag zum Information-Overload. Produktivitätsverluste sind damit die Folge. Überhaupt ist der Sender der ursprünglichen Information gar nicht in der Lage, alle potenziell relevanten Empfänger für eine bestimmte Information zu kennen. So geht durch ineffektive Kommunikation eine potentiell nützliche Information im Unternehmen verloren, weil keine zentrale Speicherung erfolgt.

Das Ziel des Themen-Weblog-Projekts war die Einführung einer auf Web 2.0 basierenden Lösung, welche das Kerngeschäft des Unternehmens durch eine effektivere und effizientere Verteilung von innovativen Inhalten im Unternehmen unterstützt. So stellen Weblogs aufgrund ihrer spezifischen Wirkungsweise, Einträge in chronologisch absteigender Reihenfolge darzustellen und Feedback zu erlauben, das ideale Instrument dar, um relevante Informationen unter der Berücksichtigung von Aktualität und einfacher Abrufbarkeit zu verteilen.

Der Anstoß zur Einführung von Themen-Weblogs kam von der Geschäftsleitung, die einen Bedarf für eine neue informationstechnische Lösung festgestellt hat. Aufgrund höherer Komplexität und Schwierigkeit in der Bedienung schieden Wikis als Instrument für die Unterstützung intraorganisationalen Wissenstransfers bereits im Rahmen der konzeptionellen Phase aus.

5.9.3 Einführung der Lösung

Die im Unternehmen eingeführte Lösung wurde sukzessive ausgebaut und besteht derzeit aus sechs internen Themen-Weblogs, welche unterschiedliche für das Kerngeschäft des Unternehmens relevante Themengebiete adressieren und von allen 65 Mitarbeitern gelesen und kommentiert werden können. Zusätzlich wurde ein externer Weblog implementiert, welcher die externe Kommunikation zu Unternehmens-Stakeholdern fördert. Zu den internen Themen-Weblogs zählen *„Designer-Blog"*, *„Konzeptions-Bog"*, *„IT-Blog"*, *„Geschäftsleitungs-Blog"*, *„Medical-Blog"*, und der *„Innovations-Blog"*. Als Weblog-Software wird die Open-Source Software Wordpress verwendet.

Der erste Themen-Weblog wurde bereits 2003 im Unternehmen eingeführt und widmete sich allen Themen rund um das Design von Web-Portalen. Alle weiteren Weblogs wurden sukzessive danach gestartet. Aufgrund der mit den klassischen Themen-Weblogs erzielten Erfolge wurde im Juli 2007 zusätzlich ein Geschäftsleitungs-Weblog, als ein die Kommunikation von der Geschäftsleitung zu den Mitarbeitern unterstützendes Instrument, eingeführt. Die Einführung der Weblogs fand stets unter Aufsicht und mit dem Committment der Geschäftsleitung statt.

Auf die Unterstützung externer Berater wurde aufgrund der Nähe der Weblog-spezifischen Aktivitäten zum Kerngeschäft verzichtet. Hingegen nutzten die Weblog-Initiatoren Erfahrungen einer befreundeten Organisation als Best-Practice und initiierten einen kontinuierlichen Wissensaustausch. Aus dieser bekannten Best-Practice konnten bereits folgende wertvolle Erfolgsfaktoren abgeleitet werden:

- Weblog-Einträge müssen so oft wie möglich erstellt werden.
- Bei Weblog-Einträgen soll kein Anspruch an Perfektion gehegt werden.
- Autoren sollen Mut zur Aussprache ihrer Gedanken besitzen.
- Autoren sollen ihre Leser verstärkt zum Kommentieren anregen.
- Auf Kommentare von Lesern muss stets und unverzüglich geantwortet werden.
- RSS soll als Format für den Informationsaustausch im Unternehmen werden.

Obwohl der eigentliche Anstoß zur Einführung der Weblogs von der Geschäftsleitung kam, werden die Weblogs selbst Web-2.0-typisch Bottom-Up organisiert. Inhalte und inhaltliche Strukturen sind ebenfalls Bottom-Up und ohne vorherige tief greifende Konzeption durch Mitarbeiter in Selbstorganisation entstanden. Für jeden Themen-Weblog wurden proaktive Weblog-Verantwortliche ausgewählt, welche die inhaltliche Weiterentwicklung kontinuierlich und eifrig vorangetrieben haben und ihre Weblogs auch nach eigenem Ermessen intern bewerben. Was den Geschäftsleitungs-Weblog betrifft, findet zwei Mal in der Woche im Rahmen der Geschäftsleitungssitzung ein Serien-Task statt, welcher zukünftige Weblog-Inhalte zum Mittelpunkt hat. Die Befüllung des Weblog ist als wesentliche Aufgabe fest in den periodischen Face-to-Face-Meetings der Geschäftsleitung verankert und spiegelt die Relevanz des Themas Bloggen für die Geschäftsleitung wider.

Auch Maßnahmen zur Akzeptanzsteigerung werden im Unternehmen als wesentlich erachtet. Das Treffen solcher Maßnahmen obliegt stark den einzelnen Weblog-Verantwortlichen, welche eine Reihe von Aktionen wie beispielsweise Face-to-Face-Meeting, persönliche Ansprache und Einladungs-E-Mail eingesetzt haben. Die Zuweisung von Verantwortlichkeiten zu Weblogs wirkt sich positiv auf die Weiterentwicklung sowie die interne Vermarktung der Themen im Unternehmen aus.

Was die inhaltliche Initialbefüllung der Weblogs zum Einführungszeitpunkt betraf, war man bewusst mit ein bis zwei Beiträgen pro Weblog gestartet. In der Organisation wurde auf die Zugkraft des Mediums Weblog gesetzt. Beim Geschäftsführer-Weblog wählte das Unternehmen allerdings einen anderen Weg: Dieser Weblog war zwei Monate lang nicht für die Mitarbeiter zugängig, weil in der Geschäftsleitung die Befürchtung herrschte, dass vielleicht zu wenig Zeit zum Bloggen da sein könnte. Erst nach dieser Anlaufphase wurde der Weblog für alle Mitarbeiter zum Lesen und Kommentieren freigegeben. Dann waren alle Befürchtungen hinsichtlich eines Mangels an Motivation bzw. eines Mangels an Ressourcen auf Seite der Geschäftsführung beseitigt.

Was das Wissen in den Weblogs betrifft, findet sich darin aktuelles und themenspezifisches Wissen, welches direkt mit Kerngeschäft des Unternehmens verflechtet ist und aus den jeweiligen Tätigkeiten der Mitarbeiter heraus eigenständig und selbstorientiert von den Mitarbeitern dokumentiert wird. Beispielsweise wird im Geschäftsführungs-Weblog dokumentiert, welche Themen die Geschäftsleitung gerade bewegen, welche Pläne sie für das Unternehmen hat und welches Wissen aus ihrer Sicht für die Mitarbeiter als relevant eingestuft wird.

5.9.4 Ergebnisse

Im Unternehmen wurden sechs themenspezifische interne Weblogs eingeführt, welche von Mitarbeitern aufgrund der Nähe der Themen zum Kerngeschäft sowie der unkomplizierten Art der Wissensteilung als Bereicherung empfunden werden. Der allgemeine Mehrwert dieser Themen-Weblogs für die Organisation besteht darin, dass durch die Weblogs die breite Menge der Mitarbeiter über relevante Innovationen und Veränderungen im Unternehmen stets aktuell informiert ist. Informationen erreichen durch die Weblogs eher die relevanten Wissensempfänger. Durch Weblogs wird der Grad des Wissensaustauschs im Unternehmen kontinuierlich optimiert. So bekommen mehr Mitarbeiter themenspezifisch wertvolle Impulse von Kollegen, wie etwa Hinweise auf neue Web-Designs im „Design-Blog" und können diese dann in eigenen Projekten weiterverwenden oder als Basis für eigene Entwicklungen nutzen. So können Mitarbeiter ihre betrieblichen Aufgaben nachhaltig vereinfachen sowie ihre Kreativität erhöhen. Durch ein Mehr an relevantem Wissen pro Mitarbeiter kommt es schließlich zu einer Kompetenzsteigerung der Mitarbeiter selbst, welche wiederum in eine höhere Wettbewerbsfähigkeit für das Unternehmen in der Form neuer und besserer Projekte mündet.

Der Nutzen des Geschäftsführer-Weblogs für die Geschäftsführung besteht in der besseren Nachvollziehbarkeit ihrer Tätigkeiten auf der Seite der Mitarbeiter. Durch das neue Instrument erhalten alle Mitarbeiter geschäftsleitungsspezifisches Wissen in entsprechend hoher Qualität und Aktualität. Es hat sich im Unternehmen gezeigt, dass Mitarbeiter einen hohen Bedarf danach verspüren, mehr darüber zu erfahren, was die Geschäftsleitung denkt, tut und welche Ziele sie verfolgt. Zudem generiert die Bereitstellung dieses Wissens im Geschäftsleitungs-Weblog für die Geschäftsführung ein Mehr an Effizienz in der Mitarbeiter-Kommunikation: Die Geschäftsleitung muss Mitarbeitern nicht immer wieder dieselben Fragen seriell beantworten. Das Resultat ist eine weniger als unproduktiv wahrgenommene informelle Kommunikation der Geschäftsleitung mit den Mitarbeitern am Gang oder in der Kaffeeküche. Es kann die Zeit, welche mit den Mitarbeitern in Sitzungen und Face-to-Face-Gesprächen verbracht wird, jetzt für inhaltliche Gespräche mit Nähe zum Kerngeschäft genutzt werden.

Was das Kommentarverhalten der Mitarbeiter und das Feedback in den Weblogs betrifft, finden sich zum Teil intensive Kommentare bei Weblog-Beiträgen. Beim Geschäftsführer-Weblog ist etwa durchschnittlich jeder vierte Eintrag kommentiert. In anderen Weblogs findet sich ein ähnliches Kommentarverhalten. Im Großen und Ganzen existiert in den Themen-Weblogs relative wenig Feedback. Dieser Effekt ist zum Teil auch so beabsichtigt und wird durch die Geschäftsleitung begrüßt. Beim Einsatz von Weblogs ist es wesentlich, dass Mitarbeiter auf Basis eines Weblog-Beitrags zwar eine Kommunikation miteinander starten können. Diese Kommunikation selbst kann aber auch über andere Kanäle, wie Telefon, E-Mail oder persönliche Face-to-Face Treffen, stattfinden. Ein Weblog ist aus Sicht der Geschäftsleitung als Medium für eine längere, intensive Diskussion zwischen Autor und den Lesers ohnehin ungeeignet.

Trotz aller Vorteile aus Weblogs empfinden bloggende Mitarbeiter das Bloggen noch immer als Mehraufwand. Die Erfahrung zeigt, dass Bloggen eine Sache der Disziplin darstellt. Wird eine gewisse Regelmäßigkeit für Blogging-Praktiken entwickelt und forciert, fällt es den Mitarbeitern deutlich einfacher zu bloggen und die Wahrnehmung für das neue Medium ändert sich. Dann kann das Bloggen im Arbeitsalltag der Mitarbeiter als fester Bestandteil verankert werden. Für einen minimalen Mehraufwand pro Mitarbeiter erhalten alle Mitarbeiter im Unternehmen und das Unternehmen selbst eine Dokumentation qualitativ hochwertigen Wissens, welches vorher nicht zentral und einfach abrufbar in einer Wissensbasis vorlag. Durch die Themen-Weblogs wird die Weiterverwendung des Wissens in der Zukunft gewährleistet und der Wissensaustausch der Mitarbeiter vereinfacht.

Die Frage nach durch die Themen-Weblogs geschaffenen „anfassbaren Werten" ist wesentlich schwieriger zu beantworten, da sich eine Kausalität zwischen den Effekten aus den Weblogs und dem Unternehmenserfolg schwer herstellen lässt. Aus Sicht der Geschäftsleitung ist der Kommunikationsaufwand im Unternehmen durch Weblogs deutlich reduziert worden. Die Geschäftsleitung unterstützt auch die Hypothese, dass Weblogs die Menge an internen E-Mails und Face-to-Face-Meetings reduzieren können.

Was die Ineffizienz von Face-to-Face Treffen betrifft wurden speziell durch den Geschäftsführungs-Weblog Ganggespräche auf ein absolutes Minimum reduziert. Damit kann die gewonnene Zeit spezifisch für wichtige, inhaltliche Gespräche mit den Mitarbeitern eingesetzt werden. In Gesprächen wird jetzt diskutiert statt vorher nur informiert.

Als wesentliche Barrieren wurden eine zu geringe Beitragsfrequenz und daraus folgernd ein „Einschlafen" der Weblogs sowie die Schwierigkeit, Bloggen besonders als Manager in den Arbeitsalltag zu integrieren, identifiziert.

Folgende Erfolgsfaktoren für den Weblog-Einsatz in Unternehmen wurden aus diesem Business-Case extrahiert:

!	<ul><li>Eine hohe Frequenz an Weblog-Beiträgen ist wesentlich für den Erfolg von Weblogs.</li><li>Ehrlichkeit in der Darstellung fördert die Akzeptanz von Weblogs bei den Mitarbeitern.</li><li>„Falsche" Perfektion soll vermieden werden, Authentizität ist wesentlich wichtiger.</li><li>Mitarbeiter sollen ihre Gedanken in den Weblogs teilen.</li><li>Eine Kommentarkultur muss aktiv zum Laufen gebracht werden. Dazu bedarf es der Stimulation von Kollegen oder der Geschäftsleitung.</li></ul>

5.10 Fallstudie Iota (Unternehmenswiki-blog)

5.10.1 Management Summary

Beim vorliegenden Business-Case handelt es sich um ein mittelständisches deutsches Unternehmen der IT-Branche, welches rund 130 Mitarbeiter beschäftigt und mit rund 2600 Partnern eine der größten IT-Verbundgruppen Europas darstellt.

Ziel der 2006 im Unternehmen eingeführten Lösung basierend auf einer Wiki-Weblog-Kombination war eine Kanalisierung der internen Kommunikation rund um die Mitarbeiter, um mehr Effektivität und Effizienz zu erzielen. Schon vor der Einführung der neuen Lösung konnten Mitarbeiter bereits über Lotus Notes unternehmensrelevante Inhalte selbstorganisiert in einem Portal bereitstellen. Diese Plattform zeichnete sich aber als sehr umständlich in der Bedienung und wurde seltener genutzt.

Die Einführung der neuen Lösung, eine Kombination aus Wiki und Weblog (ein Wiki-Blog), wurde stark durch den Vorstandsvorsitzenden, der schon seit jeher ein Verfechter der Wikipedia war und die Vision einer Wikipedia im Unternehmen hatte, getrieben. Die neue Lösung dient zu gleichen Teilen Information, Mitarbeit und Prozesssteuerung durch die Mitarbeiter. Informationen im Wiki-Blog wirken sich direkt auf das Kerngeschäft des Unternehmens aus und sind für alle Mitarbeiter tätigkeitsrelevant.

Das Wiki-Blog wird intensiv im Unternehmen genutzt, über 90 % der Mitarbeiter sind aktiv. Als der Erfolgsfaktor schlechthin wurde die Top-Down Einführung durch den Vorstandsvorsitzenden erkannt. Nutzen der neuen Lösung aus Sicht der Mitarbeiter sind allgemeine Arbeitserleichterung, Stimulation der Mitarbeiterkommunikation, schnellere und qualitativ hochwertigere Kommunikation zwischen Mitarbeitern und eine direkte Verbesserung des Geschäftsmodells des Unternehmens durch die mitarbeitergetriebene Prozesssteuerung.

5.10.2 Ausgangssituation

Das im Rahmen dieser Fallstudie untersuchte Unternehmen ist ein mittelständisches deutsches Unternehmen der IT-Branche, welches rund 130 Mitarbeiter beschäftigt. Mit rund 2600 selbständigen Partnern und einem Außenumsatz von rund drei Milliarden Euro bildet das untersuchte Unternehmen eine der größten IT-Verbundgruppen Europas.

Vor der Einführung der neuen Lösung wurde im Unternehmen verstärkt mit Hilfe von Lotus Notes kommuniziert, wobei Lotus Notes quasi um eine Blogging-Komponente erweitert wurde. Schon damals wurde unternehmensrelevantes Wissen durch die Mitarbeiter selbstorganisiert in einer Datenbank bereitgestellt. Auch generierten die Mitarbeiter bereits Feedback auf Einträge ihrer Kollegen. Die bereits etwas „antiquierte" Plattform zeigte sich jedoch noch sehr umständlich in der Bedienung und litt damit unter der Akzeptanz. Außerdem wurden aufgrund des Fehlens einer funktionierenden zentralisierten Kommunikation massenhaft E-Mails an alle Mitarbeiter versandt, welche für einen hohen individuellen Information-Overload sorgten.

Das Ziel der 2006 im Unternehmen eingeführten Lösung war es, die Kommunikation rund um die Mitarbeiter zu kanalisieren, um so mehr Effektivität und Effizienz in der Kommunikation zu erlangen. Weiters sollte durch die neue Lösung eine Reduktion von Massen-E-Mails erreicht werden, um den Information-Overload auf Seite der Mitarbeiter zu reduzieren. Zudem sollte eine Sammlung von für Mitarbeiter relevantem Wissen durch die Mitarbeiter selbst in einem zentralen Medium erfolgen. Die neue Lösung sollte die Mitarbeiterkommunikation insgesamt optimieren. Als geeignete Lösung wurde eine Wiki-Weblog-Kombination, also ein Weblog, welcher in ein Wiki eingebettet ist, ausgewählt und eingeführt.

5.10.3 Einführung der Lösung

Ausgangspunkt für die Einführung einer neuen Lösung im Unternehmen war ein 2006 durchgeführter Workshop zum Thema *„Hybride Geschäftsmodelle für den Online Handel"*. Schon dort wurden die Möglichkeiten von Web 2.0 zur Optimierung von Geschäftsmodellen diskutiert. In diesem Workshop kam ein Unternehmenswiki als künftige Wissensbasis das erste Mal zur Sprache. Der Vorstand des untersuchten Unternehmens war bereits aktiver und überzeugter Nutzer der Wikipedia und äußerste mit den Worten „*das brauchen wir auch*" sein Commitment sowohl zum Wiki, als auch zu den Wiki-Prinzipien, als die Lösung für den in der Organisation vorherrschenden Leidensdruck. Die Einführung der neuen auf Web 2.0 basierenden Lösung kann als klassisch Top-Down durch den Vorstand bezeichnet werden.

Eine MediaWiki-Instanz wurde als Wissensauffangbecken, vergleichbar zur freien Enzyklopädie Wikipedia, implementiert. In den ersten Wochen haben die Mitarbeiter sprichwörtlich „alles" in das Wiki eingebracht. Im Wiki entstand lediglich eine äußerst rudimentäre Struktur aus den Aktivitäten der Nutzer heraus. Langsam begannen die Abteilungen damit, bestehende inhaltliche Strukturen zu verfeinern und formten daraus Portale. Abläufe und Strukturen sind im Wiki also direktes Ergebnis aus der Arbeit mit dem Werkzeug entstanden und mit der Zeit durch die Beteiligung aller Mitarbeiter herangereift. Die bestehende Lotus-Notes-Lösung wurde parallel zur Wiki-Einführung sukzessive abgebaut.

Die Entwicklung des eigentlichen Wiki-Blog-Konstrukts zeichnete sich als Nebenprodukt aus dem Workshop ab. Um einen echten Weblog zu simulieren, wurde durch das Unternehmen eine Weblog-Erweiterung für MediaWiki entwickelt. Diese Erweiterung ordnet alle Wiki-Einträge chronologisch absteigend und erlaubt die Erstellung von Kommentaren. Es handelt sich bei dieser MediaWiki-Erweiterung damit um eine rudimentäre Blogging-Komponente. Das Unternehmen entschied sich gegen den Einsatz von Wordpress als Weblog-Software, weil Wordpress zum damaligen Zeitpunkt noch kein Single-Sign-On erlaubte. Folgende Gründe waren für die Erweiterung des Wiki durch eine Weblog-Funktionalität kennzeichnend:

- Übersicht und schnellere Orientierung durch die spezielle Art der Informationsaufbereitung in Weblogs, insbesondere durch Chronologie und die Möglichkeit, Feedback zu geben.
- Abbildung aus Lotus Notes bekannter Funktionalität, welche durch ein klassisches Wiki nicht unterstützt werden kann.
- Schaffung eines zentralisierten Informationskanals für die Mitarbeiter zu Mitarbeiter Kommunikation.

- Bessere Durchsuchbarkeit der Informationen sowie Sicherstellung von Aktualität.

Die eingeführte Wiki-Weblog Lösung ist Informationsmedium und Mitarbeitsmedium zugleich und soll auch die Prozesssteuerung im Unternehmen verbessern. Regeln und Abläufe werden im Wiki abgebildet und sind editierbar. Gemäß den aus der Wikipedia bekannten Wiki-Prinzipien ist jeder Mitarbeiter gleichberechtigt und darf Wiki-Inhalte beliebig ändern. Was die Top-Down-Governance betrifft, geht die Unternehmensleitung davon aus, dass jeder Mitarbeiter im Unternehmen reif genug ist, Wiki-Inhalte gemäß seines besten Wissens und Gewissens zu ändern. Die Geschäftsleitung sieht daher davon ab, explizit Regeln über den Wiki-Einsatz im Unternehmen zu formulieren. Wiki-Beiträge sind grundsätzlich immer mit dem Namen des Autors versehen.

Mitarbeiter agieren im Wiki-Blog stets in Eigeninitiative: So postet beispielweise ein Mitarbeiter ohne einen expliziten Auftrag periodisch eine definierte Regel in den Wiki-Blog und stellt diese Regel unter seinen Kollegen zur Diskussion. Durch diesen Wiki-Beitrag wird den Kollegen mitgeteilt, dass sie etwas an dieser Regel verbessern können. Mitarbeiter werden somit dazu aufgerufen, einen inhaltlichen Beitrag zur Prozesssteuerung zu liefern. Mit dieser Strategie wird dann erreicht, dass eine entsprechende Regel unter der Belegschaft zuerst diskutiert und dann für gültig erklärt wird.

5.10.4 Ergebnisse

Im Unternehmen werden mehrere Wikis und sowohl interne, als auch externe Weblogs eingesetzt. Darunter befinden sich auch vier Marken-Weblogs, welche sich in einem Open-Company-Wiki befinden. Die Marken-Weblogs transportieren Informationen über die Marken selbst, sowie für die Empfänger relevante markenspezifische Nachrichten.

Was die eingeführte Wiki-Weblog Lösung betrifft, wirken sich die Informationen in Wiki und Weblog stark auf das Tagesgeschäft des Unternehmens aus und sind aus diesem Grunde für alle Mitarbeiter tätigkeitsrelevant: Kenntnis über diese Informationen ist für das Verstehen und das Absolvieren des Tagesgeschäfts wesentlich. Daraus begründet sich auch ein Teil der Motivation, dass Mitarbeiter das Wiki zur Erledigung ihrer betrieblichen Aufgaben besonders aktiv nutzen.

Mit der Wiki-Blog-Kombination wurde auch aufgabenspezifisches Wissen im Unternehmen verfügbar gemacht, welches nur für wenige Mitarbeiter relevant sein kann. Genau für dieses Wissen existierte vorher keine zentrale Basis. Ist ein Mitarbeiter der Ansicht, dass eine bestimmte Information für seine Kollegen interessant ist, dokumentiert er diese. Als wesentliche Motivation für die Nutzung wird die Begeisterung der Mitarbeiter, ihr Wissen zu teilen und dadurch Veränderungsprozesse anzustoßen, genannt.

Das Wiki-Blog wird intensiv genutzt. Obwohl die lesende Nutzung naturgemäß überwiegt, zeigen sich auch starke Anzeichnen einer schreibenden Nutzung. Über 90 % der Mitarbeiter sind im Wiki-Blog aktiv. Um die Informationen im Wiki-Blog zeitnah zu verbreiten, existiert standardmäßig ein E-Mail-Abonnement auf neue Weblog-Beiträge, wobei sich diese alternativ über RSS-Feeds abonnieren lassen.

Als wesentlichster Erfolgsfaktor wurde die Einführung der Lösung von oben durch den Vorstandsvorsitzenden selbst genannt. Da der Vorstand selbst das Wiki stark nutzt und damit sein Committment zu dieser neuen Lösung täglich zeigt, stimuliert er gleichzeitig auch die Nutzung bei den Mitarbeitern. Das Wiki ist nicht wie in vielen anderen Unternehmen aus der Mitte heraus bzw. Bottom-Up eingeführt worden. Außerdem konnten alle Mitarbeiter sehr schnell nach und nach für das Wiki begeistert werden.

Das betrachtete Unternehmen lebt vom Wissen, bzw. von Information, die in Wissen umgewandelt wird. Nicht nur aus diesem Grund wird Wissen unternehmensintern schon immer sehr öffentlich behandelt. Diese Offenheit und Kultur der Wissensteilung ist für das gewählte Geschäftsmodell des Unternehmens von Vorteil: Es benötigt Menschen, die mit Regeln arbeiten können und diese kontinuierlich weiterentwickeln und verbessern. So hat auch das Unternehmen durch die Wiki-Blog-Kombination eine geeignete Plattform gefunden, sich ständig weiterzuentwickeln und zu lernen. Auch die Hierarchien waren im betrachteten Unternehmen passend zur Kultur der Wissensteilung immer flach. Aus diesem Grund passen Weblogs und Wikis gut zur Funktionsweise des Unternehmens.

Was die Frage nach dem Mehraufwand der Weblog-Beiträge für die Mitarbeiter betrifft, ist das Feld zweigeteilt: Während Beiträge im internen Wiki-Blog aufgrund der Einstellung der Mitarbeiter, dass diese für die Arbeit wesentliche Informationen darstellen *(„das gehört zum Job")*, nicht als Mehraufwand empfunden werden, ist die Bereitschaft zur Kommunikation nach außen noch relativ gering. Für die externe Kommunikation existieren auf der Seite der Mitarbeiter wesentlich höhere Berührungsängste, als für die interne Kommunikation. Eine quantitative Analyse der Wiki-Blog-Einträge zeigte sich bei dieser speziellen Implementierung etwas schwieriger: Auf 20 Weblog-Beiträge kommen etwa drei Kommentare.

Im Nachfolgenden finden sich Aussagen zum Nutzen der Wiki-Blog Kombination für die Organisation aus der Sicht der Geschäftsleitung:

- Allgemeine Arbeitserleichterung.
- Schnellere Kommunikation zwischen Mitarbeitern.
- Qualitativ hochwertigere Kommunikation, insbesondere Verbesserung in der Qualität der externen Kommunikation.
- Stimulierung der Konversation zwischen den Mitarbeitern.
- Verbesserung in der Qualität des Geschäftsmodells durch mitarbeitergetriebene Prozesssteuerung.

Folgende Nutzenargumente für den einzelnen Mitarbeiter werden aus Sicht der Geschäftsleitung vorgebracht:

- Zentralisierung der Kommunikation.
- Erhöhung des toolspezifischen Komforts im Gegensatz zur alten Lösung.
- Senkung der Hürde, Informationen beizutragen, welche nicht für alle Mitarbeiter gleich wichtig sind.
- Zentraler Ort für Wissen, welches für alle Mitarbeiter relevant sein kann.

Folgende Erfolgsfaktoren für den Wiki-Blog-Einsatz in Unternehmen wurden aus diesem Business-Case extrahiert:

> ⚠️
> - Eine „Top-Down" Einführung und die intensive Nutzung durch den Vorstand selbst stellen zwei maßgebliche Erfolgsfaktoren dar.
> - Die Mitarbeiter konnten besonders rasch für das Wiki-Blog begeistert werden.
> - Die Informationen im Wiki-Blog sind für die Mitarbeiter höchst relevant für die Durchführung ihrer Tätigkeiten.
> - Offenheit in der Unternehmenskultur fördert die Arbeit mit der neuen Lösung.

5.11 Fallstudie Kappa (Unternehmenswiki)

5.11.1 Management Summary

Beim vorliegenden Business-Case handelt es sich um ein internes Wiki in einem österreichischen KMU mit rund 20 Mitarbeitern, welches Beratungsleistungen für tourismusnahe Betriebe anbietet.

Das Ziel der im Jahr 2006 eingeführten Lösung bestand im Abbau von Wissenssilos auf den Arbeitsplatzrechnern der Mitarbeiter. Aus einer klassischen Wissensmanagement-Perspektive sollte durch eine geeignete Wissensmanagement-Lösung ein Zusammenfassen des Unternehmenswissens an einem zentralen Ort erfolgen und dadurch eine iterative Weiterentwicklung des Wissensbestandes durch die Mitarbeiter im Unternehmen geschehen.

Die Ausgangssituation für die Einführung einer neuen Lösung war der empfundene Bedarf nach Verbesserung beim Geschäftsstandortleiter. Die Einführung dieser neuen Lösung geschah, wie im technologiegestützten Wissensmanagement üblich, Top-Down. Inhalte und inhaltliche Strukturen wurden im Wiki jedoch durch die Mitarbeiter, wie im Web 2.0 typisch, weitestgehend selbstorganisiert Bottom-Up erstellt. Durch Konstruktion und Auswahl geeigneter Szenarien zur Wiki-Nutzung wurde seitens der Standortleitung versucht, die Akzeptanz der Mitarbeiter für das Wiki stetig zu erhöhen.

Rund die Hälfte der Belegschaft, von denen rund 70 % technisch versierte Benutzer sind, erstellt aktiv Wiki-Beiträge. Durch intensive Schulungen der Mitarbeiter in Wiki-Funktionen und Wiki-Nutzungs-Praktiken wird ständig versucht, die Wiki-Nutzung weiter zu stimulieren.

Als wichtigster Nutzen des Wiki aus der Sicht der Mitarbeiter wurde der zentrale Ablageort für Wissen genannt. Das im und durch das Unternehmen fließende Wissen soll durch die Mitarbeiter selbst im Unternehmen gespeichert werden. Durch das Wiki passiert ein verstärktes Bewusstmachen der im Unternehmen stattfindenden Wissensarbeit.

5.11.2 Ausgangssituation

Das im Rahmen dieser Fallstudie untersuchte Unternehmen ist ein österreichisches KMU in der Tourismus Branche, im speziellen im Erlebnisraumdesign, und beschäftigt rund 20 Mitarbeiter an zwei Standorten.

Aufgrund einer Entscheidung des Standort-Managements wurde die Einführung einer technischen Lösung für das Wissensmanagement beschlossen, wobei klassische Wissensmanagement-Ansätze zur Begründung herangezogen werden. Einerseits sollten potentiell nützliche Informationen nicht auf den Arbeitsplatzrechnern der Mitarbeiter verschwinden und damit Wissenssilos hervorbringen. Andererseits wurde ein webbasiertes und einfach zu bedienendes System gesucht, auf welches überall und jederzeit zugegriffen werden kann, um das im Unternehmen brach liegende Mitarbeiter-Wissen zu erfassen. Wesentliche Anforderungen an das einzuführende System waren unter anderem das Vorhandensein einfacher Strukturierungs- und Personalisierungsmöglichkeiten. Damit sollte eine Anpassung der Lösung an die Bedürfnisse der Mitarbeiter möglich sein.

Als geeignete Lösung wurde ein Wiki identifiziert. In Analogie zur Wikipedia wurde im Unternehmen die Einrichtung einer MediaWiki-Instanz geplant. Die von MediaWiki angebotene Funktionalität ist für die Bedürfnisse des Unternehmens aufgrund seiner überschaubaren Mitarbeiterzahl völlig ausreichend. Außerdem besteht mit der Wiki-Lösung eine „Kompatibilität" der im Unternehmen erstellten Artikel zur Wikipedia. Mitarbeiter können und sollen dezidiert auch Inhalte unternehmensinterner Artikel auszugsweise in Wikipedia einfließen lassen und damit einen externen Wissenstransfer forcieren.

Weitere definierte Ziele des Wiki-Einsatzes waren das Zusammenfassen des Unternehmenswissens in einer zentralen Ablage und das iterative Weiterentwickeln des Wissensbestandes. Das Wiki sollte dabei ein lebendiges System bilden, welches sich durch die Beiträge der Mitarbeiter ständig weiterentwickelt. Die Sichtbarkeit der im Unternehmen stattfindenden Wissensarbeit sollte durch den Einsatz eines Wiki erhöht werden.

5.11.3 Einführung der Lösung

Das Wiki wurde im Jahr 2006 Top-Down eingeführt, wie im klassischen IT-gestützten Wissensmanagement üblich. Die Einführung erfolgte ohne externe Beratung und ohne die Zuhilfenahme von Best-Practices. Aufgrund eines intensiven Erfahrungsaustauschs mit Experten aus dem Wissensmanagement war bereits ausgeprägtes Methodenwissen zur Aufbereitung von Wissen im Unternehmen vorhanden. Daneben hatte das Unternehmen reichlich Erfahrung mit internen Dokumentenablagensystemen gesammelt.

Bei der Auswahl eines passenden Systems wurden zwar bestimmte Anforderungen an dieses System gestellt, wie beispielsweise Wikipedia-Kompatibilität der verfassten Artikel und Personalisierungsmöglichkeiten. Ein klassischer aus IT-Projekten bekannter Anforderungserhebungs-Prozess wurde nicht berücksichtigt. Stattdessen startete ein individueller Einführungsprozess, welcher von einer Vielzahl an intensiven Mitarbeiter-Schulungen mit Bezug zum Wiki begleitet wurde.

Zu Beginn fanden im Unternehmen hauptsächlich klassische Office-Schulungen statt, um die IT-Kompetenz der Mitarbeiter zu erhöhen, wobei das Wiki zuerst nicht zentrales Thema dieser Schulungen, sondern nur Mittel zum Zweck war und zur Dokumentation der Schulungsinhalte herangezogen wurde. Vertiefende Schulungen rückten das Wiki immer stärker in den Mittelpunkt, sodass es als neues Werkzeug langsam, aber sicher Fuß fassen konnte. In diesen Schulungen mussten Mitarbeiter konkrete Aufgaben mit Hilfe des Wiki lösen und im Rahmen der Tätigkeit mit dem Wiki gemachte Erfahrungen sowie Meinungen zum Wiki in einer abschließenden Feedback-Runde kommunizieren.

Im Gegensatz zum Top-Down-Einführungsprozess zeichnete sich der inhaltliche Entwicklungsprozess des Wiki Web-2.0-typisch als Bottom-Up durch die Mitarbeiter getrieben. Die Entwicklung von Inhalten, das Erstellen neuer Beiträge und die inhaltliche Expansion des Wiki finden selbstorganisiert und nutzergetrieben durch die Mitarbeiter statt. Es existierten jedoch weder konkrete Handlungsanweisungen für die Erstellung der Wiki-Inhalte, noch eine Netiquette, welche die korrekte Wiki-Handhabung beschreibt. Im Unternehmen wird mit der Tatsache argumentiert, dass es zur Gruppe der KMU gehört und solche Maßnahmen aufgrund der geringen und sehr überschaubaren Mitarbeiteranzahl ohnehin nicht benötigt. Allerdings wird durch einen Wiki-Verantwortlichen stets darauf geachtet, dass Wiki-Inhalte in ein sauberes Format gebracht werden, kein Wulst an Freitext online gestellt und immer die persönliche Wiki-Signatur verwendet wird.

Durch den Einsatz des Wiki sollen die Unternehmensprozesse Dokumentation, Projektmanagement, Software-Entwicklung und sowohl die interne als auch die externe Kollaboration unterstützt werden. Die Informationen sind im Wiki in vier Hauptkategorien gegliedert: Verwaltung, Projekte, Methoden und Ablage. Diese Strukturierung wurde vom alten Datei-System übernommen und ist aus diesem Grund den Mitarbeitern bereits eingehend bekannt. Derzeit werden noch beide Ablagesysteme, das Wiki und die klassische Filesystem-Ablagestruktur parallel verwendet.

Bei der Einführung des Wiki wurde viel Wert darauf gelegt, den Mitarbeitern nicht eine gänzlich leere Plattform zu übergeben. Daher wurde das Wiki bereits mit einigen Seiten aufgefüllt, wie zum Beispiel einem Mitarbeiter-Handbuch und den Unterlagen zu den Office-Schulungen. Um den Einsatz des Wiki im Unternehmen stärker zu fördern, wurden weitere Anlässe geschaffen, wo Mitarbeiter das Wiki aktiv in verschiedene Prozesse einbinden müssen und dadurch zugleich Beiträge lesen und schreiben. So wurde zum Beispiel die im Unternehmen notwendige Softwareerhebung direkt über das Wiki durchgeführt.

5.11.4 Ergebnisse

Bisher führte das Unternehmen noch keine Evaluierung des Wiki Einsatzes durch, weil aufgrund der Firmengröße Überschaubarkeit in Bezug auf die Aktivitäten der Mitarbeiter im Wiki gegeben ist. Der Geschäftsstellenleiter kontrolliert Mitarbeiter-Aktivitäten periodisch und auf Basis einer Liste mit den letzten Änderungen. Mit Unterstützung einer befreundeten Beratungsorganisation wurde eine Erhebung von Wissensmanagement-Maßnahmen vorgenommen, allerdings ohne expliziten Fokus auf das Wiki.

Was die Aktivitäten der Mitarbeiter im Wiki betrifft, zeigt sich das folgendes Bild: Rund die Hälfte der aus 20 Mitarbeitern bestehenden Belegschaft, von der etwa 70 %

Techniker sind, verwendet das Wiki sehr aktiv, um Artikel zu schreiben, Inhalte zu editieren und regelmäßig Beiträge einzubringen. Der andere Teil liest nur sehr unregelmäßig Inhalte. Dieser Umstand wird im Unternehmen als Anlass interpretiert, Maßnahmen zu ergreifen, um die Akzeptanz des Wiki weiter zu erhöhen steigern. Mit Hilfe geeigneter Szenarien, welche einen effektiven Einsatz des Wiki demonstrieren, soll die Wahrnehmung der nicht aktiven Mitarbeiter zum Wiki verändert werden. Damit sollen effektive Wiki-Nutzungs-Praktiken bei den Mitarbeitern herausgebildet werden. Das Ziel dieser Akzeptanzmaßnahmen besteht darin, auch der „passiven" Hälfte der Mitarbeiter das Wiki als lebendigen Wissenspool schmackhaft zu machen und sie zur Dokumentation relevanter Informationen, etwa nach Abschluss von Projekten, anzuregen. Wissen, welches im und durch das Unternehmen fließt, sollte von allen Mitarbeitern gespeichert werden. Derzeit nicht durchgeführt und auch nicht geplant ist eine monetäre Entlohnung der aktiven Teilnahme am Wiki.

Als Nutzen des Wiki aus Sicht der Mitarbeiter wurde der zentrale Ort für Inhalte aller Art genannt. Mitarbeiter erhalten mit dem Wiki ein gutes Werkzeug zur Dokumentation von Wissen und müssen nicht auf Office-Programme zurückgreifen. Mit dem Wiki haben Mitarbeiter sowohl einen zentralen Wissenspool, als auch eine Ablagestruktur zur Hand, um ihre Projektarbeit bestmöglich zu unterstützen. Durch ihre Aktivität im Wiki können sie zeigen, dass sie ihre Projekte besonders effektiv durchführen und erzielen dadurch einen positiven Vermarktungseffekt für ihre Arbeit. Ferner kann ein Informationsaustausch zwischen allen Beteiligten bei Projekten rascher passieren.

Als Nutzen für die Organisation wird ein verstärktes Bewusstmachen der Wissensarbeit im Unternehmen durch das Wiki genannt. Die bisherige Arbeit auf der Basis von Dokumenten und Office-Anwendungen wurde durch die Mitarbeiter nicht als Wissensarbeit wahrgenommen. Relevante Inhalte werden von Mitarbeitern in das Wiki gestellt und sind damit in der gesamten Organisation verfügbar. Es darf von nun an durch die Mitarbeiter keine Ausrede mehr geben, dass Informationen im Unternehmen plötzlich verschwinden.

Einige Mitarbeiter empfinden das Editieren und Erstellen von Wiki-Inhalten noch als Mehraufwand. Eine Gegenstrategie für diese negative Wahrnehmung ist die Schaffung spezieller Anwendungsszenarien, um die Wiki-Nutzung im Vergleich zur Nutzung anderer Werkzeuge als einfach und komfortabel erscheinen zu lassen. Das Unternehmen erkennt ein die Wiki-Einführung begleitendes Change Management als notwendig an. Zukünftig sollen bestimmte Inhalte, wie beispielsweise Aktenvermerke, nur noch im Wiki veröffentlicht werden, damit die Mitarbeiter das Wiki häufiger verwenden. Gewisse Aktivitäten sollten gänzlich über das Wiki abgebildet werden, damit Mitarbeiter quasi „gezwungen" werden, das Wiki stärker in ihren Arbeitsalltag zu integrieren.

Der Einsatz eines Wiki macht nur dann wirklich Sinn, wenn er laufend mit Szenarien und Schulungen unterstützt wird. Um die aktive Teilnahme am Wiki weiter zu erhöhen, sollen den Mitarbeitern Formulare, Vorlagen und leicht zu bedienende Tools im Wiki zur Verfügung gestellt werden. Ferner will das Unternehmen die Volltextsuche verbessern. Einige der Change-Strategien bauen bewusst darauf auf, den Mitarbeitern *„etwas wegzunehmen, damit sie gezwungen sind, das bessere Werkzeug für eine Tätigkeit zu verwenden".*

Eine weitere Herausforderung für das Unternehmen besteht in der Sicherstellung von Aktualität in Bezug auf das Wissen im Wiki. Mitarbeiter sollten veraltetes Wissen von selbst neu evaluieren und dann auf Basis ihrer Einschätzung individuell entscheiden, welches Wissen weiter im Wiki bestehen soll oder gelöscht wird. Damit soll der drohende Information-Overload durch eine Bottom-Up Strategie bekämpft werden.

Zusammenfassend hat das Wiki aus Unternehmenssicht das Bewusstsein für Wissensarbeit im Unternehmen stark erhöht, was mit der bisherigen Datei-Ablagestruktur nicht der Fall war. Obwohl ein Wiki äußerst nützlich ist, muss sich die Geschäftsführung laufend bemühen, die Akzeptanz des Wiki bei den Mitarbeitern durch kreative Maßnahmen zu erhöhen.

Folgende Erfolgsfaktoren konnten im Rahmen des Wiki-Einsatzes aus dem Projekt extrahiert werden:

> **!**
> - Um Mitarbeiter erst einmal an das Wiki zu gewöhnen, sind viele und zum Teil sehr kreative Akzeptanzmaßnahmen notwendig.
> - Mitarbeiter müssen sowohl in Wiki-Funktionen (aus technischer Perspektive), als auch in Wiki-Praktiken (aus organisatorischer Perspektive) trainiert werden.
> - In Bezug auf das Wiki müssen konkrete Einsatzszenarien entwickelt werden, um Mitarbeiter den Nutzen des Wiki nahe zu bringen.

6 Ergebnisse der Mehrfachfallstudie

6.1 Alleinstellungsmerkmal und Systematik

Diese Forschungsarbeit besteht im Kern aus den drei Abschnitten Literaturstudie (Grundkonzepte), Pilotfallstudie (Vorstudie) und Mehrfachfallstudie (Hauptstudie). Die Mehrfachfallstudie erstreckt sich dabei über zehn Einzelfälle, in denen Wissenstransfer über die beiden Web-2.0-Anwendungen Wiki und Weblog systematisch untersucht wurde. Die in diesem Abschnitt beantworteten forschungsleitenden Fragen wurden aus der umfangreichen Literaturstudie abgeleitet, mit den Anforderungen der Praxis verknüpft und auf Basis der Erkenntnisse aus der Pilotfallstudie weiter detailliert. Aspekte, welche sich im Rahmen der Mehrfachfallstudie als besonders interessant erwiesen haben, werden in diesem Abschnitt weiter ausgeführt. Die Forschungstechnik Mehrfachfallstudie generiert robustere Aussagen als bloße Einzelfallstudien. So können, ausgehend vom explorativen Forschungsziel dieses Buchs, zufriedenstellende Aussagen zum intraorganisationalen Wissenstransfer abgeleitet werden. Im Folgenden finden sich die Darstellung von Alleinstellungsmerkmal, die Ausführungen zu Systematik und Vorgehensweise, die Präsentation und Diskussion der Forschungsergebnisse, die abgeleiteten Erkenntnisse über Corporate Web 2.0, der geschaffene Beitrag zu Theorie und Praxis, sowie ein Ausblick auf weitere Forschungsarbeiten.

Das Alleinstellungsmerkmal dieser Arbeit besteht darin, dass nach bestem Wissen der Autoren zum Zeitpunkt der Veröffentlichung dieses Buches noch keine umfassende systematische Mehrfachfallstudie zum intraorganisationalen Wissenstransfer mit den beiden speziellen Werkzeugen des Web 2.0, Wiki und Weblog, durchgeführt wurde. Aufgrund der durch die Autoren gewählten einheitlichen Vorgehensweise bei der Erstellung der Einzelfallstudien, der Einschränkung des Anwendungsbereichs auf intraorganisationalen Wissenstransfer und der Einschränkung der untersuchten Web-2.0-Anwendungen auf Wiki und Weblog (für beide Anwendungen gelten aufgrund der gemeinsamen Anwendungsklasse von Web 2.0 dieselben Untersuchungsziele) wird eine fallstudienübergreifende Beantwortung der zu Beginn dieser Arbeit vorgestellten forschungsleitenden Fragen gewährleistet. Dieses Buch gewährt in der Erkenntnisgewinnung zum intraorganisationalen Wissenstransfer mit Wiki und Weblog einen systematischen Einblick in die Anwendung aktueller technologischer Wissenstransfer-Instrumente (systematische Vorgehensweise) und generiert durch die Beantwortung der forschungsleitenden Fragen systematisch Ergebnisse über Nutzungsmuster, Motivation und Barrieren aus Sicht der Mitarbeiter, sowie über Nutzenkategorien und Erfolgsfaktoren (systematische Aussagen). Die Kombination quantitativer und qualitativer Daten in der Mehrfachfallstudie gewährleistet ein möglichst valides Studiendesign [Vgl. Eisenhardt, 1989].

Zur Datenanalyse und -interpretation werden die beiden Darstellungstechniken „Kategorie-Matrix" (z.B.: „Erfolgsfaktoren-Matrix") für qualitative Daten und „Rang-Tabelle" (z.B.: „Nutzen auf individueller Ebene") für quantitative Daten eingeführt.

Qualitative Daten wurden durch semi-strukturierte Interviews mit den für Wiki und Weblog verantwortlichen Mitarbeitern als Experten in den Unternehmen erhoben. In Kategorie-Matrizen finden sich sowohl die durch die Verantwortlichen in den Fallstudien explizit genannten Kategorien (z.B.: explizit genannte Erfolgsfaktoren), als auch die durch die Autoren zusätzlich aus den Fallstudien abgeleiteten Kategorien (z.B.: zusätzlich abgeleitete Erfolgsfaktoren). Beide Typen wurden aus den qualitativen Daten aller zehn Einzelfallstudien extrahiert und werden durch unterschiedliche Symbole in den Matrizen unterschieden.

Quantitative Daten wurden durch Online-Befragungen der Mitarbeiter erhoben, nach der Häufigkeit von Aussagen ausgewertet und in Tabellen visualisiert. Bei Fragetypen mit vier unterschiedlichen Antwortmöglichkeiten wurde jeweils nach der positivsten Antwortmöglichkeit (z.B.: „trifft zu") sortiert. In Rang-Tabellen wird im Rahmen der fallstudienübergreifenden Auswertung für quantitative Daten aus vier Einzelfallstudien jeweils der Rang einer entsprechenden Merkmalsnennung angeführt. Die Sortierung ist dabei absteigend, nach dem am häufigsten genannten Merkmal. Rang-Tabellen bilden also ab, welches Merkmal von den Befragten am häufigsten genannt wurde.

6.2 Beantwortung der forschungsleitenden Fragen

Im Folgenden findet sich die fallübergreifende Beantwortung der im zweiten Abschnitt dieser Arbeit eingeführten forschungsleitenden Fragen. Diese Fragen wurden im Rahmen der Literaturstudie abgeleitet, mit den Anforderungen der Praxis verknüpft und auf Basis der Erkenntnisse aus der Pilotfallstudie weiter konkretisiert.

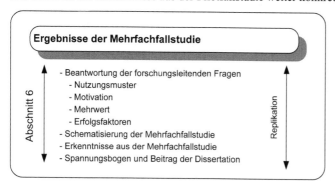

Abbildung 36: Studiendesign: Ergebnisse der Mehrfachfallstudie

6.2.1 Forschungsleitende Frage zu Nutzungsmuster

?	Wie sehen die Nutzungsmuster der Mitarbeiter im Zusammenhang mit der Nutzung von Wiki und Weblog aus?

In der fallstudienübergreifenden Interpretation der quantitativen Daten aus der Mitarbeiter-Befragung zeigte sich, dass eine wöchentliche Nutzung von Wiki und Weblog vor täglicher Nutzung überwiegt. Erfolgreichere Projekte zeichnen sich durch höhere Leseintensität aus. Die Intensität der Nutzung ist auch ein Indikator für die Relevanz der in Wiki und Weblog gespeicherten Informationen im Hinblick auf die Erledigung der betrieblichen Tätigkeiten von Mitarbeitern. Bei der Untersuchung der Fragestellung, wie oft Mitarbeiter tatsächlich Beiträge in Wiki und Weblog erstellen, zeigte sich, dass wöchentliche, tägliche und seltener als monatliche Erstellung von Beiträgen etwa gleich gereiht werden. Diese Ergebnisse hängen sehr stark vom jeweiligen Business-Case ab. Fallstudie Beta stellt in diesem Zusammenhang eine Besonderheit dar, da der diesbezügliche Business-Case es nicht vorsieht, dass ein Großteil der Mitarbeiter Beiträge erstellt. Die Erstellung von Beiträgen fokussiert sich in diesem Einzelfall auf eine klar abgegrenzte Gruppe an Mitarbeitern, welche ihrer Verpflichtung auch nachkommt. Unternehmensübergreifende Anwendungen weisen im Vergleich dazu ein unterschiedliches Nutzungsverhalten auf.

Tabelle 4: Mehrfachfallstudie: Leseverhalten

	Beta (Supportwiki)	Gamma (Unternehmenswiki)	Eta (Unternehmenswiki)	Zeta (Mitarbeiterweblogs)
Wöchentlich	1	1	3	1
Täglich	4	3	4	2
Monatlich	2	4	2	5
Mehrmals täglich	5	2	5	3
Seltener als Monatlich	5	5	1	5

Die Intensität der Beitragserstellung ist ein Indikator, sowohl für die Identifikation der Mitarbeiter mit Wiki und Weblog, als auch für die Absicht der Mitarbeiter, aktiv ihrer geplanten Rolle im jeweiligen Business-Case nachzukommen. Eine hohe Intensität in der Beitragerstellung ist ein Indikator für einen äußerst durchdachten und klar definierten Business-Case. Dieser beinhaltet eine definierte Zielsetzung, eine klare Festlegung der an der Erstellung von Inhalten beteiligten Stakeholder, eine Festsetzung der für den Wissenstransfer adressierten Stakeholder und einer detaillierten Beschreibung des erwarteten Nutzens für beteiligte und adressierte Stakeholder [Vgl. Stocker u.a., 2008A].

Was die Art der Beitragserstellung betrifft, überwiegt im Zusammenhang mit Wikis das Hinzufügen von Inhalten zu bestehenden Seiten vor dem Erstellen neuer Seiten. Ein Neuschreiben ganzer Absätze, ein Herstellen alter Versionen mit Hilfe der

Versionskontrolle und ein Kommentieren von Inhalten treten im Kontext von Unternehmen in der Praxis noch wenig auf, wie die untersuchten Einzelfälle veranschaulichen.

Tabelle 5: Mehrfachfallstudie: Schreibverhalten

	Beta (Supportwiki)	Gamma (Unternehmenswiki)	Eta (Unternehmenswiki)	Zeta (Mitarbeiterweblogs)
Wöchentlich	3	1	3	1
Monatlich	2	2	2	2
Seltener als Monatlich	1	3	1	3
Täglich	4	4	4	4
Mehrmals täglich	5	5	5	5

Korrekturen von Rechtschreibung und Grammatik, sowie sachbezogene Korrekturen durch Mitarbeiter sind im Kontext von Unternehmen ebenfalls noch stark vernachlässigbar, obwohl gerade diese für Wikis spezifischen Aktivitäten speziell für den Wissenstransfer von hoher Relevanz sind. Revisionen finden sich in den untersuchten Einzelfällen selten bis nie bei einzelnen Wiki-Artikeln, etwas häufiger noch bei Portalseiten. Auch von kollaborativem Arbeiten kann bei Wikis derzeit nur im Zusammenhang mit der Erstellung und Weiterentwicklung von Portalseiten gesprochen werden. In der einschlägigen Literatur werden solche Aspekte jedoch oft in den Vordergrund gerückt, wenn Wikis in Unternehmen eingesetzt werden sollen.

 Die Nutzungsmuster Lesen und Schreiben von Beiträgen in Wiki und Weblog hängen sehr stark vom jeweiligen Einzelfall und damit vom definierten Business-Case ab und sind nicht generalisierbar.

6.2.2 Forschungsleitende Frage zu Motivation

> **?** Worin besteht die Motivation der Mitarbeiter, die neu verfügbaren Werkzeuge Wiki und Weblog im Rahmen der Erledigung ihrer betrieblichen Aufgaben einzusetzen?

Die Hauptgründe für Mitarbeiter, die beiden Werkzeuge Wiki und Weblog im Rahmen der Erledigung ihrer betrieblichen Aufgaben einzusetzen, bestehen aus Sicht der Mitarbeiter in der Information von Kollegen über die eigene Arbeit sowie im Suchen und Finden von für die eigene Arbeit relevanten Informationen. Die Vereinfachung der eigenen Arbeit spielt vor allem in Wiki-Fallstudien eine bedeutende Rolle als Nutzungsmotiv.

Tabelle 6: Mehrfachfallstudie: Nutzungsmotivation auf operationaler Ebene

	Beta (Supportwiki)	Gamma (Unternehmenswiki)	Eta (Unternehmenswiki)	Zeta (Mitarbeiterweblogs)
Andere über eigene Arbeit informieren	3	2	1	1
Relevante Informationen finden	1	1	2	4
Dadurch eigene Arbeit vereinfachen	2	3	4	6
Beobachten, was in der Organisation passiert	7	4	3	2
Um über Berufliches sprechen	5	5	6	3
Dadurch weniger E-Mails schreiben	4	6	5	5
Dadurch weniger E-Mails bekommen	6	8	7	7
Dadurch an weniger Meetings teilnehmen	8	7	8	8
Um über Privates sprechen	9	9	9	9

Eine Erzielung von unmittelbaren Effekten von Wiki und Weblog auf die Anzahl an durch die Mitarbeiter gesendeten bzw. von den Mitarbeitern empfangenen E-Mails stellt, ähnlich wie eine durch die Nutzung von Wiki und Weblog erzielte Verminderung von Face-to-Face-Meetings, noch keinen vordergründigen Nutzengrund aus Sicht der Mitarbeiter dar. Gerade diese beiden Aspekte sollten jedoch durch neue Technologien berücksichtigt werden. Aus der Mehrfachfallstudie geht hervor, dass Wiki und Weblog im intraorganisationalen Wissenstransfer derzeit noch lediglich andere traditionelle Kommunikationsmittel ergänzen, ohne diese jedoch in der betrieblichen Praxis in Teilaspekten zu ersetzen. Auffallend ist, dass private Aspekte in den untersuchten Einzelfällen kaum eine Rolle spielen, obwohl dies in der Literatur zum Teil angeführt wird [Vgl. McAfee, 2006].

In der Verwendung von Wiki und Weblog ziehen die meisten Mitarbeiter das Lesen von Beiträgen dem Schreiben von Beiträgen vor. Aus diesem Grund war die Fragestellung relevant, welche sozialen Faktoren das Erstellen von Beiträgen im Unternehmen begünstigen.

Tabelle 7: Mehrfachfallstudie: Nutzungsmotivation auf sozialer Ebene

	Beta (Supportwiki)	Gamma (Unternehmenswiki)	Eta (Unternehmenswiki)	Zeta (Mitarbeiterweblogs)
Durch eigene Nutzung Kollegen anregen	1	3	1	1
Eigene Beiträge sind für Kollegen wertvoll	2	1	2	2
Wünsche der Vorgesetzten erfüllen	3	5	6	3
Wünsche von Kollegen erfüllen	5	4	3	5
Allgemein einen Vorteil für sich zu ziehen	6	2	4	6
Sich für nützliches Wissen zu revanchieren	4	6	5	4
Eigenen Ruf in Organisation verbessern	7	7	7	7
Gegenleistung von Kollegen erhalten	8	8	8	8

Die wesentlichen Gründe für das Erstellen von Beiträgen bestehen aus Sicht der Mitarbeiter in der Stimulation der Beitragserstellung bei Kollegen durch eigene

Aktivitäten und in der Überzeugung der Mitarbeiter, dass eigene Beiträge für Kollegen wertvoll sind und daher ein Wissenstransfer stattfinden soll. In Fallstudien, wo ein „sanfter Druck" vom Management ausgeübt wurde, wie beispielsweise in der Fallstudie Zeta, nannten beitragende Mitarbeiter zusätzlich die Erfüllung der Wünsche von Vorgesetzten als wesentliches Nutzungsmotiv. Noch eine sehr geringe Rolle bei der Beitragserstellung spielen überraschenderweise die Verbesserung des eigenen Rufs in der Organisation und das direkte Erhalten einer Gegenleistung von Kollegen.

Bei den durch die Mitarbeiter empfundenen Hindernissen fällt auf, dass inhaltliche Fragen durch die Mitarbeiter wesentlich stärker als Hindernis für die aktive Nutzung von Wiki und Weblog empfunden werden, als Aspekte, welche die Privatsphäre der Mitarbeiter betreffen. Diese Erkenntnis ist insofern spannend, da der Schutz der Privatsphäre bei Web-Anwendungen stets ein bedeutendes und zugleich sehr kontroverses Thema darstellt.

Tabelle 8: Mehrfachfallstudie: Empfundene Nutzungshindernisse

	Beta (Supportwiki)	Gamma (Unternehmenswiki)	Eta (Unternehmenswiki)	Zeta (Mitarbeiterweblogs)	
Nur wenige Inhalte vorhanden	5	1	1	3	Inhaltlich
Einpflegen von Wissen ist aufwendig	1	4	3	2	
Finden von Wissen ist aufwendig	4	3	5	1	
Wenige Mitarbeiter erstellen Beiträge	3	2	2	6	
Bestimmte Mitarbeiter dürfen Inhalte sehen	2	5	4	4	Privacy
Bestimmte Mitarbeiter dürfen Inhalte bearbeiten	6	7	6	5	
Eigene Inhalte sollen nicht verändert werden	8	6	7	7	
Vermitteln zu viel Transparenz über Tätigkeiten	7	8	8	8	

Die wesentlichen Hindernisse für die Nutzung von Wiki und Weblog bestehen aus Sicht der Mitarbeiter in zu wenigen Inhalten sowie in einem aufwendigen Einpflegen und Finden von Wissen. Die Mehrfachfallstudie konnte darstellen, dass eine durch Wiki und Weblog hervorgerufene Transparenz über Wissen und in der Folge auch über Wissensträger kaum als Hindernis empfunden wird und ein entsprechender Egoismus in Bezug auf eigene Inhalte ebenso wenig als Hindernis eingeschätzt wird.

!	Wesentliche Gründe für die Nutzung von Wiki und Weblog sind das Suchen und Finden relevanter Informationen und die dezidierte Erleichterung der eigenen Arbeit. Aus einer sozialen Perspektive soll die eigene Nutzung von Wiki und Weblog auch Kollegen zur Nutzung anregen. Mitarbeiter sind überzeugt, dass ihre Beiträge für Kollegen wertvoll sind. Überraschenderweise stellen inhaltliche Aspekte wesentlich größere Hindernisse bei der Nutzung von Wiki und Weblog dar, als Privacy.

6.2.3 Forschungsleitende Frage zu Nutzen und Mehrwert

?	Welche Werte im Sinne von Nutzen erzeugen Wiki und Weblog auf individueller und organisationaler Ebene?

Was den Nutzen von Wiki und Weblog in Unternehmen betrifft, wurden von den verantwortlichen Experten besonders der Zugang zu vorher nicht vorhandenem Unternehmenswissen und die einfache Suche nach Inhalten zum Kerngeschäft genannt. Wissensidentifikation und demnach auch Wissensakquisition spielen in beiden Fällen eine bedeutende Rolle. Weblogs ermöglichen durch die eingebaute Chronologie eine ständige Information über aktuelle Entwicklungen und beschleunigen somit die Verteilung von Informationen im Unternehmen. Auf organisationaler Ebene wurde zusätzlich eine Verbesserung der internen Unternehmenskommunikation wahrgenommen. Wikis werden stärker mit einem allgemeinen Zugang zu vorhandenem Unternehmenswissen assoziiert. Nachfolgende Abbildung veranschaulicht die Unterschiede in Bezug auf den Nutzen von Wiki und Weblog im Unternehmen.

Tabelle 9: Mehrfachfallstudie: Nutzen

Wiki	Weblog
• Zugang zu vorher verstecktem Unternehmenswissen • Durchsuchbarkeit der Wissensbasis • Transparenz über Wissen	• Beschleunigung der internen Kommunikation • Aktualitätsbezug der Information • Transparenz über Wissensträger

Im Rahmen der fallstudienübergreifenden Auswertung der qualitativen Daten aus den Interviews wurden die von den verantwortlichen Experten explizit wahrgenommenen Nutzenaspekte in Nutzenkategorien für den intraorganisationalen Wissenstransfer aus individueller und organisationaler Perspektive zusammengefasst und in einer Nutzenmatrix dargestellt. Zusätzlich wurden aus den jeweiligen Fallstudienreports weitere Nutzenkategorien durch die Autoren abgeleitet, welche ebenfalls in die Nutzenmatrix einfließen. Die nachfolgende Tabelle stellt diese Nutzenmatrix dar, welche aus der Auswertung der qualitativen Daten entstanden ist. Wie ein entsprechender Nutzen in der Praxis erreicht wurde, kann dann im Detail in der jeweiligen Einzelfallstudie nachgelesen werden.

Beantwortung der forschungsleitenden Fragen

Tabelle 10: Mehrfachfallstudie: Nutzenmatrix

	Alpha (Wiki)	Beta (Wiki)	Gamma (Wiki)	Delta (Wiki)	Eta (Wiki)	Kappa (Wiki)	Iota (Wiki-Blog)	Epsilon (Weblog)	Zeta (Weblog)	Theta (Weblog)
Nutzen für Mitarbeiter										
Leistungen besser u./o. schneller erbringen			■							
Strukturiertes Arbeiten im eigenen Kontext				■		■			O	O
Zugang zu vorher nicht zentralem Wissen	O		O		■	■	■	O		■
Über Aktuelles und Innovation informieren							O	O	O	■
Rasche Identifikation von Wissensträgern			O				O		O	■
Informationsflut reduzieren							■			
Einfache Beschreibung komplexer Themen	O	O								
Einfache Suche nach zentralen Inhalten	O	O	O	O			O	O		
Mehr Sichtbarkeit im Unternehmen	O		O							
Nutzen für Team/ Organisation										
Freie Kapazitäten zur Dokumentation nutzen	O		O				O			
Verbesserung der internen Kommunikation	■		O				■	■	O	O
Positive Eigenschaften auf die Kultur	■								■	
Förderung von Eigeninitiative	■						O	O		
Qualität des Kerngeschäfts erhöhen				■	O		■			
Qualität der Mitarbeiter-Beiträge erhöhen								■		
Nachhaltiger und aktueller Wissenspool				■				O	O	
Transparenz über Kompetenzen und Inhalte	O		■		■					
Aktuelle Infos über den jeweiligen Kontext						O		O	O	■
Selbstorganisation und Selbstreflexion										■
Bewusstmachen von Wissensarbeit	O						■			

■ Durch die verantwortlichen Experten wahrgenommener Nutzen
O Durch die Autoren zusätzlich abgeleiteter Nutzen

Bei der Auswertung der quantitativen Daten zeigte sich, dass aus Sicht der Mitarbeiter die Erleichterung der eigenen Arbeit im Allgemeinen sowie die Erhöhung von Effizienz in der eigenen Arbeit als wesentlichste Nutzenarten gelten. Die Mehrfachfallstudie konnte darstellen, dass derzeit in Unternehmen die Verbesserung von professionellen und sozialen Stati mit Hilfe von Wiki und Weblog aus Sicht der Mitarbeiter noch als nachrangig empfunden wird. Dieser Umstand ist interessant, weil in der Literatur bei Befragungen von Nutzern zum Teil Gegensätzliches präsentiert wird [Vgl. Majchrzak, u.a., 2006].

Tabelle 11: Mehrfachfallstudie: Nutzen auf individueller Ebene

	Beta (Supportwiki)	Gamma (Unternehmenswiki)	Eta (Unternehmenswiki)	Zeta (Mitarbeiterweblogs)
Arbeit erleichtern	1	1	1	3
Leistungen schneller erbringen	2	2	2	1
Bessere Leistungen erbringen	3	3	3	2
Professionellen Status verbessern	4	4	4	4
Sozialen Status verbessern	5	5	5	5

Als die wesentlichen durch Wiki und Weblog in Unternehmen geschaffenen Nutzen für Gruppe und Organisation gelten aus der Sicht der Mitarbeiter die Verbesserung des Wissensaustauschs sowie die Verbesserung der Zusammenarbeit. Auffallend ist eine Abweichung bei der Fallstudie Beta, insbesondere was die Verbesserung der Zusammenarbeit betrifft. Diese Abweichung ist ein Resultat aus dem speziellen Business-Case: Während das Wiki in der Fallstudie Beta stärker die Zusammenarbeit der primären Zielgruppe Supportmitarbeiter unterstützt, wirkt es sich weniger stark auf die Zusammenarbeit der durch das Wiki sekundär unterstützten Zielgruppe, Forscher und Entwickler, aus. Trotzdem konnten Wiki-Nutzer ihre Leistungen mit Hilfe des Wiki schneller erbringen. Der klar definierte Business-Case unterstützt die Mitarbeiter dabei, effizienter zu arbeiten. Aus der Analyse der quantitativen Daten geht weiters hervor, dass aus der Sicht der Mitarbeiter der Nutzen von Wiki und Weblog auf Gruppen- bzw. Organisationsebene stärker empfunden wird, als auf individueller Ebene. Dieser Umstand kann unter Bezugnahme auf das Dilemma der Wissensteilung [Vgl. Cabrera und Cabrera, 2002] erklärt werden.

Tabelle 12: Mehrfachfallstudie Nutzen auf Gruppen- bzw. Organisationsebene

	Beta (Supportwiki)	Gamma (Unternehmenswiki)	Eta (Unternehmenswiki)	Zeta (Mitarbeiterweblogs)
Wissensaustausch verbessern	1	1	1	1
Zusammenarbeit verbessern	6	2	2	2
Abläufe verbessern	4	3	4	3
Bessere Leistungen erbringen	3	4	3	5
Leistungen schneller erbringen	2	5	6	6
Projektmöglichkeiten finden	5	6	5	4

Aus einem Mittelwertvergleich zwischen Vielnutzer und Wenignutzer (bezogen auf ihr Leseverhalten) konnte festgestellt werden, dass Vielnutzer den Nutzen von Wiki und Weblog stärker wahrgenommen haben. Der Nutzen von Wiki und Weblog steigt also mit zunehmendem Grad der Nutzung. Dieser Umstand ist für Unternehmen besonders schwer an die Mitarbeiter zu kommunizieren. Darin besteht auch eine wesentliche Hürde bei der Einführung von Wiki und Weblog im Unternehmen, da die Nutzung dieser Werkzeuge nicht sofort nach der Nutzung mit einem Nutzenempfinden durch die Mitarbeiter belohnt wird. Dieses tritt im Allgemeinen erst nach einer gewissen Zeit der andauernden Nutzung ein.

!	Obwohl Wiki und Weblog von Unternehmen hinsichtlich Anforderungen und Wirkung gerne in einen Topf geworfen werden, erzeugen sie zum Teil völlig unterschiedliche Werte für Individuum und Organisation. Weblogs leisten durch ihren Aktualitätsbezug einen wesentlichen Beitrag zur internen Kommunikation. Wikis dienen dazu, vorhandenes Unternehmenswissen zu sammeln und ermöglichen einen einfachen Zugriff auf dieses durch die integrierte Volltextsuche. Beide Anwendungen erleichtern die Arbeit und führen dazu, dass Mitarbeiter ihre Leistungen schneller erbringen. Auf organisationaler Ebene werden Zusammenarbeit und Wissensaustausch verbessert.

6.2.4 Forschungsleitende Frage zu Erfolgsfaktoren

?	Wie sind Erfolgsfaktoren für den Wissenstransfer über Wiki und Weblog in Unternehmen ausgestaltet?

Eine wesentliche Zusatz-Erkenntnis aus der Erfolgsfaktorenuntersuchung ist die Tatsache, dass sich die Erfolgsfaktoren von Weblogs trotz der konzeptionellen Verwandtschaft mit Wikis zum Teil erheblich von den Erfolgsfaktoren von Wikis unterscheiden, vor allem was die Organisation der Inhalte betrifft.

Im Rahmen der Erfolgsfaktorenuntersuchung auf Management-Ebene wurde festgestellt, dass eine Top-Down-Akzeptanz bzw. ein Top-Down-Engagement sowohl bei Wiki- als auch bei Weblog-Projekten einen wesentlichen Erfolgsfaktor darstellt. Ein Engagement des Managements ist daher überraschend und entgegen den Prinzipien von Web 2.0 auch im Zusammenhang mit Web-2.0-Anwendungen ein wesentlicher Erfolgsfaktor.

Bezogen auf die Nutzer als Wissensarbeiter werden im Rahmen der Erfolgsfaktorenuntersuchung folgende Ergebnisse erzielt: Eine rasche Akquise von ersten überzeugten Nutzern (Evangelisten) sorgt für einen guten Start von Wiki und Weblog im Unternehmen und erhöht langfristig den Erfolg der neuen Lösungen. Ein

Grundverständnis für Web-Anwendungen auf der Seite der Mitarbeiter stellt den einzigen technologiebezogenen Erfolgsfaktor dar.

In Bezug auf die Inhalte in Wiki und Weblog zeigt sich bei der Erfolgsfaktorenuntersuchung das folgende Bild: Bei Wiki-Projekten ist es besonders hilfreich, bereits mit einem mit ausreichend vielen Inhalten bestückten Wiki zu starten. Die inhaltliche Befüllung des Wiki soll nicht allein den Mitarbeitern im Unternehmen verantwortet werden. Eine persönliche Ansprache der Autoren trägt maßgeblich zum Erfolg von Wiki- und Weblog-Projekten bei, weil Mitarbeiter oft erst für die Erstellung von Wiki-Beiträgen begeistert werden müssen. Bei Weblog-Projekten sind Regelmäßigkeit, Ehrlichkeit und Tiefe von Weblog-Beiträgen bedeutende Erfolgsfaktoren. Vor allem im Zusammenhang mit Weblogs ist es wesentlich, dass Mitarbeiter das Schreiben der Beiträge in ihren Arbeitsalltag integrieren können, um die für Weblogs wesentliche Regelmäßigkeit in der Beitragserstellung zu erzielen.

Auf organisationaler Ebene stellt sich bei der Erfolgsfaktorenuntersuchung heraus, dass es bei Wiki- und Weblog-Projekten besonders wesentlich ist, Maßnahmen zur unternehmensinternen Bewerbung sowie Herstellung von Akzeptanz mit viel Geschick einzusetzen. Außerdem führt Klarheit über den durch Wiki und Weblog abgebildeten Business-Case zu mehr Akzeptanz bei der Belegschaft und zu einer Steigerung des Projekterfolgs.

Was die Ressourcenseite betrifft, zeigt sich bei der Erfolgsfaktorenuntersuchung, dass insbesondere ein engagiertes und frustrationsresistentes Kernteam den Erfolg der Wiki- und Weblog-Projekte maßgeblich erhöht. Ein leidenschaftlicher personeller Einsatz im Bezug auf die neuen Lösungen stellt einen weiteren wesentlichen Erfolgsfaktor dar.

!	Die Erfolgsfaktoren von Wikis unterscheiden sich zum Teil wesentlich von den Erfolgsfaktoren von Weblogs, vor allem was die Organisation von Inhalten betrifft. Engagement des Managements, rasche Akquise erster überzeugter Nutzer, persönliche Ansprache von Autoren, Erstbestückung von Inhalten (Wiki), Ehrlichkeit und Tiefe von Beiträgen (Weblog), Akzeptanzmaßnahmen und ein frustrationsresistentes Kernteam stellen wesentliche Erfolgsfaktoren dar.

Bei der Auswertung der qualitativen Daten aus den Experteninterviews wurden Erfolgsfaktoren aus den Projekten systematisch extrahiert und in einer Erfolgsfaktorenmatrix, gegliedert nach den fünf Kategorien Management, Nutzer, Organisation, Inhalte und Ressourcen, dargestellt. Die durch die verantwortlichen Experten wahrgenommenen Erfolgsfaktoren sind jene Faktoren, welche aus der Sicht dieser Personen maßgeblich zum Erfolg von Wiki und Weblog beigetragen haben. Durch die Autoren abgeleitete Erfolgsfaktoren sind jene Faktoren, welche aus Sicht der Autoren unter Berücksichtigung der Fallstudienreports zusätzlich maßgeblich zum Erfolg der Projekte beitragen konnten. Nachfolgende Tabelle skizziert die Erfolgsfaktorenmatrix, welche durch die Auswertung der qualitativen Daten entstanden ist. Aus welchem Grund ein in der Erfolgsfaktorenmatrix angeführter Erfolgsfaktor tatsächlich zum Erfolg beigetragen hat, kann im Detail in der jeweiligen Fallstudie nachgelesen werden.

Tabelle 13: Mehrfachfallstudie: Erfolgsfaktorenmatrix

	Alpha (Wiki)	Beta (Wiki)	Gamma (Wiki)	Delta (Wiki)	Eta (Wiki)	Kappa (Wiki)	Iota (Wiki-Blog)	Epsilon (Weblog)	Zeta (Weblog)	Theta (Weblog)
Management										
Top-Down-Einführung						O	■		O	
Engagement von oben als Voraussetzung		O	■				O			O
Akzeptanz beim Management	■	O						O		
„Sanfter Druck" von oben				O					■	
Nutzer										
Aktive Akquise überzeugter Nutzer	■	■							O	O
Rasche Begeisterung der Mitarbeiter						■		■		
Einbinden der Mitarbeiter in Entwicklung		O	■							
Grundverständnis zu Web-Anwendungen				■		■		■		
Aktiver Abbau von Schreibbarrieren								■		
Initiierung einer Kommentarkultur										■
Inhalte										
Roll-out mit Inhalten	■	■				■	O			
Persönliche Ansprache von Autoren	■	■								
Gute und frühzeitige Strukturierung				■	■					
Regelmäßigkeit der Beiträge								■	■	■
Ehrlichkeit und Tiefe der Beiträge									■	■
Keine falsche Perfektion										■
Schreiben über Privates erzeugt Synergien									■	
Integration in den Arbeitsalltag									O	■
Organisation										
Roll-Out auf breiter Nutzerbasis		■								
Bewerbung und Akzeptanzmaßnahmen	■	O	O			■	■			
Konkrete Einsatzszenarien						■	O	O		
Klarheit über den Business-Case		O	O	■	■				O	O
Organisatorische Verankerung					■					
Offene Firmenkultur bzw. Change				■	■	■				
Ressourcen										
Genügend Ressourcen		■								
Zeit nehmen und Zeit lassen	■									
Engagiertes Kernteam	O	O	■			O				O

■ Durch die verantwortlichen Experten wahrgenommene Erfolgsfaktoren
O Durch die Autoren zusätzlich abgeleitete Erfolgsfaktoren

6.3 Schematisierung der Fallstudien

Die durchgängige Schematisierung von Fallstudien sorgt für einen einfachen und schnellen Vergleich zwischen den Einzelfällen. Daher findet sich in diesem Abschnitt eine Zusammenfassung der wesentlichen Aussagen und Fakten aus den in der Mehrfachfallstudie erforschten Einzelfällen – jeweils als kurzer Steckbrief.

> **!** Mit Hilfe von zehn Steckbriefen sollen vor allem Praktiker, welche an der Einführung von Wiki und Weblog im Unternehmen interessiert sind, rasch einen Überblick über die wesentlichen Aspekte Ausgangssituation, Bedarfserkennung, Ziel, Einführung, Ergebnisse (Nutzen) und Erfolgsfaktoren erhalten. Kenntnis über diese Aspekte ist für den Erfolg einer Einführung eines dieser beiden Werkzeuge maßgeblich.

Tabelle 14: Steckbrief der Fallstudie Alpha

Fallstudie Alpha (Unternehmenswiki)	
Ausgangssituation	Wissensaustausch entlang der Hierarchie ist langsam und fehleranfällig ♦ Experten fühlen sich nicht anerkannt und halten Wissen zurück
Bedarf erkannt durch	Interne Mitarbeiter-Befragung zum sinnvollen Einsatz von Wissensmanagement-Instrumenten
Ziel	Schaffung eines unternehmensweiten Wissensmarktes ♦ Erprobung eines Web-2.0-Werkzeuges für interne Kommunikation, Dokumentation und Wissenstransfer
Einführung	MediaWiki-Instanz mit zweijähriger Pilot-Phase seit Juli 2007
Ergebnisse (Nutzen)	Nutzen für die internen Kommunikation ♦ Positive Eigenschaften in der Unternehmenskultur ♦ Speziell jüngere Mitarbeiter erhöhen ihre Reputation ♦ Förderung von Eigeninitiative ist erfolgversprechend, jedoch schwierig
Erfolgsfaktoren	Rasche Akzeptanz beim Management ♦ Überzeugte sammeln ♦ Bereits zu Beginn ausreichend Inhalte bereitstellen ♦ Kontinuierliche interne Bewerbung ♦ Autoren persönlich ansprechen ♦ Bewusst Zeit nehmen und Zeit lassen

Schematisierung der Fallstudien

Tabelle 15: Steckbrief der Fallstudie Beta

Fallstudie Beta (Supportwiki)	
Ausgangssituation	Keine zentralisierte Lösung für wiederkehrende Probleme und Fragen in Supportabteilung vorhanden
Bedarf erkannt durch	Abteilungsleiter "Design Application Engineering" (DAE)
Ziel	Schaffung einer zentralen und laufend aktualisierten Wissensbasis zu Tool- und Methodensupport ♦ Unterstützung des Wissenstransfers innerhalb einer Abteilung (DAE)
Einführung	MediaWiki-Instanz wurde 2006 in einer Abteilung eingeführt ♦ Wiki wird sukzessive auf den gesamten Standort ausgeweitet
Ergebnisse (Nutzen)	Effektive und effiziente Lösung für Tool und Methodensupport ♦ Einfache Suche in nutzernahen und kurzen Problemlösungen ♦ Verbesserung der Supportqualität findet bereits außerhalb des Standorts Betrachtung
Erfolgsfaktoren	Bereits zu Beginn ausreichend Inhalte bereitstellen ♦ Roll-Out auf breiter Nutzerbasis ♦ Überzeugte Nutzer akquirieren – diese regen Kollegen zur Nutzung an ♦ Simplicity als Mindestvoraussetzung

Tabelle 16: Steckbrief der Fallstudie Gamma

Fallstudie Gamma (Unternehmenswiki)	
Ausgangssituation	Viel Wissen fließt durch Fluktuation der Mitarbeiter zwischen Projekten durch ♦ Bisher keine Lösung zur Dokumentation von Fachwissen vorhanden
Bedarf erkannt durch	Ehemaliger Leiter der Abteilung „Technik und Entwicklung" durch Beobachtung eines ähnlichen Business-Case
Ziel	Unterstützung von Dokumentation und Erwerb von Wissen durch Projektmitarbeiter in Phasen geringer Kapazitätsauslastung
Einführung	Wiki (basierend auf der Wiki-Software Perspective) wurde 2006 eingeführt
Ergebnisse (Nutzen)	Nachhaltiger Wissenspool von technischem, projektrelevantem und selbständig durch Mitarbeiter aktuell gehaltenem Wissen ♦ Transparenz über Mitarbeiter-Kompetenzen ♦ Strukturierter Zugang zu für Kundenprojekte relevantem Wissen
Erfolgsfaktoren	Engagiertes und frustrationsresistentes Wiki-Kernteam ♦ Offene Firmenkultur, welche Kommunikation lebt ♦ Wirkliches Wollen des Wiki durch die Geschäftsleitung ♦ Genügend Ressourcen bereitstellen♦ Künftige Wiki-Nutzer in Entwicklungs- und Einführungsprozess von Beginn an einbeziehen

Tabelle 17: Steckbrief der Fallstudie Delta

Fallstudie Delta (Projektwiki)	
Ausgangssituation	Projektabwicklung funktioniert in einer Abteilung nicht zufriedenstellend
Bedarf erkannt durch	Aktive Suche eines Werkzeugs für ein komplexes Projekt ♦ Abstimmung mit einem externen Berater
Ziel	Unterstützung der Projektdokumentation
Einführung	Für Projektanforderungen zugeschnittene TWiki-Instanz wurde 2008 eingeführt
Ergebnisse (Nutzen)	Nutzen des Wiki ist Allen von Anfang an klar: Projekt mit entsprechender Komplexität braucht ein geeignetes Werkzeug ♦ Strukturiertes Arbeiten ist mit einem Wiki sehr gut möglich
Erfolgsfaktoren	Schnell Klarheit schaffen: Wiki unterstützt ein Projekt in einer Weise, wie es durch bisherige Mittel nicht möglich war ♦ Strukturen im Wiki frühzeitig überlegen, um Anpassungsaufwand zu reduzieren ♦ Mitarbeiter benötigen IT-Grundverständnis

Tabelle 18: Steckbrief der Fallstudie Epsilon

Fallstudie Epsilon (Kommunikationsweblogs)	
Ausgangssituation	Unzufriedenheit mit der internen Kommunikation ♦ Produktivitätsverluste durch ineffektive Verwendung von E-Mails und Face-to-Face-Meetings
Bedarf erkannt durch	Ergebnisse aus interner Untersuchung basierend auf dem „Six-Sigma-Ansatz"
Ziel	Verbesserung der internen Kommunikation (basierend auf einem erstellten Kommunikationskonzept)
Einführung	In Microsoft Sharepoint integrierte Weblogs wurden 2007 eingeführt
Ergebnisse (Nutzen)	Abfangen und Kanalisieren von verteilergetriebenen E-Mails ♦ Erhöhung der Qualität der nutzergenerierten Inhalte zu Lasten der Quantität ♦ Reduktion der Informationsflut im Unternehmen
Erfolgsfaktoren	Aktiv Schreibbarrieren abbauen ♦ Vorhandensein von Grundkenntnissen zu Web-2.0-Anwendungen ♦ Regelmäßigkeit in Beitragserstellung erzielen

Schematisierung der Fallstudien 215

Tabelle 19: Steckbrief der Fallstudie Zeta

Fallstudie Zeta (Mitarbeiterweblogs)	
Ausgangssituation	Durch starke Parallelitäten geprägte Mitarbeiterkommunikation (besonders aufgrund geographischer Verteilung) ♦ Unzufriedenstellender Informationsfluss im Unternehmen
Bedarf erkannt durch	Geschäftsleitung
Ziel	Verbesserung von Effizienz und Effektivität in der internen Mitarbeiterkommunikation
Einführung	Weblogs auf der Basis von Lotus Notes/Domino wurden im Jahr 2001 eingeführt ♦ Anpassung von Lotus Notes hinsichtlich Chronologie und Kommentarfunktionalität
Ergebnisse (Nutzen)	Aktuelle Information über die laufende Entwicklung in Projekten ♦ Stimulation von Selbstorganisation und Selbstreflexion ♦ Nachhaltige Stärkung der Unternehmenskultur
Erfolgsfaktoren	„Sanfter Druck" durch die Geschäftsleitung hilft ♦ Oft genug und auch tief genug bloggen ♦ Bloggen über Privates stellt Synergien her ♦ „Leben" und Arbeit besser organisieren

Tabelle 20: Steckbrief der Fallstudie Eta

Fallstudie Eta (Unternehmenswiki)	
Ausgangssituation	Heterogene, historisch gewachsene Systemlandschaft ♦ Wunsch nach einer zentralen Lösung für bestimmte Inhalte
Bedarf erkannt durch	Interne Wissensmanagement-Gruppe
Ziel	Schaffung einer elektronischen Wissensbasis als Nachschlagewerk analog zur Wikipedia
Einführung	Java-basierte Wiki-Software JSPWiki wurde 2007 eingeführt
Ergebnisse (Nutzen)	Zugang zu Wissen, welches vorher nicht in einem Wissenspool vorhanden war ♦ Erhöhung der Transparenz über Inhalte im Unternehmen
Erfolgsfaktoren	Gute Struktur und Gliederung der Inhalte ♦ Auf First-Mover setzen ♦ Nutzen aus dem Wiki schnell erkennen ♦ Vorabbefüllung reduziert Schwelle für Mitarbeiter ♦ Internes Marketing ♦ Organisatorische Verankerung ♦ Mit fokussierten Aktivitäten in Richtung Wissensmanagement-Kultur das „Feld" für den Wiki-Einsatz vorbereiten

Tabelle 21: Steckbrief der Fallstudie Theta

Fallstudie Theta (Themenweblogs)	
Ausgangssituation	Leidensdruck durch zunehmende Präsenz von Wissenssilos ♦ Information erreicht nicht alle relevanten Adressaten
Bedarf erkannt durch	Geschäftsleitung nach Gespräch mit befreundetem Unternehmen
Ziel	Unterstützung des Kerngeschäfts durch effektivere und effizientere Verteilung von innovativen Inhalten im Unternehmen
Einführung	Erster Weblog wurde 2003 auf der Basis von Wordpress eingeführt ♦ Derzeit sechs interne Weblogs im Unternehmen
Ergebnisse (Nutzen)	Zugang zu Wissen, welches vorher nicht zentral in einer Wissensbasis vorhanden war ♦ Relevante Wissensträger schnell identifizierbar und kontaktierbar♦ Mitarbeiter sind über Innovationen und Veränderungen stets informiert ♦ Mitarbeiter erhalten Impulse zur Verwirklichung in Projekten
Erfolgsfaktoren	Hohe Frequenz der Beiträge ♦ Ehrlichkeit in der Darstellung ♦ Keine „falsche" Perfektion (contra Authentizität) ♦ Gedanken teilen ♦ Kommentarkultur aktiv „zum Laufen bringen" ♦ Bloggen in den Arbeitsalltag der Mitarbeiter integrieren

Tabelle 22: Steckbrief der Fallstudie Iota

Fallstudie Iota (Unternehmenswiki-blog)	
Ausgangssituation	Kommunikation über Lotus Notes ♦ Alte Lösung war umständlich in der Bedienung und litt an Akzeptanz ♦ E-Mail-Overload
Bedarf erkannt durch	Thema Web 2.0 aktiv im Unternehmen diskutiert ♦ Vorstand bereits damals aktiver Nutzer und Verfechter der Wikipedia
Ziel	Kanalisierung der Kommunikation um die Mitarbeiter ♦ Mehr Effektivität und Effizienz in der Kommunikation ♦ Sammlung von relevantem Wissen durch Mitarbeiter in einem zentralen Medium
Einführung	Wiki-Weblog Kombination wurde 2006 eingeführt ♦ Weblog-Erweiterung für MediaWiki implementiert
Ergebnisse (Nutzen)	Aufgabenspezifisches Wissen zentral verfügbar ♦ Verbesserung in der Qualität des Geschäftsmodells durch mitarbeitergetriebene Prozesssteuerung ♦ Qualitativ hochwertigere Kommunikation zwischen Mitarbeitern
Erfolgsfaktoren	Top-Down-Einführung durch Vorstand ♦ Mitarbeiter rasch für das Wiki-Blog begeistert ♦ Informationen im Wiki-Blog sind höchst tätigkeitsrelevant ♦ Offenheit in der Unternehmenskultur

Tabelle 23: Steckbrief der Fallstudie Kappa

Fallstudie Kappa (Unternehmenswiki)	
Ausgangssituation	Wissenssilos auf den lokalen Desktops der Mitarbeiter
Bedarf erkannt durch	Standortleiter
Ziel	Zusammenfassung des Unternehmenswissens an zentralem Ort ♦ Iterative Weiterentwicklung des organisationalen Wissensstandes
Einführung	MediaWiki-Instanz wurde 2006 eingeführt
Ergebnisse (Nutzen)	Zentraler Ablageort für Wissen ♦ Verstärktes Bewusstmachen von Wissensarbeit im Unternehmen
Erfolgsfaktoren	Ausreichend viele Akzeptanzmaßnahmen durchführen ♦ Schulungen der Mitarbeiter sowohl in Wiki-Funktionen, als auch in Wiki-Praktiken ♦ Entwicklung konkreter und lohnenswerter Einsatzszenarien

6.4 Erkenntnisse aus der Mehrfachfallstudie

Neben den durch die systematische Auswertung der Daten generierten Ergebnissen sind vor allem die Erkenntnisse, also was aus den Ergebnissen der Mehrfachfallstudien über Corporate Web 2.0 gelernt werden kann, ein wesentliches Forschungsziel. Diese Erkenntnisse können von Praktikern als Handlungsleitfaden für Web 2.0 im Unternehmen verstanden werden. Die bisherigen Fallstudien konnten schon zum größten Teil darstellen, dass der Einsatz von Web-2.0-Werkzeugen in Unternehmen sowohl auf einer individuellen Ebene, als auch auf einer übergeordneten Team- und Organisationsebene, Nutzen generiert. Trotzdem erscheinen die durch die verantwortlichen Experten genannten Vorteile von Wiki und Weblog aus Sicht der Autoren derzeit noch überbewertet.

Im Folgenden wird die Interpretation der wesentlichen Ergebnisse aus den Fallstudien präsentiert. Diese Aussagen beziehen sich als Erkenntnisse in erster Linie auf die in der Mehrfachfallstudie gemachten Erfahrungen mit Wiki und Weblog. Die Autoren erwarten allerdings, dass entsprechende Aussagen zu einem großen Teil für Corporate Web 2.0 insgesamt gelten, d.h. auch Erkenntnisse für einen effektiveren und effizienteren Einsatz von Corporate Web 2.0 darstellen. Damit trägt dieses Buch zu einem verbesserten Gesamtverständnis von Corporate Web 2.0 insgesamt bei. Dieser Abschnitt beantwortet damit die Frage, was aus dem Einsatz von Wiki und Weblog im Unternehmen über Corporate Web 2.0 gelernt werden kann. Eine Schematisierung der Erkenntnisse unter Berücksichtigung der jeweiligen Einzelfallstudien findet sich am Ende dieses Abschnitts.

Erkenntnis 1: Web-2.0-Technologie erzeugt Potenziale, keine Werte

!	Die Mehrfachfallstudie weist darauf hin, dass Web-2.0-Technologie Potentiale innehat, jedoch nicht unmittelbar Werte im Sinne von Nutzen schafft. Projektverantwortliche argumentieren noch zu oft und noch zu stark auf dem originären Nutzen der Web-2.0-Technologie. Ein tatsächlicher Nutzengewinn für das Unternehmen wird in vielen Fällen daher noch nicht erreicht oder wenig messbar.

Obwohl Wissenschaft und Praxis in Wiki und Weblog eine Reihe an sozialen Werten „hineininterpretieren", stellen Wiki und Weblog lediglich neue, einfach zu bedienende Werkzeuge dar, welche für sich alleingestellt keinen nachhaltigen Nutzen für Nutzer und Unternehmen generieren. Im Zusammenhang mit Web-2.0-Technologien muss nämlich grundsätzlich immer zwischen dem originären Nutzen aus einer Technologie, welcher der Sache selbst entspringt, sowie dem Nutzen durch die Anwendung dieser Technologie in einem bestimmten Kontext, dem echten Nutzen für das Unternehmen, unterschieden werden:

- Bei einem Wiki ist der originäre Nutzen aus der Web-2.0-Technologie in erster Linie die Plattform, welche Dokumentation, Kollaboration und Volltext-Suche unterstützt.
- Bei einem Weblog ist der originäre Nutzen aus der Web-2.0-Technologie in erster Linie die Plattform, welche die Kommunikation zwischen den Nutzern über Feedback- und Vernetzungsfunktionen fördert.
- Im Vergleich dazu ist der originäre Nutzen von E-Mail in erster Linie das Kommunikationsmedium selbst, welches asynchronen Austausch elektronischer Nachrichten zwischen Personen ermöglicht.

Erst durch die Nutzung einer Technologie in einem geeigneten Anwendungskontext (Business-Case), mit Absteckung von Zielsetzung, erwartbarem Nutzen für beteiligte Stakeholder und erwarteten Nutzungsmustern, kann aus dem originären Nutzen der Technologie ein tatsächlicher Nutzen für Mitarbeiter und Unternehmen entstehen.

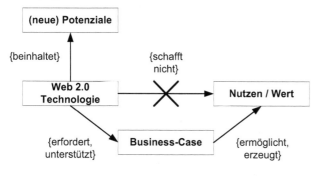

Abbildung 37: Mehrwert durch Corporate Web 2.0

Erkenntnis 2: Web 2.0 erfordert einen klar definierten Business-Case

!	Die Mehrfachfallstudie weist darauf hin, dass Wiki und Weblog in einem klar definierten Business-Case eingebettet sein müssen, um ihre Nützlichkeit im Unternehmen zu entfalten. Ein Business-Case enthält mindestens eine Beschreibung von Ziel, beteiligte Stakeholder, adressierte Stakeholder und den erwarteten Nutzen. Nicht in allen Fallstudien finden sich klar definierte Business-Cases und damit der gewünschte Erfolg durch Wiki und Weblog.

Bei einigen Fallstudien wurde bei der Interpretation der durch die für Wiki und Weblog verantwortlichen Experten getätigten Aussagen ersichtlich, dass der originäre Nutzen aus der Technologie mit dem tatsächlichen Nutzen für einen konkreten Anwendungsbereich miteinander verschwimmt oder gar nicht voneinander getrennt wird. Aussagen wie, *„...wir haben ein Wiki eingeführt"*, *„...wir stellen unseren Mitarbeitern mit dem Wiki eine Plattform zur Verfügung"* oder *„...wir nutzen ein Wiki im Wissensmanagement"* lassen für sich alleine gestellt darauf schließen, dass kein klar definierter Business-Case existiert. Unter dieser Voraussetzung kann das in Wiki und Weblog als Web-2.0-Technologien liegende Potenzial im Unternehmen nicht erfolgreich aktiviert werden. Wiki und Weblog müssen als sozio-technische Systeme in einem klar definierten und abgegrenzten Anwendungskontext (dem Business-Case) eingebettet sein, damit sie von Mitarbeitern entsprechend ihrer Zielsetzung genutzt werden und für Mitarbeiter und Organisation Nutzen bringen:

- Benötigen dezentrale Mitarbeiter einer Abteilung ein gemeinsames Medium zur kollaborativen Dokumentation von Problemstellungen und Lösungen, um ihr Kerngeschäft zu verbessern, kann ein gezielt eingesetztes Wiki ein geeignetes Werkzeug darstellen (vgl. Fallstudie Beta).

- Gestaltet sich Projektkommunikation durch die Komplexität eines Projektes besonders schwierig, kann ein Wiki durch seine besondere Art, Information transparent zu machen, Nutzen stiften (vgl. Fallstudie Delta).

- Will die Unternehmensleitung den durch E-Mail hervorgerufenen Information-Overload und damit einhergehend Produktivitätsverluste vermindern, kann sie mit dem Ziel eines Redesigns der internen Massen-Kommunikation interne Weblogs zu diesem Zweck einsetzen (vgl. Fallstudie Epsilon).

- Wollen Mitarbeiter mit Inhalten über vergangene Projekte versorgt werden, um aus bereits gemachten Erfahrungen Ideen für neue Projekte zu entwickeln, können Themen-Weblogs durch die Bereitstellung vergangener projektbezogener Informationen Nutzen stiften (vgl. Fallstudie Theta).

Erkenntnis 3: Web 2.0 erfordert eine Abkehr von gewohnten Praktiken

	Die Mehrfachfallstudie weist darauf hin, dass mit der Nutzung von Wiki und Weblog eine Abkehr von gewohnten Nutzungspraktiken erforderlich ist. Nicht in allen Fallstudien konnte eine solche Abkehr erreicht werden und der erwartete Erfolg blieb aus.

Mit der Nutzung einer Web-2.0-Technologie wird in den meisten Fällen eine Abkehr von gewohnten (Nutzungs-)Praktiken unumgänglich. Eine im Unternehmen beabsichtigte Veränderung ist oft mit Unwillen bei Mitarbeitern verbunden. Gelingt diese Abkehr von alten Nutzungspraktiken nicht oder nicht vollständig, kann das Potential einer Web-2.0-Technologie nicht aktiviert werden. In diesem Zusammenhang spielen vor allem die vorherrschende Unternehmens- sowie die Kommunikationskultur eine große Rolle. So kann beispielsweise ein Weblog sein Ziel nicht erreichen, wenn Mitarbeiter weiterhin E-Mails verfassen, anstatt Weblog-Beiträge zu erstellen, obwohl der Business-Case die Abkehr von E-Mail-Kommunikation vorsieht.

In einigen Fallstudien wurde gezeigt, dass es für eine Veränderung notwendig war, Mitarbeitern sogar ein bestimmtes Werkzeug in einem bestimmten Kontext explizit zu verbieten, um sie dazu zu bewegen, Wikis oder Weblogs in Betracht zu ziehen (vgl. Fallstudie 10). Außerdem kann ein „sanfter Druck" der Geschäftsleitung sehr unterstützend wirken, ein neues Werkzeug in den betrieblichen Arbeitsalltag zu integrieren (vgl. Fallstudie 6). Ein begleitendes Change-Management ist stets notwendig, um die Akzeptanz der Mitarbeiter für Wiki und Weblog zu erhöhen. Was diesen Aspekt betrifft, kann auf reichhaltige Literatur zu Motivation und Barrieren im Wissenstransfer zurückgegriffen werden.

Erkenntnis 4: Unternehmen denken im Wissenstransfer mit Web 2.0 meist zu technologieorientiert

!	Die Mehrfachstudie weist darauf hin, dass ein pures Verlassen auf die soziale Komponente von Wiki und Weblog bei vornehmlich technologiegetriebenem Denken und Handeln in Unternehmen meist nicht zum gewünschten Erfolg führt.

Ein Teil der in den Fallstudien untersuchten Unternehmen denkt in Bezug auf den Wissenstransfer mit Web 2.0 noch zu technologieorientiert. In einem solchen Fall wird beispielsweise als Mehrwert eines unternehmensweiten Wiki für die Mitarbeiter „nur" die zentrale Speicherung von Informationen abseits von File-Server-Laufwerken und Desktop-Umgebungen genannt. Bei dieser Nennung handelt es sich jedoch nicht um den Mehrwert eines Wiki im Sinne von Nutzen, sondern vielmehr um eine Eigenschaft der Technologie. Mitarbeiter würden unter einem Nutzen verstehen, dass sie durch ein Wiki aufgrund der darin bereitgestellten relevanten Informationen ihre betrieblichen Aufgaben, wie beispielsweise den Support für Forscher und Entwickler, effektiver und effizienter erledigen können (vgl. Fallstudie 2).

Aus den untersuchten Einzelfällen und insbesondere aus den Befragungen der Mitarbeiter als Nutzer von Wiki und Weblog wurde ersichtlich, dass sich Mitarbeiter zum Teil noch besonders schwer tun, einen klaren Nutzen und Mehrwert aus Wiki und Weblog zu erkennen. Trotz der in Unternehmen mühsam und zum Teil auch kreativ entwickelten Einsatz-Szenarien geht die Verwendung von Wiki und Weblog manchmal am eigentlichen Bedarf der Anwender vorbei. Aus diesem Grund ist es wesentlich, systematisch die Bedürfnisse der zukünftigen Nutzer zu untersuchen, wenn Wiki und Weblog im Unternehmen zur Unterstützung von Wissenstransfer eingeführt werden. Sich bei technologiegetriebenem Denken nur auf die soziale Komponente von Web 2.0 zu verlassen, d.h. davon auszugehen, dass Mitarbeiter Web-2.0-Werkzeuge gemäß der Zugkraft ihrer Vorbilder am offenen Web einsetzen werden, wird nur selten von Erfolg gekrönt sein. Wiki und Weblog sind per se keine Selbstläufer in Unternehmen. Ein abgegrenztes Unternehmenswiki ist niemals vergleichbar mit einer globalen Wikipedia.

Erkenntnis 5: Wissenstransfer mit Web 2.0 darf nicht nur auf Selbstorganisation und Altruismus aufbauen

Die Mehrfachfallstudie weist darauf hin, dass ein langfristiger Erfolg von Wiki und Weblog im Unternehmen ausbleibt, wenn Wissenstransfer nur auf Freiwilligkeit, Altruismus, Early-Adoptern und Evangelisten aufbaut.

Internationale Großunternehmen zeichnen sich meist durch eine sehr hohe Mitarbeiteranzahl aus. In diesen Unternehmen wird es Mitarbeiter geben, welche eine neue Web-2.0-Technologie, beispielsweise in ihrer Rolle als Early-Adopter, frühzeitig und zum Teil auch ohne eine sofortige Erwartung eines Nutzens einsetzen. Das kann auch dann der Fall sein, wenn beispielsweise in einem solchen Unternehmen verfügbare Mitarbeiter-Weblogs nicht in einen konkreten Business-Case eingebettet sind, jedoch zur freiwilligen Nutzung durch Mitarbeiter offen stehen. Es ist unumstritten, dass einige Personen besonders in Großunternehmen aus dem Einsatz von Weblogs einen abgegrenzten Nutzen erkennen können [Vgl. Ehms, 2008].

Nicht nur in Großunternehmen wird es Mitarbeiter geben, welche altruistisch handeln und Wissen freiwillig, etwa aus Spaß und Zeitvertreib ihren Kollegen zur Verfügung stellen. Langfristig müssen auch solche Unternehmen die Sinnhaftigkeit von unternehmensübergreifenden Wikis und großen internen Weblog-Netzwerken in Bezug auf den Beitrag zur betrieblichen Leistungserstellung diskutieren und vielleicht sogar überdenken. Rational handelnde Individuen werden in Unternehmen dann einen Beitrag zur Wissensbasis leisten, wenn sie aus ihrem Beitrag auch einen individuellen Mehrwert für ihre betriebliche Arbeit ableiten können. Sie werden Kosten und Nutzen ihrer Entscheidungen abwägen und entsprechend agieren. Das bloße Setzen auf Eigeninitiative und Selbstorganisation von Mitarbeitern kann in Unternehmen ein Risiko darstellen und dazu führen, dass Wissen überhaupt nicht geteilt wird.

Auch bei Wiki und Weblog handelt es sich im weitesten Sinn um moderne Ausprägungen elektronischer Datenbanken. Aufgrund ihrer Einfachheit in der Nutzung und ihrer Vorbildwirkung durch Pendants am Web konnten sie zwar die Kosten für einzelne Mitarbeiter, was die Veröffentlichung von Beiträgen betrifft, im Vergleich zu klassischen monolithischen Wissensmanagement-Systemen deutlich reduzieren, jedoch nicht gänzlich neutralisieren. Das aus der Wissensmanagement-Forschung bekannte Knowledge-Sharing-Dilemma [Vgl. Cabrera und Cabrera, 2002] tritt auch im Zusammenhang mit Wiki und Weblog im Unternehmen auf. Während die globale Wikipedia durch ihre große Anzahl an Nutzern und daraus abgeleitet noch immer zufriedenstellende Anzahl an Beitragenden das Dilemma der Wissensteilung am Web quasi überwunden zu haben scheint, wird die wesentlich geringere Anzahl an beitragenden Mitarbeitern in Unternehmen bei zu stark selbstorganisiertem Denken ohne einen konkreten Business-Case häufig nur zu einem wenig befriedigenden Ergebnis führen. Durch stärkere organisatorische Verankerung von Wiki und Weblog in Unternehmensprozessen (beispielsweise die interne Vorgabe, alle Projekte in einem Wiki zu dokumentieren) und durch Zuweisung personeller Verantwortungen an bestimmte Mitarbeiter (beispielsweise Mitarbeiter A ist im Wiki verantwortlich für Thema B) kann die Nutzungsintensität von Web-2.0-Anwendungen erhöht werden.

Erkenntnis 6: Web 2.0 leidet in Unternehmen an einer Unterversorgung von „user generated content"

!	Die Mehrfachfallstudie weist darauf hin, dass auch Web-2.0-Anwendungen als moderne Versionen von „discretionary databases" in Unternehmen an einer Unterversorgung von durch die Nutzer generierten Inhalten leiden. Es wird vermutlich in jedem Fall weit mehr Leser geben, als Beitragende.

Wiki und Weblog stellen moderne Ausprägungen von „discretionary databases" [Vgl. Conolly und Thorn, 1990] dar, d.h. Datenbanken, bei denen Nutzer nach eigenem Ermessen Inhalte einstellen. Daher leiden auch Wiki und Weblog im Unternehmen an einer Unterversorgung von user-generated-content (UGC), also durch Nutzer generierte Inhalte. Der Anteil der Leser von Inhalten überwiegt mehr als deutlich. Aus Sicht der Autoren sind noch viele Schritte und geeignete Business-Cases notwendig, um einen entsprechenden Wandel bei der Nutzung von Wiki und Weblog in Unternehmen hervorzurufen. Ein wesentlicher Aspekt besteht darin, dass der Nutzen von Wiki und Weblog mit dem Grad der Nutzung zusammenhängt. Können Mitarbeiter erst von dieser Tatsache überzeugt werden, steht einem Nutzen für die Organisation nichts mehr im Weg.

Die Mehrfachfallstudie weist darauf hin, dass Mitarbeiter im Arbeitsalltag allerdings oft aus Gewohnheit auf traditionelle Kommunikationsmedien, d.h. auf Kanäle zurückgreifen, anstatt Portale wie Wiki und Weblog heranzuziehen [Vgl. McAfee, 2006]. Mitarbeiter wandeln durch die Nutzung von Kanälen (Telefon, E-Mail, Face-to-Face-Gespräch) ihren Informationsbedarf im Gegensatz zu Portalen (Wiki und Weblog) von einer Hol- in eine Bringschuld um und reduzieren so ihre individuellen Kosten der Informationsbeschaffung.

Zusammenfassend sei festgestellt, dass sich die aus den Ergebnissen der Mehrfachfallstudie abgeleiteten Erkenntnisse auf das Potenzial von Wiki und Weblog beziehen. Nach Ansicht der Autoren haben jedoch viele dieser Aussagen allgemeine Gültigkeit für Corporate Web 2.0. Folgende Tabelle stellt dar, inwieweit das in Corporate Web 2.0 innewohnende Potenzial in den jeweiligen Einzelfällen erfolgreich genutzt wurde, um den Wissenstransfer zu unterstützen.

Tabelle 24: Mehrfachfallstudie: Erkenntnisse zu Wiki und Weblog

	Alpha (Wiki)	Beta (Wiki)	Gamma (Wiki)	Delta (Wiki)	Eta (Wiki)	Kappa (Wiki)	Iota (Wiki-Blog)	Epsilon (Weblog)	Zeta (Weblog)	Theta (Weblog)
Argumentation auf originärem Nutzen	■	☐	☐	☐	■	■	▣	☐	☐	☐
Klarer Business-Case vorhanden	☐	■	▣	■	☐	☐	☐	☐	▣	▣
Abkehr von gewohnten Praktiken	☐	▣	■	■	☐	☐	▣	▣	■	☐
Unterversorgung mit „user generated content" akzeptabel	☐	▣	■	■	☐	☐	▣	▣	▣	■
Technologiefokussiertes Denken	▣	☐	▣	☐	▣	■	▣	▣	☐	☐
Selbstorganisation und Freiwilligkeit	■	▣	▣	☐	■	■	■	☐	▣	☐

■ Trifft ganz zu (aus Sicht der Autoren)
▣ Trifft eher zu (aus Sicht der Autoren)
☐ Trifft nicht zu (aus Sicht der Autoren)

Nachfolgende Tabelle veranschaulicht wesentliche Aspekte bei der Einführung von Web 2.0 im Unternehmen, welche erst durch die Erkenntnisse aus der Mehrfachfallstudie deutlich wurden. Sie will gerade den Praktikern als eine Übersicht dienen und ihnen in der Form von handlungsleitenden Prinzipien zu Mut bei der Anwendung von Web 2.0 im Unternehmen verhelfen.

Tabelle 25: Mehrfachfallstudie: Web 2.0 im Unternehmen nutzen

Verständnis schaffen	In Business-Cases denken	Erwartungen zügeln
• Web 2.0 beinhaltet Potenziale, schafft jedoch nicht unmittelbar Werte	• Web 2.0 benötigt klar definierten Anwendungskontext	• Web 2.0 kann Nutzen für Mitarbeiter und Unternehmen stiften
• Effektive Nutzung von Web 2.0 verlangt Abkehr von gewohnten Nutzungspraktiken	• Wissensmanagement darf nicht nur auf Selbstorganisation und "Early-Adoptern" aufgebaut sein	• Web 2.0 kann im Unternehmen an einer Unterversorgung von nutzergenerierten Inhalten leiden

6.5 Spannungsbogen und Beitrag

6.5.1 Spannungsboden dieses Buchs

Das vorliegende Buch thematisiert im Rahmen einer explorativen Mehrfachfallstudie Möglichkeiten und Grenzen von Corporate Web 2.0 unter Bezugnahme auf die beiden konzeptionell verwandten Web-2.0-Anwendungen Wiki und Weblog für den Anwendungsbereich intraorganisationaler Wissenstransfer. Es ist festzuhalten, dass die Ergebnisse immer nur im Kontext der untersuchten Fallstudien in den jeweiligen Unternehmen wirkliche Aussagekraft haben und keine Allgemeingültigkeit besitzen. Nichtsdestotrotz wurden in der Mehrfachfallstudie über Mustervergleiche Aussagen abgeleitet, welche auch für andere Unternehmen aus anderen Branchen, mit anderer Unternehmenskultur und anderen technischen Voraussetzungen Ansatzpunkte für eine thematische Orientierung darstellen können.

Die gewonnenen Ergebnisse bilden, wie bei explorativer Forschung üblich, eine solide Basis, um mit Hilfe weiterer Studien entsprechend vertieft zu werden. Die Ergebnisse dieses Buchs können zudem als sehr aktuell eingeschätzt werden, da einzelne Teile dieses Buchs noch bis kurz vor Fertigstellung auf einschlägigen wissenschaftlichen Tagungen veröffentlicht wurden. Die in diesem Buch getroffenen Aussagen zum Einsatz von Wiki und Weblog im intraorganisationalen Wissenstransfer sowie die daraus gewonnenen Erkenntnisse zu einem besseren Verständnis von Corporate Web 2.0 verstehen sich keineswegs als vollständige Abhandlung dieser äußerst komplexen und aufgrund der stetigen technologischen Weiterentwicklung auch äußerst dynamischen Materie. Die Ergebnisse mögen der Wissenschaft dazu dienen, um daraus Hypothesen abzuleiten und wollen von der Praxis als Handlungsleitfaden und Ideenlieferanten für zukünftige Projekte im Corporate Web 2.0 verstanden werden. Den Praktikern sei Mut zur Anwendung der in diesem Buch vorgestellten Konzepte gewünscht.

> **!** Entscheider in Unternehmen sind am Potenzial von Instrumenten des Corporate Web 2.0 zur Unterstützung von Wissenstransfer interessiert, finden bisher jedoch kaum qualitätsgesicherte akademische Literatur vor. Als neue computergestützte Informationssysteme müssen die beiden konzeptionell verwandten Werkzeuge des Web 2.0, Wiki und Weblog, erstmals ausführlich, systematisch und empirisch im organisationalen Kontext untersucht werden. Die explorativ gewonnenen Ergebnisse dieses Buchs stellen eine erste Basis dar und wollen in darauf aufbauenden Untersuchungen weiter vertieft werden. Sie sollten vor allem Praktikern als Handlungsleitfäden und Ideenlieferanten für eigene Projekte dienen.

Nach einer eingehenden Beschäftigung mit der Theorie zu Wissensmanagement und Wissenstransfer, mit Web 2.0 und seinen sozialen und technischen Perspektiven, sowie mit einschlägigen Modellen aus der Information Systems Research, wurden durch die Autoren vier forschungsleitende Fragen abgeleitet, welche es im Zuge dieses Buchs zu beantworten galt. Ausgehend von dem idealtypischen Studiendesign wurden diese forschungsleitenden Fragen mit den Anforderungen aus der Praxis verknüpft, im Rahmen einer Pilotfallstudie weiter detailliert und in der weiteren Erkenntnisgewinnung in der Mehrfachfallstudie schließlich beantwortet.

Auf Basis der im Rahmen der Pilotfallstudie abgeleiteten vorläufigen Aussagen zum intraorganisationalen Wissenstransfer sowie der gewonnenen Erfahrungen mit unterschiedlichen Datenerhebungsmethoden wurde ein in vier Phasen ablaufendes Studiendesign für die Untersuchung von zehn Einzelfällen als zentraler Bestandteil der Mehrfachfallstudie entwickelt. Dabei wurden sowohl die Anforderungen an eine valide Studie durch die Integration qualitativer und quantitativer Daten erfüllt, als auch im Sinne einer anwendungsnahen und problemlösungsorientierten Forschungsarbeit die Anforderungen und Wünsche von teilnehmenden Unternehmen weitestgehend berücksichtigt.

Maßgebliche Träger der Mehrfachfallstudie waren die in den Unternehmen verantwortlichen Experten für Wiki und Weblog. Diese wurden in semi-strukturierten Interviews zum intraorganisationalen Wissenstransfer mit Wiki und Weblog befragt.

Als Teilnehmer am Wissenstransfer kommt auch den Mitarbeitern als Nutzer von Wiki und Weblog eine bedeutende Rolle zu. Die Aussagen der verantwortlichen Experten wurden daher mittels Online-Befragungen von Mitarbeitern validiert.

Die Ergebnisse der in der Mehrfachfallstudie untersuchten Einzelfälle wurden zusammenfassend abstrahiert, interpretiert und systematisiert in Aussagen gegossen. Zudem wurden alle Einzelfallstudien in ein Schema gepresst, um effektiveres und effizienteres Lernen aus den Fallstudien durch Muster-Vergleiche zu ermöglichen. Die durch eine systematische Vorgehensweise in Datenerfassung und Datenauswertung erzielten Ergebnisse liefern eine solide Basis für die Ableitung von Erkenntnissen. Erst diese Erkenntnisse ermöglichen ein Lernen über Corporate Web 2.0. Gerade diese Erkenntnisse liefern für Praktiker auch wertvolle Ideen, wenn diese eigene Wiki- und Weblog-Projekte durchführen möchten.

6.5.2 Beitrag dieses Buchs zur Theorie

Dieses Buch und die im Rahmen der darin beschriebenen Forschung gewonnenen Erkenntnisse leisten unterschiedliche Beiträge für die Wissenschaft:

- Die Untersuchung weist darauf hin, dass Phänomene aus dem Web derzeit noch nicht 1:1 in die Unternehmen integriert werden können. Weder die Anzahl der Nutzer (Mitarbeiter), noch die Rahmenbedingungen sind vergleichbar.
- Die Untersuchung bietet einen systematischen Einblick in zwei technologische Wissenstransfer-Instrumente, Wiki und Weblog, sowie in die Domäne des technologieorientierten Wissenstransfers.
- Die Untersuchung vertieft die Erkenntnisse zu Erfolgsfaktoren bei Wiki- und Weblog-Projekten. Die Schematisierung der Einzelfallstudien ermöglicht systematische Mustervergleiche zwischen Einzelfällen.
- Die Untersuchung weist darauf hin, dass das Dilemma der Wissensteilung als Problem sozialer Kooperation auch beim Einsatz von Wiki und Weblog im Unternehmen weiter besteht.

Die Ergebnisse dieses Buches lassen sich durch weitere Studien prüfen und erweitern. Zusätzlich ergeben sich aus dem Buch spannende Ansätze für nachfolgende Forschungsarbeiten:

- Aus den im Rahmen der Fallstudien extrahierten Erfolgsfaktoren können konkrete Handlungsempfehlungen zur Einführung von Web 2.0 im Unternehmen abgeleitet werden. In empirischen Studien kann geprüft werden, ob es unter Beachtung der Erfolgsfaktoren zu vergleichbaren Effekten kommt. So können Verlässlichkeit und externe Validität der Ergebnisse erhöht werden.
- In diesem Buch liegt der Fokus auf intraorganisationalem Wissenstransfer über Wiki und Weblog. In weiterführenden Forschungsarbeiten kann der Forschungsschwerpunkt auf interorganisationalen Wissenstransfer ausgeweitet werden.

6.5.3 Beitrag dieses Buchs zur Praxis

Ein wesentliches Ziel dieser anwendungsnahen Forschungsarbeit besteht in der praktischen Relevanz der erzielten Ergebnisse. So sollen die Forschungsergebnisse aus den Fallstudien einerseits die teilnehmenden Unternehmen selbst unterstützen:

- Teilnehmende Unternehmen sollen durch die jeweils durchgeführte Untersuchung eigene Probleme im Zusammenhang mit Wiki und Weblog frühzeitig erkennen und bestmöglich darauf reagieren.
- Teilnehmende Unternehmen sollen auf Basis der Studie Maßnahmen ableiten können, um Effektivität und Effizienz ihres Einsatzes von Wiki und Weblog weiter zu erhöhen.
- Teilnehmende Unternehmen sollen durch die anwendungsnahe Studie einen Wissensvorsprung aus einem Wechselspiel zwischen Erfahrung und Vermutung erhalten.

Andererseits sollen Ergebnisse aus der Mehrfachfallstudie auch alle anderen Unternehmen dabei unterstützten, sozio-technische Phänomene im Corporate Web 2.0 besser zu verstehen.

- Die systematische Untersuchung soll die Unsicherheit im Umgang mit Wissenstransfer über Wiki und Weblog reduzieren. Kritische Aspekte des Einsatzes von Corporate Web 2.0 werden transparent gemacht, analysiert und systematisiert.

- Die systematische Untersuchung bringt Wissensmanagement-Verantwortlichen die Komplexität technologiegestützten Wissenstransfers näher und sorgt dafür, dass Gefahren bereits frühzeitig auf konzeptioneller Ebene erkannt werden.
- Die Schematisierung der Wiki- und Weblog-Projekte will Praktikern als Strukturierungshilfe dienen. Durch strukturierte Best-Practices ist ein Wissensaustausch über Corporate Web 2.0 sowohl im, als auch zwischen Unternehmen, wesentlich einfacher handhabbar.

6.5.4 Ausblick auf weitere Forschungsarbeiten

Dieses Buch bietet eine Reihe von Ansatzpunkten weitere Forschungsarbeiten:

Ableiten und Testen von Hypothesen in weiteren Studien: Der explorative Charakter dieses Buchs führt zur Gewinnung systematischer Erkenntnisse zu den für Unternehmen noch neuen und auf den Prinzipien von Web 2.0 basierenden computergestützten Informationssystemen Wiki und Weblog. Aus den empirischen und großteils qualitativen Ergebnissen dieses Buchs lassen sich Hypothesen ableiten, welche in weiteren Arbeiten als Fallstudien oder als unternehmensübergreifende Umfragen getestet werden können.

Untersuchung von durch semantische Technologien erweiterte Wikis und Weblogs: Auch Wiki und Weblog unterliegen einer stetigen technologischen Weiterentwicklung. Mit großer Anstrengung versuchen Forscher mit Hilfe semantischer Technologien digitale Informationen für Maschinen besser zugänglich zu machen [Vgl. Pellegrini und Blumauer, 2008]. Gleichzeitig erhalten auch Menschen innovativere Möglichkeiten für die Suche und den Abruf von digitalen Informationen. Semantische Technologien erweitern Wiki und Weblog zu semantischen Wikis [Vgl. Schaffert u.a., 2007] und semantischen Weblogs [Shakaya u.a., 2007]. Für den Forscher stellt sich im Zusammenhang mit diesen neuen Technologien die Frage, ob der durch semantische Technologien erhöhte originäre Nutzen der Technologie von Unternehmen auch in neue Business-Cases und damit in tatsächlichen Nutzen überführt werden kann. Das Ziel einer auf den Ergebnissen dieses Buches aufbauende Untersuchung kann darin bestehen, die Wirkung semantischer Technologien auf den intraorganisationalen Wissenstransfer zu erforschen.

Untersuchung von „Sozialen Netzwerkdiensten" im Unternehmen: Abgesehen von den beiden speziellen Web-2.0-Anwendungen, Wiki und Weblog, halten langsam, aber kontinuierlich auch weitere Anwendungen mit anderer Funktionalität in Unternehmen Einzug. So gelten laut Forrester Research „Soziale Netzwerkdienste" als nächste Generation viel versprechender Web-2.0-Anwendungen in Unternehmen.66 Soziale Netzwerkdienste verfügen über die Grundfunktionen Identitätsmanagement, Kontaktmanagement, Expertensuche, Unterstützung von Kontext- und Netzwerkawareness und Unterstützung eines gemeinsamen Austauschs [Koch und Richter, 2008]. Das Ziel aufbauender Forschungsarbeiten kann darin bestehen, den Nutzen dieser neuen Gattung computergestützter Informationssysteme auf den intraorganisationalen Wissenstransfer zu erforschen.

Untersuchung von Microblogging im Unternehmen: Das Web zeigt durch eine Reihe neuer Anwendungen, wie beispielsweise Twitter67, dass Nutzer eine starke Bereitschaft verspüren, speziell kurze Beiträge zu ihrer Einstellung oder zu ihren Aktivitäten zu veröffentlichen. Auf der Microblogging Plattform „Twitter" beantworten Nutzer lediglich die einfache Frage, „was tust du gerade" und schreiben dazu einen kurzen Beitrag. Sie veröffentlichen aus ihrer Aktivität heraus Inhalte, welche für Freunde und Kollegen interessant sind und von diesen abonniert werden. Auf die Unternehmensperspektive übertragen, stellt „Yammer"68 Mitarbeitern die von Twitter abgeleitete Frage, „woran arbeitest du gerade". Durch die Nutzung solcher Microblogging Lösungen erhalten Unternehmen einen schnellen Überblick über die Aktivitäten aller Mitarbeiter. Speziell der Einsatz von Microblogging im Unternehmen kann untersucht werden, um Implikationen auf den intraorganisationalen Wissenstransfer abzuleiten.

---

[66] Forrester: Social networking will be biggest enterprise 2.0 priority by 2013: blogs.zdnet.com/BTL/?p=8555.
[67] Twitter: www.twitter.com
[68] Yammer: www.yammer.com

7 Literaturverzeichnis

[Alavi und Leidner, 2001] Alavi, Maryam; Leidner, Dorothy: Knowledge Management Systems – Conceptual Foundations and Research Issues, in: MIS Quarterly, Vol. 25, No.1, 2001.

[Allaire, 2002] Allaire, Jeremy: Macromedia Flash MX-A next-generation rich client, Macromedia White-Paper, http://download.macromedia.com/pub/flash/whitepapers/richclient.pdf, 2002.

[Back u.a., 2008] Back, Andrea; Gronau, Norbert; Tochtermann, Klaus (Hrsg.): Web 2.0 in der Unternehmenspraxis. Grundlagen, Fallstudien und Trends zum Einsatz von Social Software, Oldenburg Wissenschaftsverlag, 2008.

[Barnes, 1954] Barnes, John: Class and Committees in a Norwegian Island Parish, Human Relations, 7, 1954.

[Basili, u.a., 1994] Basili, Victor; Caldiera, Gianluigi; Rombach, Dieter: Experience Factory, in: Encyclopedia of Software Engineering, Wiley & Sons, 1994.

[Bell, 1973] Bell, Daniel: The coming of post-industrial society a venture of social forecasting, New York, Basic Book, 1973.

[Berners-Lee, 1998] Berners-Lee, Tim: Semantic Web Roadmap, http://www.w3.org/DesignIssues/Semantic.html, 1998.

[Bernoff, 2007] Bernoff, Josh: The five reasons companies should participate in the Groundswell, Forrester Blog, 2007.

[Blumauer und Pellegrini, 2008] Blumauer, Andreas; Pellegrini, Tassilo: Social Semantic Web: Web 2.0 – Was nun? Springer Verlag, 2008.

[Benbasat u.a., 1987] Benbasat, Izak; Goldstein, David; Mead, Melissa: The Case Research Strategy in Studies of Information Systems, in: MIS Quarterly, Vol. 11, No. 3, 1987.

[Berends, u.a., 2006] Berends, Hans; Bij, Hans; Debackere, Koenraad; Weggeman, Mathieu: Knowledge Sharing Mechanisms in Industrial Research, in: R&D Management, Vol 36, No. 1, 2006.

[Bughin, 2008] Bughin, Jacques; Manyika, James; Miller, Andy: Building the Web 2.0 Enterprise, McKinsey Global Survey Results, McKinsey, 2008.

[Bullinger, u.a., 1997] Bullinger, Hans Jörg; Wörner, Kai; Prieto, Juan: Wissensmanagement heute: Daten, Fakten und Trends, Fraunhofer Institut für Arbeitswirtschaft und Organisation (IAO), Stuttgart, 1997.

[Burton-Jones, 1999] Burton-Jones, Alan: Knowledge Capitalism: Business, Work, and Learning in the New Economy, Oxford, Oxford University Press, 1999.

[Cabrera und Cabrera, 2002] Cabrera, Angel; Cabrera Elizabeth: Knowledge Sharing Dilemmas, in: Organization Studies, Vol. 23, No. 5, 2002.

[Cameron and Brown, 1998] Cameron, Linda; Brown, Paul: Social Value Orientation and Decisions to Take Proenvironmental Action, in: Journal of Applied Social Psychology, 28(8), 2006.

[Carotenuto u.a., 1999] Carotenuto, Linda; Wenger, Etienne; Fontaine, Michael; Friedman, Jessica; Muller, Michael; Newberg, Helene; Simpson, Matthew; Slusher, Jason; Stevenson, Kenneth: CommunitySpace: Towards flexible Support for Voluntary Knowledge Communities, in: Proceedings of Workshop 'Changing Places', 1999.

[Cornes und Sandler, 1986] Cornes, Richard; Sandler, Todd: The Theory of Externalities, Public Goods and Club Goods, New York, Cambridge University Press, 1986.

[Cowan, u.a., 2005], Cowan, Robin; David, Paul; Foray, Dominique: The Explicit Economics of Knowledge Codification and Tacitness, in: Industrial and Corporate Change, Vol 9(2), 2000.

[Cress, u.a., 2002] Cress, Ulrike; Barquero, Beatriz; Buder, Jürgen; Hesse, Friedrich: Social Dilemma in Knowledge Communication via Shared Databases, in: Communication Research, Vol. 33, No. 5, 2006.

[Davenport and Prusack, 1998] Davenport, Thomas; Prusak, Lawrence: Working Knowledge: How Organizations Manage What They Know, Cambridge, Harvard Business School Press, 1998.

[Danis und Singer, 2008] Danis, Catalina; Singer, David: A Wiki Instance in the Enterprise: Opportunities, Concerns and Reality, in: Proceedings of the ACM 2008 Conference on Computer Supported Cooperative Work, San Diego, USA, 2008.

[Davis, 1989] Davis, Fred: Perceived usefulness, perceived ease of use, and user acceptance of information technology, in: MIS Quarterly, 13, 1989.

[Degenhardt, 1986] Degenhardt, Werner: Akzeptanzforschung zu Bildschirmtext: Methoden und Ergebnisse, München, Fischer, 1986.

[DeLone und McLean, 1992] DeLone, Willhelm; McLean, Ephraim: Information systems success: The quest for the dependent variable, in: Information Systems Research, Vol.3, No. 1, 1992.

[DeLone und McLean, 2003] DeLone, Willhelm; McLean, Ephraim: The DeLone and McLean Model of Information Systems Success – A Ten-Year Update, in: Journal of Management Information Systems, Vol. 19, No. 4, 2003.

[Diemers, 2001] Diemers, Daniel: Virtual Knowledge Communities. Erfolgreicher Umgang mit Wissen im Digitalen Zeitalter, Dissertation an der Universität St. Gallen, 2001.

[Döring, 2001] Döring, Nicola: Selbstdarstellung mit dem Computer, in: Boehnke, Klaus; Döring, Nicola: Neue Medien im Alltag: Die Vielfalt individueller Nutzungsweisen, 2001.

[Dösinger, u.a. 2006] Dösinger, Gisela; Tochtermann, Klaus; Puntschart, Ines; Stocker, Alexander: Bedarfsorientierter technologiegestützter Wissenstransfer, in: Tagungsband der Multikonferenz Wirtschaftsinformatik, Passau, Deutschland, 2006.

[Doz and Santos., 2001] Doz, Yves; Santos, Jose: On the Management of Knowledge: From the Transparency of Collocation and Co-setting to the Quandary of Dispersion and Differentiation, Working Paper, ISEA, Fontanbleu, 1997.

[Drucker, 1959] Drucker, Peter: Landmarks of Tomorrow: A Report on the New 'Post-Modern' World, Harper & Row, 1959.

[Drucker, 1993] Drucker, Peter: Post-Capitalist Society, New York, Harper Collins, 1993.

[Ebersbach u.a., 2005] Ebersbach, Anja; Glaser, Markus; Heigl, Reinhard: Wiki: Web Collaboration, Springer, 2005.

[Eisenhardt, 1989] Eisenhardt, Katleen: Building Theories from Case Study Research, in: Acedemy of Management Review, Vol. 14., No., 4, 1989.

[Efimova, 2005] Efimova, Lilia: Understanding personal knowledge management: A Weblog case, Telematica Instituut, Enschede, 2005.

[Efimova und Grudin, 2007] Efimova, Lilia; Grudin, Jonathan: Crossing Boundaries: A Case Study of Employee Blogging, in: Proceedings of the 40th Hawaii International Conference on System Sciences (HICSS-40), Los Alamitos: IEEE Press, 2007.

[Ehms, 2008] Ehms, Karsten: Globale Mitarbeiter-Weblogs bei der Siemens AG, in: [Back u.a., 2008] Back, Andrea; Gronau, Norbert; Tochtermann, Klaus (Hrsg.): Web 2.0 in der Unternehmenspraxis, Oldenburg Wissenschaftsverlag, München, 2008.

[Erlach und Thier, 2004] Erlach, Christine; Thier, Karin: Mit Geschichten implizites Wissen in Organisationen heben, in: Wyssusek, Boris (Hrsg.): Wissensmanagement komplex: Perspektiven und soziale Praxis, Berlin, Schmidt, 2004.

[Fernback und Thompson, 1995] Fernback, Jan; Thomson, Brad: Virtual communities: Abort, retry, failure? Computer mediated communication and the American Collectivity: The dimensions of community within Cyberspace, presented at the annual convention of the International Communication Association, Albuquerque, New Mexico, 1995.

[Fontaine und Lesser, 2002] Fontaine, Michael; Lesser, Eric: Challenges in managing organizational knowledge, IBM Tech Report, IBM Institute for Knowledge-Based Organizations Research, 2002.

[Füller u.a., 2006] Füller, Johann, Bartl, Michael, Ernst, Holger, Mühlbacher, Hans: Community Based Innovation. A Method to utilize the Innovative Potential of Online Communities, in: Proceedings of the 37th Annual Hawaii International Conference on System Sciences (HICSS'04), 2004.

[Garrett, 2005] Garrett, Jesse James: Ajax: A New Approach to Web Applications, http://www.adaptivepath.com/publications/essays/archives/000385.php, 2005.

[Garton u.a., 1997] Garton, Laura; Haythornthwaite, Caroline; Wellman, Barry: Studying online social networks, in: Journal of Computer-Mediated Communication, Vol. 3, No. 1, 1997.

[Gonzales-Reinhart, 2005] Gonzales-Reinhart, Jennifer: Wiki and the Wiki-Way: Beyond a Knowledge Management Solution, University of Houston, Information Research Center, 2005.

[Goodhue, 1995] Goodhue, Dale; Thompson, Ronald: Task-Technology Fit and Individual Performance, in: MIS Quarterly (19:2), 1995.

[Granitzer,u.a., 2008] Granitzer, Gisela; Stocker, Alexander; Höfler, Patrick: Informal Learning with Semantic Wikis in Enterprises: A Pragmatic Approach, in: Proceedings of ED-MEDIA - World Conference on Educational Multimedia, Hypermedia & Telecommunications, Vienna, 2008.

[Hafner und Lyon 1996] Hafner, Katie; Lyon, Matthew: Where Wizards Stay Up Late: The Origins of the Internet, Simon and Schuster, 1996.

[Hagel und Armstrong, 1997] Hagel, John; Armstrong, Arthur: Net Gain: Expanding Markets Through Virtual Communities, Harvard Business School Press, 1997.

[Haghirian, 2004] Haghirian, Parissa: Interkultureller Wissenstransfer – Strategisch unverzichtbar für Global Player, in: Wissensmanagement 4, Mai/Juni, 2004.

[Hain und Schopp, 2008] Hain, Stefanie; Schopp, Bernd: Unternehmensinterner Multiblog der Namics AG, in: [Back u.a., 2008] Back, Andrea; Gronau, Norbert, Tochtermann, Klaus (Hrsg.): Web 2.0 in der Unternehmenspraxis, Oldenburg Wissenschaftsverlag, München, 2008.

[Hamman, 2000] Hamman, Robin: Computernetze als verbindendes Element von Gemeinschaftsnetzen. Studie über die Wirkung der Nutzung von Computernetzen auf bestehende soziale Gemeinschaften, in: Thiedeke, Udo: Virtuelle Gruppen. Charakteristika und Problemdimensionen, Westdeutscher Verlag, Wiesbaden, 2000.

[Han und Anantatmula, 2006] Han, Brent; Anantatmula, Vittal: Knowledge Management in IT Organizations From Employee's Perspective, in: Proceedings of the 39th Hawaii International Conference on System Sciences, 2006.

[Harman und Brelade, 2000] Harman, Chris; Brelade, Sue: Knowledge management and the role of HR - Securing competitive advantage in the knowledge economy, London, Financial Times Prentice Hall, 2000.

[Herriott und Firestone, 1983] Herriott, Robert; Firestone, William: Multisite Qualitative Policy Research: Optimizing Description and Generalizability, in: Educational Researcher, Vol. 12, No. 2, 1983.

[Hildreth u.a., 2000] Hildreth, Paul; Kimble, Chris; Wright, Peter: Communities of Practice in the Distributed International Environment, in: Journal of Knowledge Management, 4(1), 2000.

[Hillery 1955] Hillery, George: Definitions of Community: Areas of Agreement, in: Rural Society, 6/1/55, Vol 20, 1955.

[Hilzensauer und Schaffert, 2008] Hilzensauer, Wolf; Schaffert, Sebastian: Wikis und Weblogs bei Sun Microsystems, in: [Back u.a., 2008] Back, Andrea; Gronau, Norbert, Tochtermann, Klaus (Hrsg.): Web 2.0 in der Unternehmenspraxis, Oldenburg Wissenschaftsverlag, München, 2008.

[Hubig, 1997] Hubig, Christoph: Technologische Kultur, Leipzig: Leipziger Universitätsverlag (=Leipziger Schriften zur Philosophie, Bd. 3), 1997.

[Iskold, 2007] Iskold, Alex: Will Podcasting Survive, http://www.readwriteweb.com/archives/will_podcasting_survive.php, 2007.

[Jansen, 1999] Jansen, Dorothea: Einführung in die Netzwerkanalyse: Grundlagen, Methoden, Anwendungen, Opladen, 1999.

[Jackson u.a., 2007] Jackson, Anne; Yates, Jo Anne; Orlikowski, Wanda: Corporate Blogging: Building community through persistent digital talk, in: Proceedings of the 40th Hawaii International Conference on System Sciences, 2007.

[Kaiser und Müller-Seitz, 2005] Kaiser, Stephan; Müller-Seitz, Gordon: Knowledge Management via a Novel Information Technology – The Case of Corporate Weblogs, in: Proceedings of International Conference on Knowledge Management (I-KNOW' 05), Graz, 2005.

[Khare und Çelik, 2006] Khare, Rohit; Tantek Çelik: Microformats: A Pragmatic Path to the Semantic Web, CommerceNet Labs Technical Report, 2006.

[Kim, 2000] Kim, Amy Jo: Community building on the Web: Secret strategies for successful online communities, Berkeley, California, 2000.

[Klamma u.a., 2006] Klamma, Ralf; Chatti, Mohammed; Duval, Erik; Fiedler, Sebastian; Hummel, Hans; Hvannberg, Ebba Thora; Kaibel, Andreas; Kieslinger, Barbara; Kravcik, Milos, Law, Effie; Naeve, Ambjörn; Scott, Peter; Specht, Markus; Tattersall, Colin; Vuoriaki, Riina: Social Software for Professional Learning: Examples and Research Issues, in: Proceedings of the Sixth International Conference on Advanced Learning Technologies (ICALT' 06), 2006.

[Koch u.a., 2007] Koch, Michael; Richter, Alexander; Schlosser, Andreas: Produkte zum IT-gestützten Social Networking in Unternehmen, in: Wirtschaftsinformatik, 06/2007, 2007.

[Koch und Richter, 2008] Koch, Michael; Richter, Alexander: Social-Networking-Dienste, in: [Back u.a., 2008] Back, Andrea; Gronau, Norbert; Tochtermann, Klaus (Hrsg): Web 2.0 in der Unternehmenspraxis, Oldenburg Wissenschaftsverlag, 2008.
[Koch und Richter, 2009] Koch, Michael; Richter, Alexander: Enterprise 2.0: Planung, Einführung und erfolgreicher Einsatz von Social Software in Unternehmen, 2. Auflage, Oldenburg Wissenschaftsverlag, 2009.
[Kollmann, 1998] Kollmann, Tobias: Akzeptanz innovativer Nutzungsgüter und –systeme, Wiesbaden, 1998.
[Kosonen, u.a., 2007] Kosonen, Miia; Henttonen, Kaisa; Ellonen, Hanna-Kaisa: Weblogs and internal communication in a corporate environment: a case from the ICT industry, in: International Journal of Knowledge and Learning, Vol. 3, No. 4/5, 2007.
[Kolari u.a., 2007] Kolari, Pranam; Finin, Tim; Lyons, Kelly; Yesha, Yelena; Yesha, Yaacov; Perelgut, Stephen; Hawkins; Jen: On the Structure, Properties and Utility of Internal Corporate Blogs, in: Proceedings of ICWSM – International Conference of Weblogs and Social Media, 2007.
[Koenig, u.a., 1995] Koenig, Wolfgang; Heinzl, Armin; Rumpf, Markus; Poblotzki, Ansgar: Zur Entwicklung der Forschungsmethoden und Theoriekerne der Wirtschaftsinformatik in den nächsten Jahren, http://www.wiwi.uni-frankfurt.de/~ansgar/d2/d2.html.
[Kraak, 1991] Kraak, Bernhard: Der riskante Weg von der Information zum Wissen, Verlag für Psychologie, Göttingen, 1991.
[Kratochwill und Levin, 1992] Kratochvill, Thomas; Levin, Joel: Single-Case Research Design and Analysis. New Directions for Psychology and Education, Lawrence Erlbaum Associates, Hillsdale/ New Jeryse Hove/ London, 1992.
[Kuhlen, 1990] Kuhlen, Rainer: Zum Stand pragmatischer Forschung in der Informationswissenschaft, in: Proceedings des 1. Internationalen Symposiums für Informationswissenschaft, Universitätsverlag Konstanz, Konstanz, 1990.
[Kulathuramaiyer , 2007] Kulathuramaiyer, Narayanan: Mashups: Emerging Application Development Paradigm, in: Journal of Universal Computer Science, 2007.
[Lamla, 2007] Lamla, Jörn: Building a Market-Community. Paradoxes of Culturization and Merchandization in the Internet, in: Proceedings of the institutional embeddedness of markets, 2007.
[Lassila and Hendler, 2007] Lassila, Ora; Hendler, James: Embracing 'Web 3.0', in: IEEE Web Computing, Volume 11, Issue 3, May, 2007.
[Lave und Wenger, 1991] Lave, Jean; Wenger, Etienne: Situated Learning. Legitimate peripheral participation, Cambridge University Press, Cambridge, 1991.
[Lechner u.a., 1998] Lechner, Ulrike; Schmid, Beat; Schubert, Petra; Zimmermann, Hans-Dieter: Die Bedeutung von Virtual Business Communities für das Management von neuen Geschäftsmedien, in: Proceedings of GeNeMe98 - Gemeinschaften in Neuen Medien, Josef Eul Verlag, 1998.
[Leibhammer und Weber, 2007] Leibhammer, Jörg; Weber, Mathias: Enterprise 2.0: Analyse zu Stand und Perspektiven in der deutschen Wirtschaft, Herausgeber: BITKOM Bundesverband für Informationswissenschaft, Telekommunikation und neue Medien e.V., 2007.
[Leuf and Cunningham 2001] Leuf, Bo; Cunningham, Ward: The Wiki Way – Quick Collaboration on the Web, Addison-Wesley, New York, 2001.
[Levy, 1998] Lévy, Pierre: Cyberkultur. Universalität ohne Totalität, in: Bollmann, Stefan, Heibach, Christiane (Hrsg): Kursbuch Internet: Anschlüsse an Wirtschaft und Politik, Wissenschaft und Kultur, Rowohlt Verlag, Hamburg, 1998.
[Licklider, 1968] Licklider, Josef: Man-Computer Symbiosis, in: IRE Transactions on Human Factors in Electronics HFE-1, März, 1960.
[Licklider und Taylor 1968] Licklider, Josef; Taylor, Robert: The Computer as a Communication Device, in: Service and Technology, April, 1968.
[Loewenfeld, 2004] Loewenfeld, Fabian: Der Erfolg von Brand Communities ist beeinflussbar, in: Absatzwirtschaft, August, 2004.
[Maier, 2002] Maier, Ronald: Knowledge Management Systems, Springer Verlag, Berlin, 2002.
[Majchrzak, u.a., 2006] Majchrzak, Ann; Wagner, Christian; Yates, Dave: Corporate Wiki Users: Results of a Survey, in: Proceedings of WikiSym 2006, International Symposium of Wikis, 2006.
[Marks u.a., 2008] Marks, Peter; Polak, Peter; Mccoy, Scott; Galletta, Dennis: Sharing Knowledge: How managerial prompting, group identification and social value orientation affect knowledge behaviour, in: Communications of the ACM, Vol 51, No. 2, February, 2008.

[Marlow u.a., 2006] Marlow, Cameron; Naaman, Mor; Boyd, Danah; Davis, Marc: HT06, tagging paper, taxonomy, Flickr, academic article, in: Proceedings of the Seventeenth Conference on Hypertext and Hypermedia, 2006.
[Mason, 1978] Mason, Richard: Measuring Information Output – A Communication Systems Approach, in: Information Management, Vol. 5, No. 1, 1978.
[McAfee, 2006] McAfee, Andrew: Enterprise 2.0: The Dawn of Emergent Collaboration, in: MIT Sloan Management Review, 2006.
[Merrill, 2006] Merrill, Duane: Mashups: The new breed of Web app, IBM developerWorks, http://www.ibm.com/developerworks/xml/library/x-mashups.html, 2006.
[Milgram, 1967] Milgram, Stanley: The small-world problem, in: Psychology Today, 1, 1967.
[Müller und Dibbern, 2006] Müller, Claudia; Dibbern, Peter: Selbstorganisiertes Wissensmanagement auf Basis der Wiki-Technologie - ein Anwendungsfall, in: HMD Praxis der Wirtschaftsinformatik, Heft 252, Dezember, 2006.
[Müller und Gronau, 2008] Müller, Claudia; Gronau, Norbert: Wikis, in: [Back u.a., 2008] Back, Andrea; Gronau, Norbert; Tochtermann, Klaus (Hrsg): Web 2.0 in der Unternehmenspraxis. Grundlagen, Fallstudien und Trends zum Einsatz von Social Software, Oldenburg Wissenschaftsverlag, 2008.
[Mynatt u.a., 1997] Mynatt, Elizabeth; Adler, Annette; Ito, Mizuko; O'Day, Vicky: Design for Network Communities, in: Tagungsband der Konferenz Human Factors in Computing Systems, 1997.
[Nardi u.a., 2004] Nardi, Bonnie; Schiano, Diane; Gumbrecht, Michelle; Swartz, Luke: Why We Blog, in: Communication of the ACM, Volume 47, Issue 12, 2004.
[Nonaka und Takeuchi, 1995] Nonaka, Ikujiro; Takeuchi, Hirotaka: The Knowledge Creating Company: How Japanese companies create the dynamics of innovation, Oxford University Press, New York, 1995.
[Nonaka und Takeuchi, 1997] Nonaka, Ikujiro; Takeuchi, Hirotaka: Die Organisation des Wissens: Wie japanische Unternehmen eine brachliegende Ressource nutzbar machen, Campus Verlag, Frankfurt, 1997.
[O'Dell und Grayson, 1998] O'Dell, Carla; Grayson, Jackson: If only we knew what we know – The transfer of internal knowledge and best practice, New York, Free Press, 1998.
[O'Reilly, 2005] O'Reilly, Tim: What is Web 2.0. Design Patterns and Business Models for the Next Generation of Software, http://www.oreillynet.com/pub/a/oreilly/ tim/news/2005/09/30/what-is-Web-20.html, 2005.
[Paquet, 2008] Paquet, Sebastian: Personal knowledge publishing and its uses in research, http://www.knowledgeboard.com/item/253, 2003.
[Patton, 1990] Patton, Michael Quinn: Qualitative Evaluation and Research Methods, Newbury Park, CA: Sage Publications, 1990.
[Pellegrini, 2007] Pellegini, Tassilo: A Theory of Co-Production for User Generated Content – Integrating the User into the Content Value Chain, in: Proceedings of International Conference on New Media Technologies - I-MEDIA'07, 2007.
[Peinl, 2006] Peinl, Rene: A Knowledge Sharing Model illustrated with the Software Development Industry, in: Tagungsband der Multikonferenz Wirtschaftsinformatik, Berlin, 2006.
[Preece, 2000] Preece, Jenny: Online Communities: Designing Usability, Supporting Sociability, New York, 2000.
[Probst u.a., 1997] Probst, Gilbert; Raub, Steffen; Romhardt, Kai: Wissen managen: Wie Unternehmen ihre wertvollste Ressource optimal nutzen, Gabler, Wiesbaden, 1997.
[Probst u.a. 2001] Probst, Gilbert; Wiedemann, Christian; Armbruster, Heidi: Wissensmanagement umsetzen: drei Instrumente in der Praxis, in: New Management, 10, 2001.
[Puntschart, 2006] Puntschart, Ines: Wissensaustausch über (un)moderierte Diskussionsforen. Konzeption, Anwendung und Evaluierung im Kontext von Lehre an Universitäten, Dissertation, Graz, 2006.
[Rauch, 2004] Rauch, Wolf: Die Dynamisierung des Informationsbegriffes, in: Hammwöhner, Rainer; Rittberger, Marc; Semar, Wolfgang (Hrsg.): Wissen in Aktion. Der Primat der Pragmatik als Motto der Konstanzer Informationswissenschaft. Festschrift für Rainer Kuhlen, UVK Verlagsgesellschaft, Konstanz, 2004.
[Rehäuser und Krcmar, 1996] Rehäuser, Jakob; Krcmar, Helmut: Wissensmanagement im Unternehmen, in: Schreyögg, Georg; Conrad, Peter (Hrsg.): Wissensmanagement, Berlin-New York, 1996.
[Rheingold 1993] Rheingold, Howard: The virtual community: homesteading on the electronic frontier, Addison-Wesley, 1993.

[Richter und Koch, 2008] Richter, Alexander; Koch, Michael: Functions of Social Networking Services, in: Proceedings of the International Conference on the Design of Cooperative Systems, Carry-le-Rouet, France, 2008.
[Rosenbloom, 2004] Rosenbloom, Andrew: The Blogosphere, in: Communications of the ACM, 2004.
[Rubel, 2007] Rubel, Steve: Kryptonite Locks's Blog Crisis Leaps into the Press, Micro Persuasion Blog, www.micropersuasion.com/2004/09/kryptonite_lock.html, 2004.
[Schachner und Tochtermann, 2008] Schachner, Werner; Tochtermann, Klaus: Corporate Web 2.0. Web 2.0 und Unternehmen – das passt zusammen!, Shaker-Verlag, 2008.
[Schaffert u.a., 2007] Schaffert, Sebastian; Bry, Francois; Baumeister Joachim; Kiesel Malte: Semantic Wiki, in: Informatik Spektrum Bd. 30, Nr. 6, Dezember, 2007.
[Scheer, 1992] Scheer, August-Wilhelm: Gegenstand der Wirtschaftsinformatik. Wirtschaftsinformatik: eine junge Wissenschaft, in: Küting, Karlheinz; Schnorbus, Axel (Hrsg): Betriebswirtschaftslehre heute, Frankfurt, 1992.
[Shakaya u.a., 2007] Shakaya, Aman; Wuwongse, Vilas; Takeda, Hideaki: OntoBlog: Linking Ontology and Blogs, in: Proceedings of 4th International Conference on Knowledge Capture, British Columbia, Canada, 2007.
[Shannon und Weaver, 1949] Shannon, Claude; Weaver, Warren: The Mathematical Theory of Communication, University of Illinois Press, Urbana, Illinois, 1949.
[Schreyögg, 2009] Schreyögg, Georg: Organisation: Grundlagen moderner Organisationsgestaltung, 3. Auflage, Gabler-Verlag, 1999.
[Sivan, 2001] Sivan, Yesha: Nine keys to a knowledge infrastructure: A proposed analytic framework for organizational knowledge management, Research Paper, March, 2001.
[Stegbauer, 2001] Stegbauer, Christian: Grenzen virtueller Gemeinschaft. Strukturen internetbasierter Kommunikationsforen, Westdeutscher Verlag, Wiesbaden, 2001.
[Stiglitz, 1999] Stiglitz, Joseph: Knowledge as a global public good, in: Kaul, Inge; Grunberg, Isabelle; Stern, Marc (Hrsg): Global public goods. International cooperation in the twenty first century, New York, 1999.
[Stocker u.a., 2007A] Stocker, Alexander; Us Saed, Anwar; Dösinger, Gisela; Wagner, Claudia: The Three Pillars of Corporate Web 2.0: A Model for Definition, in: Proceedings of International Conference on New Media Technologies – I-MEDIA' 07, Graz, Austria, 2007.
[Stocker u.a., 2007B] Stocker, Alexander; Tochtermann, Klaus: Corporate Web 2.0: Open Innovation durch Communities, in: WING-business, 40. Jahrgang, 02/07, Graz, 2007.
[Stocker u.a., 2008A] Stocker, Alexander; Us Saeed, Anwar; Hoefler, Patrick; Strohmaier, Markus; Tochtermann, Klaus: Stakeholder-Orientierung als Gestaltungsprinzip für Corporate Web 2.0: Eine explorative Analyse, in: Tagungsband der Multikonferenz Wirtschaftsinformatik (MKWI 2008), München, Deutschland, 2008.
[Stocker u.a., 2008B] Stocker, Alexander; Granitzer, Gisela; Hoefler, Patrick; Willfort, Reinhard; Koeck, Anna Maria; Tochtermann, Klaus: Towards a Framework for Social Web Platforms: The Neurovation Case, in: Proceedings of ICIW 2008 - Third International Conference on Internet and Web Applications and Services, Athens, Greece, 2008.
[Stocker u.a., 2008C] Stocker, Alexander; Strohmaier, Markus; Tochtermann, Klaus: Studying Knowledge Transfer with Weblogs in Small and Medium Enterprises: An Exploratory Case Study, in: Scalable Computing: Practice and Experience - Special Issue: The Web on the Move, Volume 9, No. 4, 2008.
[Stocker u.a., 2008D] Stocker, Alexander; Wutte, Anita; Tochtermann, Klaus: Die Zukunft des Web 2.0?, in Wissensmanagement 06, 2008.
[Stocker u.a., 2009] Stocker, Alexander; Tochtermann, Klaus; Krasser, Nikolaus: Fallstudie: Weblogs bei der Pentos AG, in: [Koch und Richter, 2008] Koch, Michael; Richter, Alexander: Enterprise 2.0: Planung, Einführung und erfolgreicher Einsatz von Social Software in Unternehmen, 2. Auflage, Oldenburg Wissenschaftsverlag, 2009.
[Stocker und Tochtermann, 2008A] Stocker, Alexander; Tochtermann, Klaus: Investigating Weblogs in Small and Medium Enterprises: An Exploratory Case Study, in: Proceedings of 11th International Conference on Business Information Systems – BIS '08 (2nd Workshop on Social Aspects of the Web), Innsbruck, Austria, 2008.
[Stocker und Tochtermann, 2008B] Stocker, Alexander; Tochtermann, Klaus: Anwendungen und Technologien des Web 2.0: Eine Einführung, in: [Blumauer und Pellegrini, 2008] Blumauer, Andreas; Pellegrini, Tassilo (Hrsg.): Social Semantic Web, Springer Verlag, 2008.

[Stocker und Tochtermann, 2008C] Stocker, Alexander; Tochtermann, Klaus: (Virtuelle) Communities und Soziale Netzwerke, in: [Back, u.a. 2008] Back, Andrea; Gronau, Norbert; Tochtermann, Klaus (Hrsg.): Web 2.0 in der Unternehmenspraxis. Grundlagen, Fallstudien und Trends zum Einsatz von Social Software, Oldenburg Wissenschaftsverlag, 2008.

[Stocker u.a., 2009A] Stocker, Alexander; Tochtermann, Klaus; Krasser, Nikolaus: Wissenstransfer mit Weblogs in KMU: Eine explorative Einzelfallstudie, in: Proceedings of the 5th Conference of Professional Knowledge Management, Solothurn, 2009.

[Stocker u.a., 2009B] Stocker, Alexander; Granitzer, Gisela; Tochtermann, Klaus: Can Intra-Organizational Wikis Facilitate Knowledge Transfer and Learning? An Explorative Case-Study, in: Proceedings of eLearning Baltics – eLBa 2009, Rostock, 2009.

[Stocker und Tochtermann, 2009] Stocker, Alexander; Tochtermann, Klaus: Exploring the Value of Enterprise Wikis: A Multiple-Case Study, in: Proceedings of KMIS 2009 – International Conference on Knowledge Management and Information Sharing, Madeira, Portugal, 2009.

[Strohmaier u.a., 2007] Strohmaier, Markus; Yu, Eric; Horkoff, Jenniffer, Aranda, Jorge; Easterbrook, Steve: Analyzing Knowledge Transfer Effectiveness – An Agent-Oriented Modeling Approach, in: Proceedings of the 40th Hawaii International Conference on System Sciences (HICSS-40 2007), January 3-9, IEEE Computer Society, Hawaii, USA, 2007.

[Sukowski, 2002] Sukuwski, Oliver: Der Einfluss der Kommunikationsbeziehungen auf die Effizienz des Wissenstransfers – Ein Ansatz auf der Basis der Neuen Institutionenökonomie, Dissertation an der Universität St. Gallen, 2002.

[Thorn und Conolly, 1990]. Thorn, Brian; Conolly, Terry: Discretionary data bases: A theory and some experimental findings, in: Communication Research 14(5), 1987.

[Tochtermann u.a., 2007A] Tochtermann, Klaus; Dösinger, Gisela; Stocker, Alexander: Corporate Web 2.0 – Eine Herausforderung für Unternehmen, in: Wissensmanagement: Das Magazin für Führungskräfte. Heft 4, 2007.

[Tochtermann u.a., 2007B] Tochtermann, Klaus; Stocker, Alexander; Willfort, Reinhard: Web 2.0 im Personalmanagement: Chancen und Risiken für Unternehmen, in: personalmanager 5/2007, 2007.

[Tochtermann und Maurer, 2000] Tochtermann, Klaus; Maurer, Hermann: Umweltinformatik und Wissensmanagement – Ein Überblick, 14. Internationales Symposium „Informatik und Umweltschutz der Gesellschaft für Informatik", Bonn, 2000.

[Tochtermann und Stocker, 2008] Tochtermann, Klaus; Stocker, Alexander: Wer ignoriert, der verliert (Wissensmanagement: Herausforderung Web 2.0), in: e-commerce magazin, Februar, 2008.

[Tönnies, 1887] Tönnies, Ferdinand: Gemeinschaft und Gesellschaft, Grundbegriffe der reinen Soziologie, Wissenschaftliche Buchgesellschaft, Darmstadt, 2005. – Originalwerk entstand 1887.

[Wagner, 2004] Wagner, Christian: Wiki: A Technology for Conversational Knowledge Management and Group Collaboration, in: Communication of the Association for Information Systems (13), 2004.

[Wassermann und Faust, 1994] Wassermann, Stanley; Faust, Katherine: Social Network Analysis. Methods and Applications, Cambridge University Press, 1994.

[Tsai, 2001] Tsai, Wenpin: Knowledge transfer in intraorganizational networks - Effects of network position and absorptive capacity on business unit innovation and performance, in: Academy of Management Journal, 44(5), 2001.

[Ulrich, 2001] Ulrich, Hans: Die Betriebswirtschaftslehre als anwendungsorientierte Sozialwissenschaft & Zum Theorie- und Praxisbezug der Betriebswirtschaftslehre als anwendungsorientierte Wissenschaft, in: Ulrich, Hans (Hrsg), Gesammelte Schriften, Band 5, Bern/ Stuttgart/ Wien, 2001.

[Us Saeed u.a., 2007] Us Saeed, Anwar; Stocker, Alexander; Höfler, Patrick; Tochtermann, Klaus: Learning with the Web 2.0: The Encyclopedia of Life, in: Proceedings of International Conference on Interactive Computer Aided Learning, Villach, Austria, September, 2007.

[Us Saaed u.a., 2008] Us Saeed, Anwar; Afzal, Muhammad Tanvir; Latif, Atif; Stocker, Alexander: Does Tagging Indicate Knowledge Diffusion? An Exploratory Case Study, in: Proceedings of the International Conference on Convergence and hybrid Information Technology, Busan, Korea, 2008.

[Wagner und Bollju, 2005] Wagner, Christian; Bolloju, Narashima: Supporting Knowledge Management in Organizations with Conversational Technologies: Discussion Forums, Weblogs, and Wikis, in: Journal of Database Management 16, No. 2, 2005.

[Weber, 2007] Weber, Mathias: Wichtige Trends im Wissensmanagement 2007 bis 2011. Positionspapier des BITKOM, Herausgeber: Bundesverband für Informationswissenschaft, Telekommunikation und neue Medien e.V., 2007.
[Wellmann, 1999] Wellmann, Barry: Networks in the Global Village. Boulder, Westview Press, 1999.
[Wellmann und Gulia, 1999] Wellmann, Barry; Gulia, Milena: Virtual communities: Net surfers don't ride alone, in: Smith, Marc; Kollock, Peter (Hrsg): Communities in Cyberspace, London: Routledge, 1999.
[Wellmann, 2001] Wellmann, Barry: Computer Networks as Social Networks, Science Magazine 14, September, 2001.
[Wenger 1998] Wenger, Etienne: Communities of Practice: Learning, Meaning, and Identity, Cambridge University Press, 1998.
[Wiig, 2000] Wiig, Karl: Knowledge Management - An Emerging Discipline Rooted in a Long History, in: Despres, Charles; Chauvel, Daniele (Hrsg.): Knowledge Horizons: The Present and The Promise of Knowledge Management, Woburn, Butterworth-Heinemann, 2000.
[Wilde und Hess, 2007] Wilde, Thomas; Hess, Thomas: Forschungsmethoden in der Wirtschaftsinformatik. Eine empirische Untersuchung, in: Wirtschaftsinformatik 49, 2007.
[Winkler und Mandl, 2002] Winkler, Katrin; Mandl, Heinz: Learning Communities, in: Pawlowsky, Peter; Reinhardt, Rüdiger (Hrsg): Wissensmanagement für die Praxis, Neuwied, Luchterhand, 2002.
[Yin, 2003] Yin, Robert: Case study research: design and methods, Sage Publications, 2003.
[Zerfass, 2005] Zerfass, Ansgar: Corporate Blogs: Einsatzmöglichkeiten und Herausforderungen, www.zerfass.de/CorporateBlogs-AZ-270105.pdf, 2005.
[Zerfass und Boelter, 2005] Zerfass, Ansgar; Boelter, Dietrich: Die neuen Meinungsmacher. Weblogs als Herausforderungen für Kampagnen, Marketing, PR und Medien, Nausner & Nausner Verlag, 2005.
[Zimbardo, 1992] Zimbardo, Philip: Psychologie, 5. Auflage, Berlin, Springer-Verlag, 1992.

8 Anhang

8.1 Interviewleitfäden

Für die Erstellung der zehn Fallstudienreports wurden im ersten Schritt semistrukturierte Interviews mit in den Unternehmen verantwortlichen Experten für Wiki- und Weblog-Projekte durchgeführt. Die beiden Interviewleitfäden weichen aufgrund der gemeinsamen Untersuchungsziele von Wiki und Weblog nur unwesentlich und lediglich bei toolspezifischen Fragestellungen voneinander ab.

Im zweiten Schritt wurde für die Online-Befragung der Mitarbeiter als Nutzer von Wiki und Weblog das Werkzeug LimeSurvey[69] herangezogen. Der Aufruf zur Teilnahme an der Online-Befragung wurde ein zweites Mal wiederholt. Der Wiki-Fragebogen ist aufgrund der gemeinsamen Untersuchungsziele von Wiki und Weblog bis auf die Frage nach den konkreten Beitragsarten ebenfalls identisch mit dem Fragebogen für Weblogs.

!	Die Fragen aus den im Folgenden präsentierten, in der Mehrfachfallstudie verwendeten, Fragebögen können von Entscheidern als eine Art Checkliste herangezogen werden, um Wiki- und Weblog-Projekte im Unternehmen bestmöglich zu planen.

8.1.1 Fragebogen zum Einsatz von Weblogs

(1) Grunddaten für den Fallstudienraster

- Name des Unternehmens
- Größe des Unternehmens
- Branche

---

[69] LimeSurvey: www.limesurvey.org

- Wie viele interne Weblogs gibt es in Ihrem Unternehmen? (Alle weiteren Fragen sind so gestellt, als gäbe es nur einen Weblog.)
- Wie lange setzen Sie bereits einen Weblog ein?
- Wie viele Nutzer können den Weblog benutzen? (Bitte auch die Anzahl der Nicht-Aktiven berücksichtigen)? Befinden sich alle Nutzer geographisch am selben Ort?
- Welche Prozesse (Aktivitäten) soll der Weblog grob unterstützen? (z.B.: Dokumentation, Projektmanagement, Software-Entwicklung, Marketing, Vertrieb, Kollaboration, ...)

(2) Planung und Vorbereitung des Weblog Einsatzes

- Was war die Ausgangssituation, also der konkrete Leidensdruck? Warum wurde eine neue Software eingeführt? Warum wurde ein Weblog gewählt? Welche Argumente sprachen gegen eine andere Wissensmanagement-Maßnahme?
- Welche Weblog-Software wird verwendet? Nach welchen Kriterien wurde die Weblog-Software ausgewählt? Hat der Weblog eine bestehende Software abgelöst?
- Was sind die Ziele des Weblog-Einsatzes?
- Wurde bei der Einführung auf externe Berater zurückgegriffen? Hat man sich bei der Weblog-Einführung an externen Best-Practices orientiert? Wenn ja, an welchen? Wenn nein, warum nicht?
- Wer war bei diesem Einführungsprojekt in der Projektsteuergruppe/ im Management Board?

(3) Einführung des Weblog

- Wie groß ist der Umfang des Weblog (globales Unternehmen oder kleine Gruppe)? Wofür und in welchem Bereich wird der Weblog eingesetzt?
- Wie wurden die Benutzeranforderungen erhoben? Wurde eine bestimmte Einführungsmethode verwendet? Wenn ja, welche?
- Wurde der Weblog Top-Down (d.h. eher Management-getrieben) oder Bottom-Up (d.h. eher Nutzer-getrieben) eingeführt? Woher kam der Anstoß?

- Wie wurden die Abläufe und Strukturen für den Weblog festgelegt?
- Gibt es aus Ihrer Sicht Unterschiede zwischen einer Weblog-Einführung im Vergleich zu einem „normalen" Wissensmanagement-Projekt? Wenn nein, welche? Wenn ja, warum?
- Gab es eine einführende Einschulung bzw. Erklärung der Ziele des Weblog und den Erwartungen an die künftigen Weblog- Nutzer?
- Welche Aktivitäten wurden hinsichtlich Projektmarketing, Bekanntmachung und Akzeptanzsteigerung schon bei der Einführung unternommen?
- Wie wurde die eingeführte Software benannt? Wie heißt sie bei den Nutzern? (Das ist wichtig für die korrekte Bezeichnung der Software im Fragebogen.)
- Bitte beschreiben Sie kurz die Funktionsweise Ihres Weblog. Unterscheidet sich Ihr Weblog von einer typischen Wordpress- oder Blogger-Instanz? Wenn ja, wie? Warum war das aus Ihrer Sicht notwendig?

(4) Betrieb des Weblog

- Wurden Inhalte von einem alten System übernommen? Wenn ja, wie und in welchem Zeitraum? Wie lange sind Sie zweigleisig gefahren?
- Welches Wissen ist im Weblog zu finden?
- Wie wird Aktualität und Glaubhaftigkeit des Wissens im Weblog sichergestellt?
- Was machen die Mitarbeiter tatsächlich mit dem Weblog? Was sollen die Mitarbeiter aus Ihrer Sicht mit dem Weblog machen?
- Werden informelle Netzwerke („Communities of Practice") eingebunden?
- Sehen die Mitarbeiter die Weblog-Nutzung als einen Mehraufwand an? Was ist aus Ihrer Sicht die Motivation der Mitarbeiter, den Weblog aktiv (d.h. schreibend) zu nutzen?
- Welche Maßnahmen zur Akzeptanzsteigerung wurden/ werden in der Betriebsphase getroffen? Ist die Weblog-Teilnahme mit einem Anreizsystem (monetär/ nicht monetär) verbunden?

- Handelt es sich bei Ihrer Unternehmenskultur um eine „partizipative", „Wissen teilende" Kultur? In welchem Ausmaß ist ein begleitendes Change-Management notwendig?
- Existieren Handlungsanweisungen und/ oder eine Netiquette für Mitarbeiter in Bezug auf die aus organisationaler Perspektive korrekte Weblog-Nutzung?

(5) Evaluierung und kontinuierliche Verbesserung des Weblog-Einsatzes

- Wurde bereits eine Weblog-Evaluierung durchgeführt? Was sind die gewonnenen Ergebnisse dieser Untersuchung...
  - ...auf Basis des Server-Log?
  - ...auf Basis von Nutzer-Interviews?
  - ...auf Basis von Nutzer-Befragungen?
  - ...auf Basis einer umfangreichen quantitativen und/oder qualitativen Analyse des Weblog?
- Was ist aus Ihrer Sicht der Nutzen/ Erfolg des Weblog auf der Stufe...
  - ...des einzelnen Mitarbeiters?
  - ...des (Projekt)teams?
  - ...der gesamten Organisation?
- Was ist aus Ihrer Sicht der von den Mitarbeitern empfundene Nutzen durch den Weblog?

8.1.2   Fragebogen zum Einsatz von Wikis

(1) Grunddaten für Fallstudienraster:

- Name des Unternehmens
- Größe des Unternehmens
- Branche
- Wie viele interne Wikis gibt es in Ihrem Unternehmen? (Alle weiteren Fragen sind so gestellt, als gäbe es nur ein Wiki.)
- Wie lange setzen Sie bereits ein Wiki ein?

- Wie viele Nutzer können das Wiki theoretisch benutzen? (Bitte auch die Anzahl der Nicht-Aktiven berücksichtigen)? Befinden sich alle Nutzer geographisch am selben Ort?
- Welche Prozesse (Aktivitäten) soll das Wiki grob unterstützen? (z.B.: Dokumentation, Projektmanagement, Software-Entwicklung, Marketing, Vertrieb, Kollaboration, ...)

(2) Planung und Vorbereitung des Wiki-Einsatzes

- Was war die Ausgangssituation, also der konkrete Leidensdruck? Warum wurde überhaupt eine neue Software eingeführt? Warum wurde ein Wiki gewählt? Welche Argumente sprachen gegen eine andere Wissensmanagement-Maßnahme?
- Welche Wiki-Software wird verwendet? Nach welchen Kriterien wurde die Wiki-Software ausgewählt? Hat das Wiki eine bestehende Software abgelöst?
- Was sind die Ziele des Wiki-Einsatzes?
- Wurde bei der Einführung auf externe Berater zurückgegriffen? Hat man sich bei der Wiki-Einführung an externen Best-Practice orientiert? Wenn ja, an welchen? Wenn nein, warum nicht?
- Wer war bei diesem Einführungsprojekt in der Projektsteuergruppe/ im Management Board?

(3) Einführung des Wiki

- Wie groß ist der Umfang des Wiki (globales Unternehmen oder kleine Gruppe)? Wofür und in welchem Bereich wird das Wiki eingesetzt?
- Wie wurden die Benutzeranforderungen erhoben? Wurde eine bestimmte Einführungsmethode verwendet? Wenn ja, welche?
- Wurde das Wiki Top-Down (d.h. eher Management-getrieben) oder Bottom-Up (d.h. eher Nutzer-getrieben) eingeführt? Woher kam der Anstoß?
- Wie wurden die Abläufe und Strukturen für das Wiki festgelegt?

- Gibt es aus Ihrer Sicht Unterschiede zwischen einer Wiki-Einführung im Vergleich zu einem „normalen" Wissensmanagement-Projekt? Wenn nein, welche? Wenn ja, warum?
- Gab es eine einführende Einschulung bzw. Erklärung der Ziele des Wiki und den Erwartungen an künftige Wiki-Nutzer?
- Welche Aktivitäten wurden hinsichtlich Projektmarketing, Bekanntmachung und Akzeptanzsteigerung schon bei der Einführung unternommen?
- Wie wurde die eingeführte Software benannt? (Wie heißt sie bei den Nutzern? (Das ist wichtig für die korrekte Bezeichnung der Software im Fragebogen.)
- Bitte beschreiben Sie kurz die Funktionsweise Ihres Wiki. Unterscheidet sich Ihr Wiki von einer typischen MediaWiki- oder TWiki-Instanz? Wenn ja, wie? Warum war das aus Ihrer Sicht notwendig?

(4) Betrieb des Wiki

- Wurden Inhalte von einem alten System übernommen? Wenn ja, wie und in welchem Zeitraum)? Wie lange sind Sie zweigleisig gefahren?
- Welches Wissen ist im Wiki zu finden?
- Wie wird Aktualität und Glaubhaftigkeit des Wissens im Wiki sichergestellt?
- Was machen die Mitarbeiter tatsächlich mit dem Wiki? Was sollen die Mitarbeiter aus Ihrer Sicht mit dem Wiki machen?
- Werden informelle Netzwerke („Communities of Practice") eingebunden?
- Sehen Mitarbeiter die Wiki-Nutzung als einen Mehraufwand an? Was ist aus Ihrer Sicht die Motivation der Mitarbeiter, das Wiki aktiv (d.h. schreibend) zu nutzen?
- Welche Maßnahmen zur Akzeptanzsteigerung wurden/ werden in der Betriebsphase getroffen? Ist die Wiki-Teilnahme mit einem Anreizsystem (monetär/ nicht monetär) verbunden?
- Handelt es sich bei Ihrer Unternehmenskultur im weitesten Sinne um eine „partizipative", „Wissen teilende" Kultur? In welchem Ausmaß ist begleitendes Change-Management notwendig?

- Existieren Handlungsanweisungen und/ oder eine Netiquette für Mitarbeiter in Bezug auf die aus orgnisationaler Sicht korrekte Wiki- Nutzung?

(5) Evaluierung & kontinuierliche Verbesserung des Wiki-Einsatzes

- Wurde bereits eine Wiki-Evaluierung durchgeführt? Was sind die gewonnenen Ergebnisse dieser Untersuchung...
    - ...auf Basis des Server-Log?
    - ...auf Basis von Nutzer-Interviews?
    - ...auf Basis von Nutzer-Befragungen?
    - ...auf Basis einer umfangreichen quantitativen und/ oder qualitativen Analyse des Wiki?
- Was ist aus Ihrer Sicht der Nutzen / Erfolg des Wiki auf der Stufe...
    - ...des einzelnen Mitarbeiters?
    - ...des (Projekt)teams?
    - ...der gesamten Organisation?
- Was ist aus Ihrer Sicht der von den Mitarbeitern empfundene Nutzen durch das Wiki?

8.1.3 Mitarbeiterbefragung zu Wikis

F1-3: Wiki-Nutzung

F1: Sie lesen Informationen im Wiki ...
- ...mehrmals täglich?
- ...täglich?
- ...wöchentlich?
- ...monatlich?
- ...seltener als monatlich?

F2: Sie schreiben Informationen im Wiki ...
- ...mehrmals täglich?
- ...täglich?
- ...wöchentlich?

- ...monatlich?
- ...seltener als monatlich?

F3: Wie oft führen Sie die folgenden Aktionen im Wiki durch?

	häufig	manchmal	selten	nie
Inhalte zu Seiten hinzufügen	O	O	O	O
Inhalte auf Seiten kommentieren	O	O	O	O
Neue Seiten erstellen	O	O	O	O
Sachbezogene Korrekturen vornehmen	O	O	O	O
Rechtschreibung- und Grammatikkorrekturen vornehmen	O	O	O	O
Ganze Absätze neu schreiben	O	O	O	O
Seiten neu strukturieren	O	O	O	O
Mit der Versionskontrolle alte Versionen bei Bedarf wiederherstellen	O	O	O	O
Nach Gesprächen mit Kollegen Beiträge ändern	O	O	O	O

F4-5: Information und Kommunikation

F4: Zur Erledigung Ihrer betrieblichen Aufgaben relevante Informationen finden Sie ...

	häufig	manchmal	selten	nie
im Wiki	O	O	O	O
im Dokumentenmanagement System und/ oder am Dateiserver	O	O	O	O
im Web (z.B.: Foren, Portale, Social Networking Plattformen, ...)	O	O	O	O
in Ihren E-Mails	O	O	O	O
über Instant Messaging (z.B.: Skype, MSN-Messenger, ...)	O	O	O	O
bei Telefongesprächen	O	O	O	O
bei formellen Face-to-Face-Meetings	O	O	O	O
bei informellen Face-to-Face-Gesprächen (z.B.: Gang, Kaffeeküche, ...)	O	O	O	O

Interviewleitfäden

F5: Wie verhalten Sie sich im Umgang mit dem Web als Medium?

	häufig	manchmal	selten	nie
Sie nutzen Wikipedia	O	O	O	O
Sie schreiben Beiträge in Wikis	O	O	O	O
Sie lesen Weblogs	O	O	O	O
Sie publizieren in eigene(n) Weblog(s)	O	O	O	O
Sie kommentieren in fremden Weblogs	O	O	O	O
Sie werden zum Thema Web um Rat gefragt	O	O	O	O
Sie geben Tipps zu Web-2.0-Werkzeugen	O	O	O	O

F6-8: Wikis und Aufgaben

F6: Inwiefern treffen die folgenden Aussagen auf Ihre betrieblichen Aufgaben zu?

	trifft völlig zu	trifft eher zu	trifft eher nicht zu	trifft nicht zu
Ihre Arbeit schafft neues Wissen	O	O	O	O
Ihre Aufgaben erfordern neue Lösungswege	O	O	O	O
Ihre Aufgaben erfordern zur Lösung häufig den Input von Kollegen	O	O	O	O
Sie erledigen größtenteils Routineaufgaben	O	O	O	O
Was Ihre Aufgaben betrifft, sehen Sie sich als Experte	O	O	O	O
Ihr aufgabenbezogenes Wissen sollte jedenfalls dokumentiert werden	O	O	O	O

F7: Sie identifizieren sich sehr stark mit ...

	trifft völlig zu	trifft eher zu	trifft eher nicht zu	trifft nicht zu
Ihrem Fachgebiet	O	O	O	O
Ihrem Team	O	O	O	O
Ihrer Organisation	O	O	O	O

F8: Bitte geben Sie an, ob die folgenden Eigenschaften auf das Wiki in Ihrer Organisation zutreffen.

	trifft völlig zu	trifft eher zu	trifft eher nicht zu	trifft nicht zu
Regt zum Mitmachen an	○	○	○	○
Schafft Transparenz von Wissen und Inhalten	○	○	○	○
Fördert die Zusammenarbeit	○	○	○	○
Ist einfach zu bedienen	○	○	○	○
Alle Benutzer haben die gleichen Rechte	○	○	○	○

F9-12: Motivation und Nutzen

F9: Sie nutzen das Wiki im Rahmen der Erledigung Ihrer betrieblichen Aufgaben, weil Sie ...

	trifft völlig zu	trifft eher zu	trifft eher nicht zu	trifft nicht zu
die für Ihre Arbeit relevanten Informationen dort finden	○	○	○	○
sich dort mit Kollegen über arbeitsbezogene Themen unterhalten können	○	○	○	○
sich dort mit Kollegen über Privates austauschen können	○	○	○	○
andere über Ihre Arbeit informieren	○	○	○	○
damit ihre Arbeit vereinfachen	○	○	○	○
darin beobachten können, was in Ihrer Organisation passiert	○	○	○	○
dadurch weniger E-Mails bekommen	○	○	○	○
dadurch weniger E-Mails schreiben	○	○	○	○
dadurch an weniger Meetings teilnehmen	○	○	○	○

Interviewleitfäden

F10: Sie fügen Informationen im Wiki hinzu, weil Sie sich davon erwarten ...

	trifft völlig zu	trifft eher zu	trifft eher nicht zu	trifft nicht zu
allgemein einen Vorteil für sich zu ziehen	O	O	O	O
die Wünsche Ihrer Kollegen zu erfüllen	O	O	O	O
durch Ihre aktive Nutzung auch Kollegen zur Nutzung anzuregen	O	O	O	O
sich zu revanchieren, da Sie selber nützliches Wissen aus dem Wiki erhalten haben	O	O	O	O
Ihren Ruf in der Organisation zu verbessern	O	O	O	O
dass Ihre Beiträge für andere Mitarbeiter sehr wertvoll sind	O	O	O	O
eine Gegenleistung von Ihren Kollegen dafür zu erhalten	O	O	O	O
die Wünsche Ihrer Vorgesetzten damit zu erfüllen	O	O	O	O

F11: Das Wiki in Ihrer Organisation hat Ihnen dabei geholfen...

	trifft völlig zu	trifft eher zu	trifft eher nicht zu	trifft nicht zu
Ihren sozialen Status in der Organisation zu verbessern	O	O	O	O
Ihren professionellen Status in der Organisation zu verbessern	O	O	O	O
Ihre Arbeit zu erleichtern	O	O	O	O
bessere Leistungen zu erbringen	O	O	O	O
Leistungen schneller zu erbringen	O	O	O	O

F12: Aus Ihrer Sicht hat das Wiki Ihrem Team/ Ihrer Organisation dabei geholfen...

	trifft völlig zu	trifft eher zu	trifft eher nicht zu	trifft nicht zu
Abläufe zu verbessern	O	O	O	O
die Zusammenarbeit zu verbessern	O	O	O	O
den Wissensaustausch zu verbessern	O	O	O	O
auf Basis der erarbeiteten Ideen neue Möglichkeiten für Projekte zu ergründen	O	O	O	O
bessere Leistungen zu erbringen	O	O	O	O
Leistungen schneller zu erbringen	O	O	O	O

F13-14: Kultur und Akzeptanz

F13: Mitarbeiter in Ihrer Organisation ...

	trifft völlig zu	trifft eher zu	trifft eher nicht zu	trifft nicht zu
genießen viel Freiheit hinsichtlich der Gestaltung ihrer Tätigkeiten	o	o	o	o
haben in Bezug auf zu treffende Entscheidungen viel Mitspracherecht	o	o	o	o
können durch ihre Mitbestimmung Strukturen und Abläufe verändern	o	o	o	o
teilen Ideen und/ oder Wissen gern	o	o	o	o
sind kreativ	o	o	o	o

F14: Welche Bedingungen machen die Nutzung eines Wiki für Sie hinderlich?

	trifft völlig zu	trifft eher zu	trifft eher nicht zu	trifft nicht zu
Finden von Wissen ist sehr aufwendig	o	o	o	o
Einpflegen von Wissen ist sehr aufwendig	o	o	o	o
Nur wenige Inhalte sind darin vorhanden	o	o	o	o
Nur bestimmte Mitarbeiter dürfen alles sehen	o	o	o	o
Nur bestimmte Mitarbeiter dürfen alles bearbeiten	o	o	o	o
Nur wenige Mitarbeiter erstellen Beiträge	o	o	o	o
Vermittelt zu viel Transparenz über Tätigkeiten	o	o	o	o
Andere Mitarbeiter möchten nicht, dass ihre Inhalte verändert werden	o	o	o	o

F15-17: Angaben zu Ihrer Person

F15: Ihr Alter:
- o < 20 Jahre
- o 21-25 Jahre
- o 26-30 Jahre
- o 31-35 Jahre
- o 36-40 Jahre
- o 41-45 Jahre
- o 46-50 Jahre
- o 51-55 Jahre
- o 56-60 Jahre
- o > 60 Jahre

F16: Ihr Geschlecht:

- o Weiblich
- o Männlich

F17: Bitte geben Sie an, welche Stellenbezeichnung am besten zu Ihnen passt:

- o Mitarbeiter(in)
- o Projektmitarbeiter(in)
- o Projektleiter(in)
- o Abteilungsleiter(in)
- o Geschäftsführer(in)

8.1.4 Mitarbeiterbefragung zu Weblogs

Aufgrund der konzeptionellen Verwandtheit der beiden Werkzeuge Wiki und Weblog sind die Unterschiede in den verwendeten Untersuchungstechniken marginal: Lediglich Frage 3 unterscheidet sich beim Fragebogen für Weblog-Nutzer vom Wiki-Fragebogen.

F3: Wie oft führen Sie die folgenden Aktionen im Zusammenhang mit Weblogs durch?

	häufig	manchmal	selten	nie
Kurze Einträge in den eigenen Weblog schreiben	O	O	O	O
Lange Einträge in den eigenen Weblog schreiben	O	O	O	O
Kurze Kommentare in fremde Weblogs schreiben	O	O	O	O
Lange Kommentare in fremde Weblogs schreiben	O	O	O	O
Kommentare im eigenen Weblog beantworten	O	O	O	O
Auf Einträge aus fremden Weblogs Bezug nehmen	O	O	O	O

8.2 Ergebnisse der Mitarbeiterbefragungen

Im folgenden Abschnitt finden sich die Ergebnisse der Online-Befragungen der Nutzer von Wiki und Weblog der Fallstudien *Beta, Gamma, Zeta* und *Eta*. Die nachfolgenden Inhalte sind als eine Erweiterung zu den Fallstudienberichten im Abschnitt 5 „Mehrfachfallstudie" zu verstehen. Diese dienen insbesondere dazu, die Perspektive der Nutzer zu untersuchen.

8.2.1 *Mitarbeiterbefragung Fallstudie Beta (Supportwiki)*

Das Ziel der in dieser Fallstudie durchgeführten Mitarbeiter-Befragung bestand darin, weitere Erkenntnisse über die Nutzung des Wiki aus der Sicht der Mitarbeiter zu gewinnen. Insgesamt haben 59 Mitarbeiter den Fragebogen vollständig beantwortet.

8.2.1.1 *Wiki-Nutzung*

Fast 35 % der der Mitarbeiter lesen wöchentlich, 4 % der Mitarbeiter mehrmals täglich und 6 % der Mitarbeiter täglich Wiki-Inhalte. Ein großer Teil der Mitarbeiter benutzt das Wiki aber lediglich monatlich oder sogar seltener als monatlich. Wiki-Nutzer teilen sich in zwei Lager: Jene, welche relativ häufig im Wiki lesen und solche, welche das Wiki selten bis gar nicht verwenden: Vor dem Hintergrund des speziellen Business-Case, welcher ursprünglich die Unterstützung des DAE-Teams durch das Wiki zum Ziel hatte, ist dieses Phänomen auch erklärbar. Nutzer des Wiki sind vor allem die Mitarbeiter des DAE-Teams.

Erfahrungsgemäß ist auch der Anteil der Autoren wesentlich geringer, als jener der Leser. Nur ein geringer Teil der Mitarbeiter zeigt sich in diesem Einzelfall für die Inhalte im Wiki verantwortlich. Die häufigsten Beitragsarten sind das Hinzufügen von Inhalten zu bestehenden Wiki-Seiten und das Erstellen neuer Wiki-Seiten. Rechtschreibung- und Grammatikkorrekturen und die Restrukturierung von Absätzen sind vernachlässigbar.

Ergebnisse der Mitarbeiterbefragungen 255

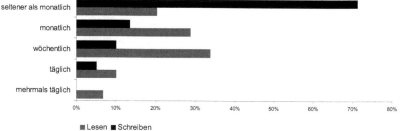

Abbildung 38: Fallstudie Beta: Wiki-Schreib-Leseverhalten (n=59)

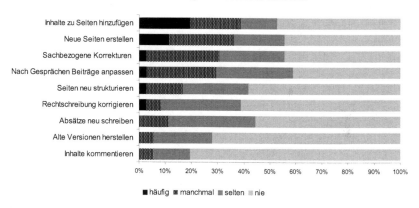

Abbildung 39: Fallstudie Beta: Beiträge zum Wiki (n=59)

8.2.1.2 Information und Kommunikation

Auffallend ist, dass Mitarbeiter ihren Informationsbedarf derzeit noch stark mit Hilfe „traditioneller" Informationsquellen decken. E-Mail, Telefongespräche und Meetings finden sich als Quelle aufgabenrelevanter Informationen noch deutlich vor dem Wiki. Das bestätigt auch die Aussage aus dem Interview mit den verantwortlichen Experten:

Forscher und Entwickler fragen das DAE-Team zum Teil aktiv, anstatt selbständig im Wiki nach einer ihr Problem adressierenden Information zu suchen. Ein Großteil der befragten Mitarbeiter nutzt Wikipedia. Diese Mitarbeiter sind den Umgang mit Wikis gewohnt und können das Werkzeug MediaWiki auch korrekt bedienen. Auf der Basis dieser Erkenntnis können Aussagen von Mitarbeitern wie *„die Bedienung des Wiki ist viel zu kompliziert"* oder *„die Suche im Wiki kostet zu viel Zeit"* schnell als Vorwände enttarnt werden.

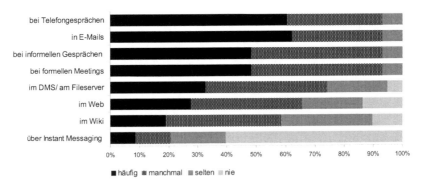

Abbildung 40: Fallstudie Beta: Aufgabenrelevanz von Informationen (n=59)

Ergebnisse der Mitarbeiterbefragungen 257

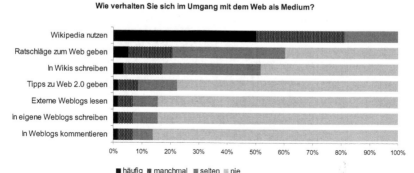

Abbildung 41: Fallstudie Beta: Das Web als Medium (n=59)

8.2.1.3 Wiki und Aufgaben

Was die betrieblichen Aufgaben von Mitarbeitern betrifft, handelt es sich bei diesen um Aufgaben mit einer hohen Wissensintensivität. Mitarbeiter empfinden sich im Unternehmen als themenbezogene Experten und weisen das durch sie geschaffene Wissen als ein zu dokumentierendes Wissen aus. Ihre Aufgaben erfordern neue Lösungswege und benötigen den Input von Kollegen.

Wenn auch die Mitarbeiter zum Großteil zugeben, dass geschaffenes Wissen im Unternehmen zu dokumentieren ist, so ist ihre Motivation, das Wiki zur Dokumentation einzusetzen im Durchschnitt noch vergleichsweise gering. In diesem Fall können weitere Maßnahmen zur Akzeptanzsteigung fruchtbare Erfolge erzielen, da ein breiter Bedarf für das Wiki grundsätzlich vorhanden ist.

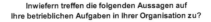

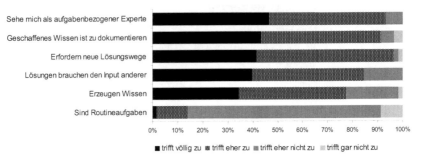

Abbildung 42: Fallstudie Beta: Aussagen zu betrieblichen Aufgaben (n=59)

Mitarbeiter identifizieren sich stark mit Team, Fachgebiet und Organisation – in der Theorie ein guter Nährboden für die Nutzung eines Wiki.

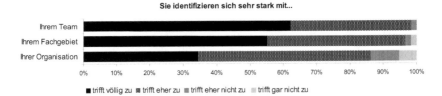

Abbildung 43: Fallstudie Beta: Identifikation der Mitarbeiter (n=59)

Im untersuchten Einzelfall empfinden sich Benutzer als gleichberechtigt. Das Wiki gilt als einfach zu bedienendes Werkzeug und schafft Transparenz über das Wissen im Unternehmen. Das Wiki wird durch die Mitarbeiter im Unternehmen also durchaus positiv wahrgenommen.

Ergebnisse der Mitarbeiterbefragungen 259

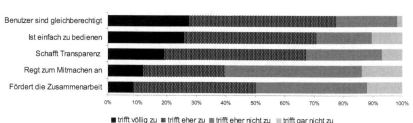

Abbildung 44: Fallstudie Beta: Wahrnehmung des Wiki (n=59)

8.2.1.4 Motivation und Nutzen

Das Hauptmotiv der Mitarbeiter für das Wiki besteht im Suchen und Finden von für die betrieblichen Aufgaben relevanten Informationen. Dahinter folgen die Vereinfachung der eigenen Arbeit und die Information von Kollegen über die eigenen betrieblichen Tätigkeiten.

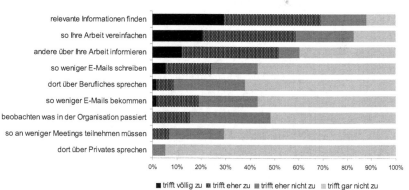

Abbildung 45: Fallstudie Beta: Motivation, Wikis aus operativer Sicht zu nutzen (n=59)

Die Motivation der Mitarbeiter zur Erstellung von Wiki-Beiträgen resultiert in erster Linie aus ihrer Ansicht, dass die jeweils erstellten Beiträge für ihre Kollegen auch wertvoll sind. Mitarbeiter wollen auch aus dem Erstellen eigener Beiträge für sich selbst einen Vorteil erzielen, ein gesunder Egoismus, aber auch durch die eigene Nutzung ihre Kollegen zur Nutzung anregen. Eine Revanche für nützliches Wissen aus dem Wiki sowie die Erfüllung der Wünsche von Kollegen durch eigene Wiki-Beiträge stellen weitere nennenswerte Motive für Mitarbeiter dar.

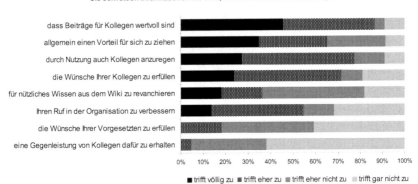

Abbildung 46: Fallstudie Beta: Motivation, Wikis aus sozialer Sicht zu nutzen (n=59)

Mitarbeiter erkennen das Wiki als ein Werkzeug, mit dem sie ihre persönliche Arbeit erleichtern und damit auch ihre eigenen Leistungen schneller erbringen können. Ein Nutzen aus dem Wiki für die eigene Person wird von rund 50 % der Mitarbeiter, wenn auch in unterschiedlichem Ausmaß, erkannt.

Etwas stärker als der Nutzen für den einzelnen Mitarbeiter wird der Nutzen aus dem Wiki für die gesamte Organisation durch die Mitarbeiter wahrgenommen. Durch das Wiki konnte der Wissensaustausch in der Organisation verbessert werden. Außerdem konnten durch das Wiki bessere Leistungen in der Organisation auch schneller erbracht werden. Dieser Umstand lässt sich unter Bezugnahme auf das Dilemma der Wissensteilung [Vgl. Cabrera und Cabrera, 2002] erklären.

Ergebnisse der Mitarbeiterbefragungen

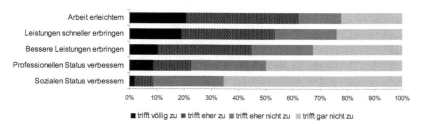

Abbildung 47: Fallstudie Beta: Nutzen von Wikis für das Individuum (n=59)

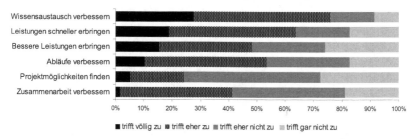

Abbildung 48: Fallstudie Beta: Nutzen von Wikis für Team/Organisation (n=59)

8.2.1.5 Kultur und Akzeptanz

Der Großteil der Mitarbeiter im Unternehmen ist kreativ und teilt Ideen und/ oder Wissen gern. Die Mitarbeiter genießen in diesem Einzelfall auch eher viel Mitspracherecht und Freiheit hinsichtlich der Erledigung ihrer Tätigkeiten. Diese Faktoren begünstigen den Einsatz des Wiki im Unternehmen und deuten auch auf eine partizipative Unternehmenskultur hin.

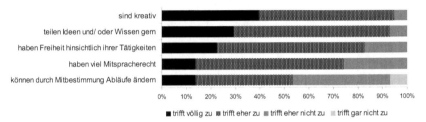

Abbildung 49: Fallstudie Beta: Eigenschaften der befragten Mitarbeiter (n=59)

Als besonders hinderlich für die Nutzung eines Wiki wird empfunden, wenn darin nur wenige Inhalte vorhanden sind und zudem auch nur wenige Mitarbeiter Beiträge erstellen. Weiters darf das Einpflegen und Finden von Wissen im Wiki keinen hohen Aufwand darstellen. Kaum als Hindernis wird die durch das Wiki geschaffene Transparenz über die Aktivitäten der Mitarbeiter im Unternehmen, bzw. der Egoismus anderer in Bezug auf eigene Wiki-Beiträge wahrgenommen.

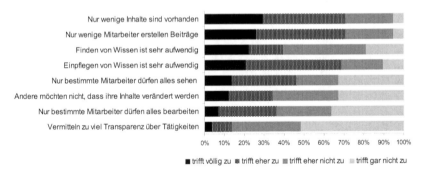

Abbildung 50: Fallstudie Beta: Hemmschwellen und Hindernisse für die Wiki-Nutzung (n=59)

8.2.1.6 Angaben zu den Befragten

Der Großteil der befragten Mitarbeiter ist zwischen 26 und 40 Jahre alt. Es finden sich im Unternehmen sehr wenige Mitarbeiter aus der Web-2.0-Generation. Lediglich 5 %

der befragten Wiki-Nutzer sind weiblich. Die meisten Wiki-Nutzer bezeichnen sich selbst als Projektmitarbeiter bzw. als „normale" Mitarbeiter.

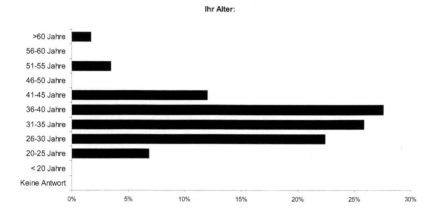

Abbildung 51: Fallstudie Beta: Alter der befragten Mitarbeiter (n=59)

Abbildung 52: Fallstudie Beta: Geschlecht der befragten Mitarbeiter (n=59)

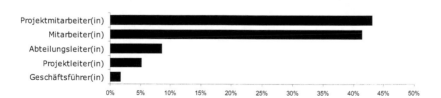

Abbildung 53: Fallstudie Beta: Stellenbezeichnung der befragten Mitarbeiter (n=59)

8.2.2 Mitarbeiterbefragung Fallstudie Gamma (Unternehmenswiki)

Das Ziel der Mitarbeiter-Befragung bestand darin, Erkenntnisse über die Nutzung des Wiki aus Sicht der Mitarbeiter zu gewinnen. Insgesamt haben 18 Mitarbeiter den Fragebogen vollständig beantwortet.

8.2.2.1 Wiki-Nutzung

Im Unternehmen herrscht eine intensive Wiki-Nutzung. Obwohl mit beinahe 35 % der Großteil der Mitarbeiter wöchentlich Inhalte im Wiki liest, arbeiten über 20 % der Mitarbeiter täglich und etwas mehr als 25 % der Mitarbeiter sogar mehrmals täglich mit dem Wiki.

Die folgende Abbildung lässt sich daher dergestalt interpretieren, dass die Relevanz der Informationen im Wiki von den Mitarbeitern als hoch empfunden wird. Erfahrungsgemäß gilt wiederum, dass der Anteil der aktiv beitragenden Mitarbeiter geringer ist, als jener der Leser. Über ein Drittel der Mitarbeiter erstellen in diesem Einzelfall wöchentlich Inhalte im Wiki. Die häufigste Wiki-Beitragsart ist auch in diesem Einzelfall das Hinzufügen von Inhalten zu bestehenden Wiki-Seiten.

Abbildung 54: Fallstudie Gamma: Wiki-Schreib-Leseverhalten (n=18)

Ergebnisse der Mitarbeiterbefragungen

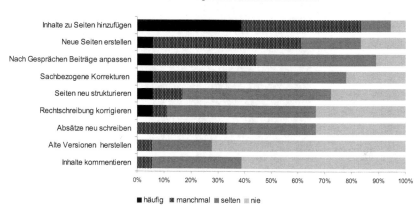

Abbildung 55: Fallstudie Gamma: Beiträge zum Wiki (n=18)

8.2.2.2 Information und Kommunikation

Mitarbeiter decken in diesem Einzelfall ihren subjektiven Informationsbedarf nicht hauptsächlich mit Hilfe von „traditionellen" Informationsquellen. E-Mail, Telefon, Face-to-Face-Gespräch und Meeting liegen als Quelle aufgabenrelevanter Information hinter dem Wiki zurück. Die folgende Abbildung veranschaulicht die Relevanz der Informationen im Wiki und erklärt das beobachtete Nutzerverhalten.

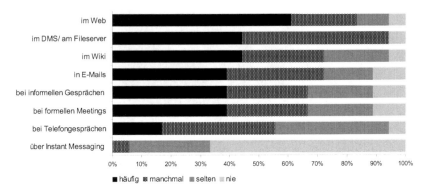

Abbildung 56: Fallstudie Gamma: Aufgabenrelevanz von Informationen (n=18)

Mitarbeiter sind in diesem Einzelfall sehr aktive Nutzer der Wikipedia und es daher gewohnt, mit einem Wiki zu arbeiten.

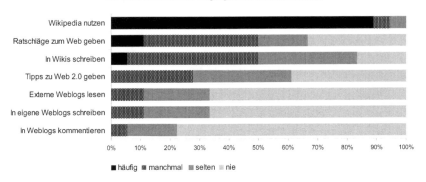

Abbildung 57: Fallstudie Gamma: Das Web als Medium (n=18)

8.2.2.3 Wiki und Aufgaben

Was die betrieblichen Aufgaben von Mitarbeitern betrifft, gilt es aus Sicht der Mitarbeiter, im Unternehmen geschaffenes Wissen stets zu dokumentieren. Die von den Mitarbeitern durchgeführten betrieblichen Aufgaben sind wissensintensiver Natur – eine geeignete Umgebung für den Einsatz eines Wiki. Mitarbeiter identifizieren sich auch stark mit Team, Fachgebiet und Organisation – ein guter Nährboden für ein Wiki.

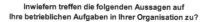
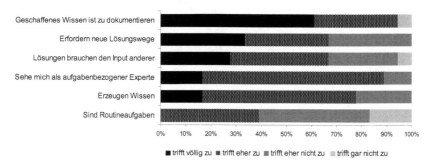

Abbildung 58: Fallstudie Gamma: Aussagen zu betrieblichen Aufgaben (n=18)

Abbildung 59: Fallstudie Gamma: Identifikation der Mitarbeiter (n=18)

Das Wiki fördert Zusammenarbeit und erzeugt Transparenz über das Wissen im Unternehmen. Das Wiki wird hier von den Mitarbeitern als positiv empfunden. Aufgrund von speziellen Wiki-Zugriffsberechtigungen lässt sich auch erklären, dass nicht alle Mitarbeiter das Wiki als gleichberechtigt empfinden.

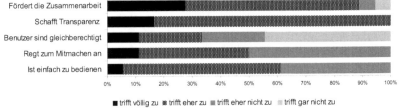

Abbildung 60: Fallstudie Gamma: Wahrnehmung des Wiki (n=18)

8.2.2.4 Motivation und Nutzen

Die Hauptmotivation der Nutzer für den Einsatz des Wiki besteht im Suchen und Finden relevanter Informationen. Dahinter folgen die aktive Information anderer Mitarbeiter über eigene Tätigkeiten und die Vereinfachung der eigenen Arbeit. Weniger E-Mails zu schreiben und an weniger Face-to-Face Meetings teilzunehmen stellen noch kaum Motive für eine aktive Nutzung dar.

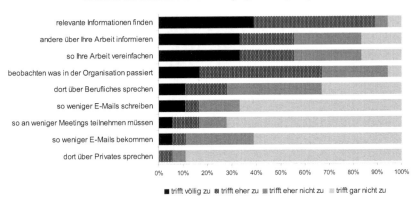

Abbildung 61: Fallstudie Gamma: Motivation, Wikis aus operativer Sicht zu nutzen (n=18)

Ergebnisse der Mitarbeiterbefragungen

Die Motivation zur Erstellung von Beiträgen ist bei vielen Mitarbeitern hoch und auch vielfältig. Mitarbeiter empfinden, dass ihre Beiträge für Kollegen wertvoll sind, dass sie sich damit einen Vorteil lukrieren können und dass sie durch ihr Beitragen auch regelmäßig Kollegen zur Nutzung des Wiki anregen.

Abbildung 62: Fallstudie Gamma: Motivation, Wikis aus sozialer Sicht zu nutzen (n=18)

Die Mitarbeiter erkennen im Wiki ein gutes Werkzeug, um ihre persönliche Arbeit zu erleichtern und bessere Leistungen auch schneller zu erbringen. Ein Nutzen aus dem Wiki für die eigene Person wird von den Mitarbeitern zum größten Teil bereits erkannt.

Abbildung 63: Fallstudie Gamma: Nutzen von Wikis für das Individuum (n=18)

Noch stärker als ein Nutzen für den einzelnen Mitarbeiter wird der Nutzen aus dem Wiki für die gesamte Organisation empfunden. Dieser Umstand kann unter Bezugnahme auf das Dilemma der Wissensteilung [Vgl. Cabrera und Cabrera, 2002] erklärt werden. Durch das Wiki konnten auch Wissensaustausch und Zusammenarbeit verbessert werden. In der Organisation konnten Abläufe optimiert werden, was ihr dazu verhilft, bessere Leistungen schneller zu erbringen. Das Wiki unterstützt außerdem darin, neue Möglichkeiten für Projekte zu identifizieren.

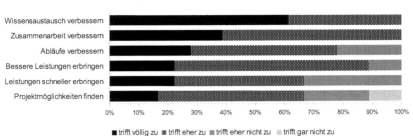

Abbildung 64: Fallstudie Gamma: Nutzen von Wikis für Team/Organisation (n=18)

8.2.2.5 Kultur und Akzeptanz

Die partizipative Unternehmenskultur stellt einen guten Nährboden für Wikis dar. Der Großteil der Mitarbeiter ist kreativ und teilt Ideen und Wissen gern. Mitarbeiter genießen eher viel Mitspracherecht und Freiheit hinsichtlich ihrer Tätigkeiten und können durch ihre Mitbestimmung die Abläufe im Unternehmen beeinflussen.

Ergebnisse der Mitarbeiterbefragungen

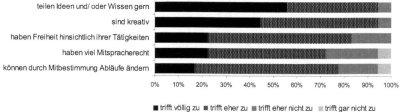

Abbildung 65: Fallstudie Gamma: Eigenschaften der befragten Mitarbeiter (n=18)

Als besonders hinderlich für ein Wiki wird empfunden, wenn das Einpflegen von Wissen sehr aufwendig ist und nur bestimmte Mitarbeiter alle Inhalte im Wiki sehen dürfen. Ferner wird in diesem Einzelfall als kritisch empfunden, wenn nur wenige Mitarbeiter Beiträge erstellen und das Finden von Wissen im Wiki einen hohen Aufwand darstellt. Keineswegs ein Hindernis besteht in der Transparenz über Aktivitäten im Unternehmen, welche durch den Einsatz eines Wiki erzeugt wird, bzw. im Egoismus der Kollegen in Bezug auf eigene Wiki-Beiträge.

Abbildung 66: Fallstudie Gamma: Hemmschwellen und Hindernisse für die Wiki-Nutzung (n=18)

8.2.2.6 Angaben zu den Befragten

Der Großteil der befragten Mitarbeiter im Unternehmen ist zwischen 20 und 35 Jahre alt. Weniger als 10 % der Nutzer sind weiblich. Die meisten Nutzer bezeichnen sich als „normale" Mitarbeiter bzw. als Projektmitarbeiter.

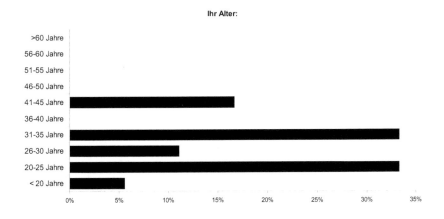

Abbildung 67: Fallstudie Gamma: Alter der befragten Mitarbeiter (n=18)

Abbildung 68: Fallstudie Gamma: Geschlecht der befragten Mitarbeiter (n=18)

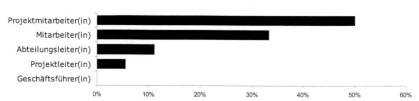

Abbildung 69: Fallstudie Gamma: Stellenbezeichnung der befragten Mitarbeiter (n=18)

8.2.3 Mitarbeiterbefragung Fallstudie Zeta (Mitarbeiterweblogs)

8.2.3.1 Rahmenbedingungen

Das Ziel der Mitarbeiter-Befragung bestand darin, Erkenntnisse über die Nutzung der Mitarbeiter-Weblogs aus der Sicht der Mitarbeiter zu gewinnen. Insgesamt haben 21 von 33 Mitarbeitern den Fragebogen vollständig beantwortet. Um weitere Erkenntnisse über diesen besonders nachhaltigen Einsatz von Mitarbeiter-Weblogs ableiten zu können, wurden zusätzlich Gruppen gebildet:

- Nach der der quantitativen Weblog-Nutzung wurde in die Gruppen *Vielnutzer* und *Wenignutzer* unterteilt. Vielnutzer sind jene 12 Mitarbeiter, die mehrmals täglich oder zumindest täglich in den Weblogs lesen.

- Nach dem subjektiv empfundenen individuellen Nutzen wurde in die Gruppen *Begünstigte* und *Nichtbegünstigte* unterschieden. Begünstigte sind jene 12 Mitarbeiter, die durch den aktiven Einsatz von Mitarbeiter-Weblogs bessere Leistungen erbringen, d.h. ihre Effektivität erhöhen konnten.

Für diese vier Nutzertypen wurden Mittelwerte der Antworten auf alle Fragen errechnet und miteinander verglichen. Antworten mit wesentlichen Unterschieden bei den Mittelwerten (Delta > 0,5) werden angeführt und interpretiert.

8.2.3.2 Weblog-Nutzung

Im untersuchten Unternehmen herrscht eine äußerst intensive Weblog-Nutzung vor: Fast die Hälfte der befragten Mitarbeiter liest zumindest wöchentlich, ein Großteil täglich oder sogar mehrmals täglich Informationen in den Mitarbeiter-Weblogs. Diese Zahlen sprechen für die Relevanz der Informationen in den Weblogs aus Sicht der Mitarbeiter. Die Intensität in der Nutzung ist ein Indiz für die Nachhaltigkeit der bereits 2001 eingeführten Mitarbeiter-Weblogs für den Wissenstransfer.

Mit 60 % der befragten Nutzer schreiben noch deutlich über die Hälfte der Mitarbeiter zumindest wöchentlich Inhalte. Nur so wird sichergestellt, dass die Inhalte wirklich von einem Großteil der Mitarbeiter erstellt und verantwortet werden und damit breit gefächerte Informationen über die Tätigkeiten möglichst vieler Mitarbeiter im Unternehmen abrufbar sind. Beides sind notwendige Kriterien für die von der Geschäftsleitung erzielte Selbstorganisation und Selbstreflektion.

Vielnutzer schreiben durchschnittlich mehr Beiträge als Wenignutzer. Diese Erkenntnis ist interessant, da nicht notwendigerweise eine Korrelation zwischen Lesen und Schreiben bestehen muss. Vielnutzer können leichter einen Nutzen aus dem Schreiben ableiten, als Wenignutzer. Eine geeignete Maßnahme für die Bewerbung von Weblogs lautet daher, die Mitarbeiter stets zum Schreiben von Beiträgen anzuregen.

Abbildung 70: Fallstudie Zeta: Weblog-Schreib-Leseverhalten (n=21)

Was das Schreiben von Weblog-Einträgen betrifft, kommt der Frage nach der Beitragsart weitere Relevanz zu: Der Großteil der befragten Mitarbeiter konzentriert sich auf den eigenen Weblog. Kurze Einträge schreiben und Kommentare im eigenen Weblog zu beantworten, stehen an erster Stelle. Der hohe Stellenwert der Kommentare veranschaulicht die Eigenschaft der Weblogs, als kommunikationsfördernde Maßnahme zu wirken. Ein Schreiben von kurzen Beiträgen überwiegt, was mit der durch die Geschäftsleitung gewünschten Begrenzung der Weblog-Beiträge auf 10 Zeilen pro Woche zusammenhängen mag. Kurze Beiträge tragen außerdem zur Effizienzerhöhung bei, weil ein Leser weniger Zeit aufwenden muss, um den Inhalt zu erschließen. In einem KMU kann ein Informationsträger über andere Medien kontaktiert werden, um weitere Informationen zu erhalten.

Vielnutzer schreiben deutlich mehr kurze Beiträge, beantworten aber auch deutlich mehr Kommentare im eigenen Weblog. Vielnutzer stimulieren stärker den intraorganisationalen Wissenstransfer und stellen sich eher der Diskussion, als Wenignutzer. Vielnutzer sollten bei der Bewerbung des Bloggens verstärkt herangezogen werden, da sie den Nutzen aus Weblogs klarer erkennen.

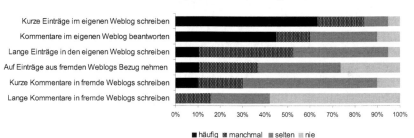

Abbildung 71: Fallstudie Zeta: Beiträge zu eigenen und fremden Weblogs (n=21)

8.2.3.3 Information und Kommunikation

Die Frage nach dem Informationsangebot für Mitarbeiter im Hinblick auf die Erledigung ihrer betrieblichen Aufgaben liefert die „traditionellen" Informationsquellen als Antwort. Dabei überwiegen E-Mails vor formellen und informellen Face-to-Face-Gesprächen und Telefongesprächen. Doch nicht alle Informationen sind über traditionelle Informationsquellen abrufbar. Mitarbeiter müssen als Träger relevanter Informationen im Vorfeld identifiziert werden, um eine potentielle Information abrufen zu können.

Weblogs fungieren in diesem Einzelfall auch nicht als Ersatz der „traditionellen" Informationsmedien, sondern als eine Ergänzung. Mitarbeiter-Weblogs enthalten jedoch Informationen, die vorher im Unternehmen nicht an zentraler Stelle abrufbar waren. Solche Informationen werden von einem großen Teil der Benutzer als relevant für ihre betrieblichen Tätigkeiten eingestuft.

Vielnutzer finden durchschnittlich öfter relevante Informationen in den Weblogs. Mit dem Grad der Nutzung steigt der Nutzen von Weblogs, was die Beschaffung relevanter Informationen betrifft.

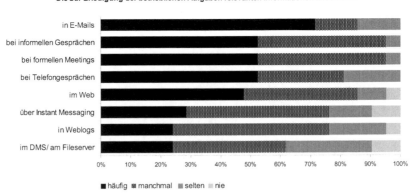

Abbildung 72: Fallstudie Zeta: Aufgabenrelevanz von Informationen (n=21)

Mitarbeiter, welche sich mit Web-2.0-Anwendungen bereits aus dem privaten Bereich auskennen, profitieren davon auch eher im beruflichen Bereich. Mehr als die Hälfte der befragten Mitarbeiter nutzt Wikipedia. Ein Großteil der befragten Mitarbeiter liest auch externe Weblogs und wird zum Thema Web auch von Kollegen um Rat gefragt.

Vielnutzer publizieren durchschnittlich öfter in einen eigenen externen Weblog. Sie zeigen eine höhere Affinität zu Weblogs, welche sich auch über den beruflichen Teil hinweg auswirkt.

Ergebnisse der Mitarbeiterbefragungen

Abbildung 73: Fallstudie Zeta: Das Web als Medium (n=21)

8.2.3.4 Weblogs und Aufgaben

Die von den Mitarbeitern durchgeführten Aufgaben erfordern zu einem großen Teil neue Lösungswege. Zur Lösung der Aufgaben muss meist der Input von Kollegen herangezogen werden. Mitarbeiter sehen sich im Unternehmen durchwegs als aufgabenbezogene Experten und schaffen durch ihre Arbeit neues Wissen, welches zu dokumentieren ist. Diese Antworten zeigen, dass der Grad der Wissensintensität der Aufgaben hoch ist. Ein solches Umfeld passt gut zu Mitarbeiter-Weblogs, da Weblogs die Anforderungen von Wissensträgern, welche kollaborative Wissensarbeit erledigen, gut erfüllen.

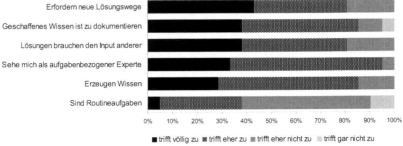

Abbildung 74: Fallstudie Zeta: Aussagen zu betrieblichen Aufgaben (n=21)

Die befragten Mitarbeiter identifizieren sich stark mit Organisation, Team und Fachgebiet. Dieser Umstand zeugt von der guten Stimmung im Unternehmen und bestätigt die positiven Ergebnisse aus einer unternehmensinternen Mitarbeiterbefragung. Eine hohe Identität kann ein besonderes Motiv darstellen, Information im Unternehmen freiwillig zur Verfügung zu stellen.

Abbildung 75: Fallstudie Zeta: Identifikation der Mitarbeiter (n=21)

Obwohl Weblogs aus technischer Sicht einfache Tools darstellen, werden sie, was ihre soziale Komponente betrifft, in Organisationen meist unterschiedlich wahrgenommen. Speziell spielen Kultur und Erfahrung eine große Rolle, wenn Werkzeuge, bei denen die Nutzung zum Teil von der Freiwilligkeit der Nutzer abhängt, zum Nutzen des Unternehmens eingesetzt werden sollen. Die Wahrnehmung von Weblogs gestaltet sich durchwegs als positiv und im Sinne der Geschäftsführung, was die Ziele der Weblogs betrifft. Mitarbeiter empfinden sie als einfach zu bedienende Werkzeuge, welche die Zusammenarbeit fördern und Transparenz von Wissen und Inhalten schaffen. Benutzer sehen sich als gleichberechtigt, was die Benutzung von Weblogs betrifft.

Vielnutzer bekennen sich stärker dazu, dass Weblogs als partizipatives Medium zum Mitmachen anregen, Transparenz über Inhalte und Wissen schaffen und die Zusammenarbeit fördern. Dies signalisiert wiederum, dass viele implizit mit Weblogs genannten Vorteile aus der direkten Nutzung der Weblogs entstehen. Der Grad der Nutzung beeinflusst die Sicht der Mitarbeiter auf Mitarbeiter-Weblogs wesentlich. Eine auftretende Initialhürde nach der Weblog-Einführung wurde überwunden, sodass die Vorteile vielen Mitarbeitern bereits klar sind. Wenignutzer sollten daher in einen aktiven Dialog mit Vielnutzern geführt werden, um den Einsatz von Weblogs zu stimulieren. Dies kann beispielsweise über eine verstärkte Kommunikation über Kommentare in den Weblogs von Wenignutzern erfolgen.

Abbildung 76: Fallstudie Zeta: Wahrnehmung von Weblogs (n=21)

8.2.3.5 Motivation und Nutzen

Die befragten Mitarbeiter verwenden Weblogs zum Großteil aus dem Grund, aktiv Kollegen über ihre Arbeit zu informieren und passiv darin zu beobachten, was in ihrer Organisation passiert. Sie können sich über Weblogs mit Kollegen zu arbeitsbezogenen Themen unterhalten und finden dort auch für ihre Arbeit relevante Informationen. Dass Weblogs genutzt werden, um weniger E-Mails zu schreiben oder zu erhalten bzw. um an weniger Meetings teilzunehmen, wird nur von einem kleinen Teil der befragten Mitarbeiter bestätigt. Auch die Tatsache, Weblogs aus dem Grund zu nutzen, um sich mit Kollegen über Privates auszutauschen, scheint kein Hauptmotiv darzustellen.

Vielnutzer bekennen sich stärker dazu, dass sie Weblogs nutzen, um dort relevante Informationen zu finden und sich mit Kollegen über arbeitsrelevante Themen auszutauschen. Sie äußern sich auch viel deutlicher dazu, Weblogs zu nutzen, um damit ihre Arbeit zu vereinfachen, weniger E-Mails zu schreiben sowie zu erhalten und an weniger Meetings teilnehmen zu müssen. Dies bestätigt, dass die aus Weblogs erzielbaren Vorteile wesentlich mit der Intensität der Nutzung zusammenhängen.

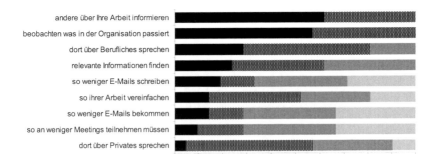

Abbildung 77: Fallstudie Zeta: Motivation, Weblogs aus operativer Sicht zu nutzen (n=21)

Der Hauptgrund für Mitarbeiter, aktiv Beiträge zu schreiben, besteht darin, ihre Kollegen ebenfalls zur Nutzung anzuregen. Außerdem erscheint das Empfinden, dass eigene Beiträge für andere Mitarbeiter wertvoll sind, ein wichtiger Grund zu sein, aktiv zu werden. Die Geschäftsführung fordert und fördert die Aktivitäten der Mitarbeiter in den Weblogs: Das zeigt sich insbesondere auch darin, dass Mitarbeiter die Wünsche ihrer Vorgesetzten durch Beiträge erfüllen wollen.

Vielnutzer sind eher der Meinung, dass ihre Beiträge für andere wertvoll sind und sie auch für eigene Beiträge eine Gegenleistung von Kollegen erhalten. Die Bekennung zu Reziprozität ist bei Vielnutzern daher wesentlich stärker ausgeprägt.

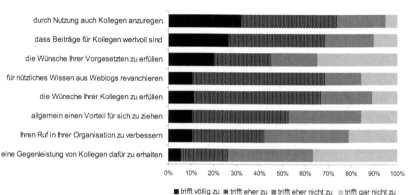

Abbildung 78: Fallstudie Zeta: Motivation, Weblogs aus sozialer Sicht zu nutzen (n=21)

Die Nutzung von Weblogs hat fassbare Auswirkungen auf die zu erledigenden Leistungen aus der Sicht der Mitarbeiter. Ein großer Teil der Mitarbeiter empfindet eine Erhöhung von Effektivität und Effizienz der eigenen Leistungen. Weblogs haben Mitarbeitern geholfen, bessere Leistungen zu erbringen und auch die geforderten Leistungen schneller zu erbringen.

Vielnutzer sind eher der Meinung, ihren professionellen Status verbessert zu haben. Sie erleichtern durch die Nutzung der Weblogs stärker ihre eigene Arbeit und können auch bessere Leistungen schneller erbringen.

Abbildung 79: Fallstudie Zeta: Nutzen von Weblogs für das Individuum (n=21)

Aus der Perspektive der befragten Mitarbeiter zeigt sich, dass die Mitarbeiter-Weblogs Teams und Organisation dazu verholfen haben, Wissensaustausch, Zusammenarbeit und Abläufe zu verbessern. Auf Basis der in den Weblogs erarbeiteten Ideen konnten auch neue Möglichkeiten für Projekte gewonnen werden. Ein kleinerer Teil der Mitarbeiter empfindet Weblogs auch als geeignetes Medium, um Leistungen im Unternehmen schneller und besser zu erbringen. Der Nutzen aus den Weblogs für die Organisation wird auch größer eingeschätzt, als der Nutzen für das Individuum, ein Umstand, der sich unter Bezugnahme auf das Dilemma der Wissensteilung erklären lässt [Vgl. Cabrera und Cabrera, 2002].

Vielnutzer glauben stärker, dass Weblogs in der Organisation geholfen haben, Abläufe zu verbessern, bessere Leistungen zu erbringen und Leistungen schneller zu erbringen.

Abbildung 80: Fallstudie Zeta: Nutzen von Weblogs für Team/Organisation (n=21)

8.2.3.6 Kultur und Akzeptanz

Mitarbeiter genießen viel Freiheit in der Gestaltung ihrer betrieblichen Tätigkeiten, teilen Ideen und Wissen gern und sind kreativ. Sie haben in Bezug auf zu treffende Entscheidungen viel Mitspracherecht und können durch ihre Mitbestimmung Strukturen und Abläufe verändern. Dieses Umfeld ist gut geeignet, um nachhaltige Mitarbeiter-Weblogs hervorzubringen.

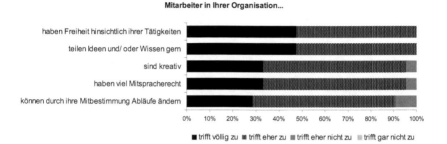

Abbildung 81: Fallstudie Zeta: Eigenschaften der befragten Mitarbeiter (n=21)

Die befragten Mitarbeiter empfinden es als ein großes Hindernis für die Nutzung von Weblogs, wenn das Einpflegen und Finden von Wissen einen hohen Aufwand darstellt. Eine geringe Anzahl von Inhalten wird ebenfalls als Hindernis erkannt. Das Vermitteln von Transparenz, die mangelnde Konfliktfähigkeit von Mitarbeitern und die Tatsache, dass nur bestimmte Mitarbeiter alles sehen bzw. bearbeiten dürfen, wird von einem Großteil der Befragten nicht als Hindernis empfunden. Das ist überraschend, da nicht immer alle Mitarbeiter Transparenz und Nachvollziehbarkeit befürworten müssen.

Vielnutzer glauben weniger stark, dass es die Nutzung von Weblogs hinderlich macht, wenn Einpflegen und Finden von Wissen einen höheren Aufwand bedeutet und nur wenig Wissen in Weblogs vorhanden ist. Diese Antworten veranschaulichen, dass Vielnutzer weniger Hindernisse in der Nutzung von Weblogs erkennen. Die Akzeptanz der Weblogs steigt mit zunehmender Nutzung, weil die Vorteile aus den Weblogs klarer erkannt werden.

Abbildung 82: Fallstudie Zeta: Hemmschwellen und Hindernisse für Weblogs (n=21)

8.2.3.7 Angaben zu den Befragten

Über die Hälfte der befragten Mitarbeiter ist zwischen 36 und 40 Jahre alt, niemand ist jünger als 26 Jahre. Auffallend ist, dass kaum Mitarbeiter aus der Web-2.0-Generation in der Gruppe der befragten Personen sind, Weblogs aber dennoch erfolgreich eingesetzt werden können. Etwa ein Drittel der befragten Personen sind Frauen. Rund die Hälfte der befragten Personen sind normale Mitarbeiter, rund ein Viertel bezeichnet sich als Projektmitarbeiter. KMU-typisch sind die flachen Hierarchien. Das ergibt eine zufriedenstellende Streuung der Befragung über alle Mitarbeiter hinweg.

Ergebnisse der Mitarbeiterbefragungen 285

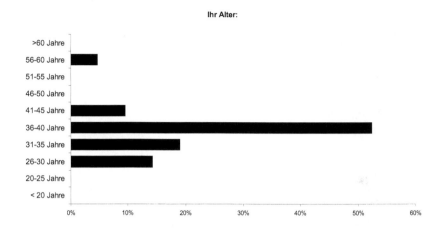

Abbildung 83: Fallstudie Zeta: Alter der befragten Mitarbeiter (n=21)

Abbildung 84: Fallstudie Zeta: Geschlecht der befragten Mitarbeiter

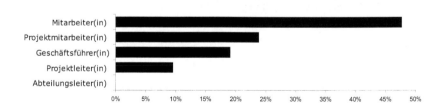

Abbildung 85: Fallstudie Zeta: Stellenbezeichnung der befragten Mitarbeiter (n=21)

8.2.3.8 Einzelfall: Begünstige und Nicht-Begünstigte

Im Hinblick auf die Quantität von durchgeführten Aktionen, zeichnen sich Begünstigte häufiger für Beiträge verantwortlich. Insbesondere schreiben sie mehr Kommentare und nehmen vielmehr auf durch Kollegen publizierte Inhalte Bezug. Sie stimulieren daher den Wissensaustausch wesentlich stärker als Nicht-Begünstigte. Die häufige Interaktion mit Kollegen sowie die Reflektion in Bezug auf eigene und fremde Inhalte erscheinen als geeignete Maßname, um Aufgaben effektiver durchführen zu können.

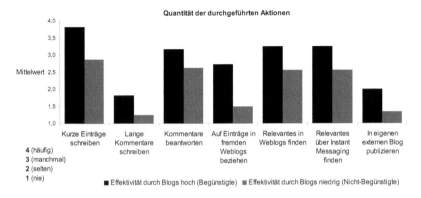

Abbildung 86: Fallstudie Zeta: Quantität von Aktionen (n=21)

Es zeigt sich, dass Begünstigte eine wesentlich höhere operative Motivation besitzen, Weblogs zu nutzen. Insbesondere nutzen sie Weblogs stärker, um die für ihre Arbeit relevanten Informationen zu finden und sich mit Kollegen über arbeitsbezogene Themen auszutauschen. Weiters spielt in der Nutzungsmotivation von Begünstigten auch viel stärker mit, durch die Nutzung von Weblogs weniger E-Mails zu schreiben, weniger E-Mails zu erhalten, sowie an weniger Face-to-Face-Meetings teilnehmen zu müssen. Ein Austausch über private Themen scheint kein wesentlicher Grund für Begünstigte sein, Weblogs zu verwenden.

Ergebnisse der Mitarbeiterbefragungen 287

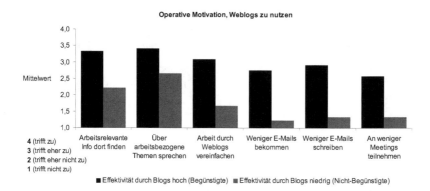

Abbildung 87: Fallstudie Zeta: Operative Motivation (n=21)

Begünstigte besitzen eine höhere Motivation, Inhalte in Weblogs zu veröffentlichen. Sie erwarten sich durch ihr Beitragen stärker, einen Vorteil für sich zu lukrieren, die Wünsche ihrer Kollegen mit wertvollen Beiträgen zu erfüllen und eine Gegenleistung für ihren Einsatz zu erhalten. Außerdem erwarten sie sich stärker, soziale und professionelle Stati zu verbessern.

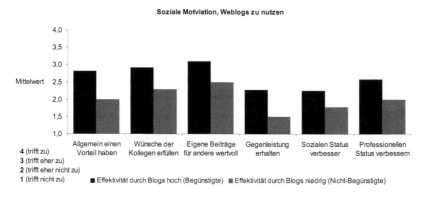

Abbildung 88: Fallstudie Zeta: Soziale Motivation (n=21)

Was den Erfolg von Weblogs auf individueller, sowie den empfunden Erfolg von Weblogs auf Team- und Organisationsebene betrifft, zeigen sich erwartungsgemäß zum Teil große Unterschiede in den Mittelwerten der Antworten von Begünstigen und Nicht-Begünstigten. Begünstigte konnten eher durch die Nutzung von Weblogs ihre eigene Arbeit vereinfachen und bessere und schnellere Leistungen erbringen. Was den empfundenen Nutzen von Weblogs auf Team- und Organisationsebene betrifft, sind Begünstige auch eher der Meinung, dass Abläufe, Zusammenarbeit und Wissensaustausch in Organisation und Team verbessert wurden. Begünstigte sind auch stärker der Meinung, dass der Einsatz von Weblogs in der Organisation dazu beigetragen hat, Effektivität und Effizienz in der betrieblichen Leistungserbringung zu erhöhen.

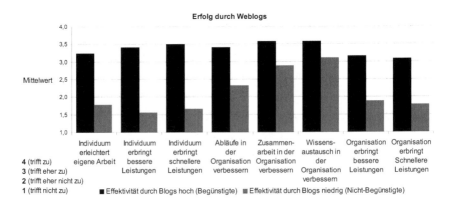

Abbildung 89: Fallstudie Zeta: Erfolg von Weblogs (n=21)

Bei der Frage nach Bedingungen, welche die Nutzung von Weblogs zum Hindernis machen, zeigen sich Nicht-Begünstigte durchschnittlich viel negativer eingestellt, als Begünstigte. Sie empfinden es eher als Hindernis, wenn Einpflegen und Finden von Wissen aufwendiger ist, wenn wenige Inhalte vorhanden sind und wenn nur bestimmte Mitarbeiter alles sehen dürfen. Mit der kontinuierlichen Nutzung von Weblogs werden die Vorteile klarer erkannt, was langfristig zu einem Nutzengewinn für den einzelnen Mitarbeiter führt und damit den Abbau von Hindernissen unterstützt.

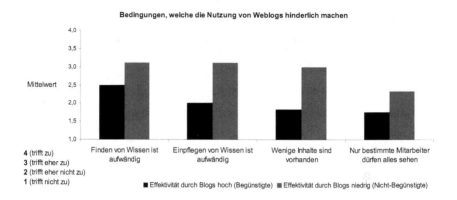

Abbildung 90: Fallstudie Zeta: Hindernisse der Weblog-Nutzung (n=21)

8.2.4 Mitarbeiterbefragung Fallstudie Eta (Unternehmenswiki)

8.2.4.1 Rahmenbedingungen

Das Ziel der Mitarbeiter-Befragung bestand darin, Erkenntnisse über die Nutzung des Wiki aus Sicht der Mitarbeiter zu gewinnen. Insgesamt haben 48 Mitarbeiter den Fragebogen vollständig beantwortet. Zusätzlich wurde noch eine E-Mail-Befragung von Nichtnutzern vorgenommen.

8.2.4.2 Wiki-Nutzung

Im Unternehmen herrscht eine Wiki-Nutzung, welche als typisch für unternehmensweite Wikis gesehen werden kann. Der Großteil der Mitarbeiter liest monatlich bzw. seltener als monatlich Informationen im Wiki. Immerhin nutzt rund ein Viertel der Mitarbeiter das Wiki wöchentlich, um Informationen daraus zu extrahieren. Dieses Ergebnis verrät, dass die Relevanz der Informationen im Wiki durch die Mitarbeiter unterschiedlich gewichtet wird. Erfahrungsgemäß ist der Anteil der aktiven Ersteller von Wiki-Beiträgen geringer, als jener der Leser. Der Großteil der Autoren erstellt seltener als monatlich Inhalte. Das Wissen im Wiki kann als statisch bezeichnet werden, was auch der Zielsetzung dieses Wiki entspricht.

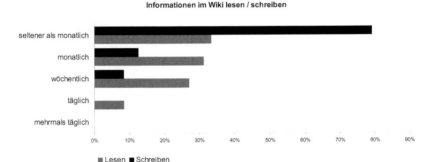

Abbildung 91: Fallstudie Eta: Wiki-Schreib-Leseverhalten (n=48)

Die häufigste Beitragsart ist das Erstellen neuer Wiki-Seiten, gefolgt vom Hinzufügen von Inhalten zu bestehenden Seiten. Aufgrund der geringen Aktivität der Mitarbeiter, lassen sich die Erkenntnisse aus der nächsten Abbildung aber relativieren.

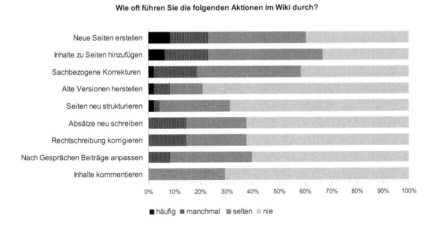

Abbildung 92: Fallstudie Eta: Beiträge zum Wiki (n=48)

8.2.4.3 Information und Kommunikation

Die befragten Mitarbeiter decken ihren subjektiven Informationsbedarf hauptsächlich mit der Hilfe „traditioneller" Informationsquellen. So erhalten sie die zur Erledigung ihrer betrieblichen Aufgaben relevanten Informationen durch E-Mail, in persönlichen Gesprächen, aus dem redaktionellen Dokumentenmanagementsystem und über Telefongespräche. Das Wiki ist als Quelle von für betriebliche Aufgaben relevanten Informationen abgeschlagen. Mitarbeiter empfinden einen geringen Bezug der Informationen im Wiki zu ihrer täglichen Arbeit.

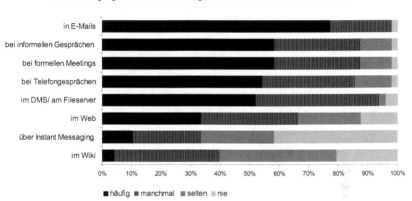

Abbildung 93: Fallstudie Eta: Aufgabenrelevanz von Informationen (n=48)

Ein großer Teil der Mitarbeiter verwendet Wikipedia, den Mitarbeitern sind andere Wikis daher bekannt.

Abbildung 94: Fallstudie Eta: Das Web als Medium (n=48)

8.2.4.4 Wiki und Aufgaben

Von den Mitarbeitern durchgeführte betriebliche Aufgaben sind zum großen Teil wissensintensiv. Angestrebte Lösungen benötigen häufig den Input von Kollegen. Mitarbeiter empfinden sich im Unternehmen als aufgabenbezogene Experten und erschaffen aus ihrer Sicht auch neues Wissen, welches es zu dokumentieren gilt. Sie identifizieren sich auch stark mit Team, Fachgebiet und Organisation.

Ergebnisse der Mitarbeiterbefragungen 293

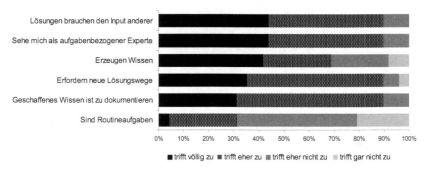

Abbildung 95: Fallstudie Eta: Aussagen zu betrieblichen Aufgaben (n=48)

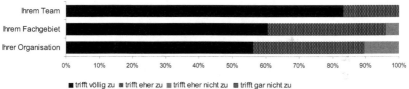

Abbildung 96: Fallstudie Eta: Identifikation der Mitarbeiter (n=48)

Die Mitarbeiter empfinden sich im Wiki als gleichberechtigte Nutzer. Das Wiki erzeugt aus ihrer Sicht Transparenz über Wissen und ist eher einfach zu bedienen. Die Anzahl der Mitarbeiter, welche das Wiki als ein die Zusammenarbeit förderndes Mitmach-Medium empfinden, ist jedoch geringer. Interessant ist in diesem Zusammenhang vor dem Hintergrund der Aussagen der verantwortlichen Experten im Unternehmen, dass die Bedienung des Wiki durch die Mehrheit der Mitarbeiter nicht als Hemmschwelle empfunden wird. Die Aussagen der Experten stehen daher im Widerspruch zur Sicht der Mitarbeiter.

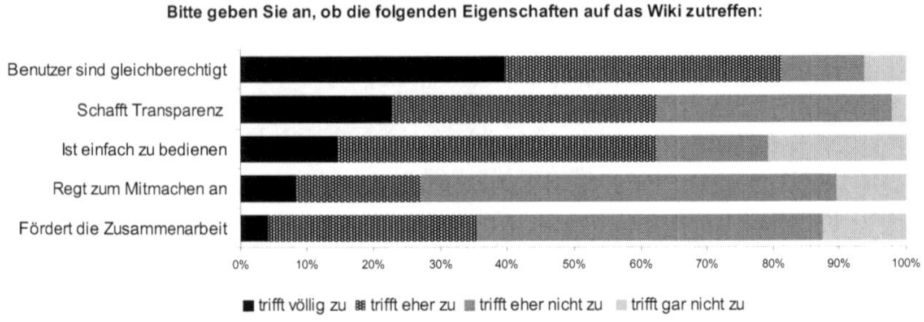

Bitte geben Sie an, ob die folgenden Eigenschaften auf das Wiki zutreffen:

Benutzer sind gleichberechtigt
Schafft Transparenz
Ist einfach zu bedienen
Regt zum Mitmachen an
Fördert die Zusammenarbeit

■ trifft völlig zu ▩ trifft eher zu ■ trifft eher nicht zu ▫ trifft gar nicht zu

Abbildung 97: Fallstudie Eta: Wahrnehmung des Wiki (n=48)

8.2.4.5 Motivation und Nutzen

Die Hauptmotivation zur Nutzung des Wiki liegt in der Information von Kollegen über die eigene Arbeit. Dahinter rangiert das Finden relevanter Informationen. Es scheint, als würden die Mitarbeiter noch eher wenig Nutzen erkennen, mit dem Wiki zu arbeiten. In diesem Fall sind weitere Akzeptanz erhöhende Maßnahmen bei Mitarbeitern empfehlenswert. Es gilt, noch mehr Überzeugungsarbeit zu leisten, was Nutzung und Nutzen des Wiki in Bezug auf die tägliche Arbeit der Mitarbeiter betrifft.

Was das Beitragen von Wissen zum Wiki betrifft, besteht die hauptsächliche Erwartungshaltung der Mitarbeiter darin, durch die eigene Nutzung auch Kollegen zur Nutzung anzuregen. Eigene Beiträge werden von Mitarbeitern für Kollegen als wertvoll empfunden und wollen ihnen nicht vorenthalten werden.

Ergebnisse der Mitarbeiterbefragungen

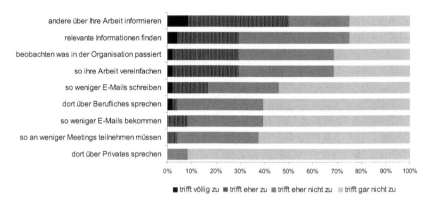

Abbildung 98: Fallstudie Eta: Motivation, Wikis aus operativer Sicht zu nutzen (n=48)

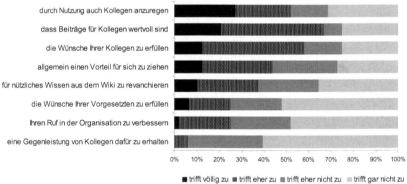

Abbildung 99: Fallstudie Eta: Motivation, Wikis aus sozialer Sicht zu nutzen (n=48)

Was den Nutzen des Wiki für den Einzelnen betrifft, erkennt lediglich ein kleiner Teil der Mitarbeiter bereits einen Effekt im Hinblick auf die eigene Tätigkeit. Hier könnte eine intensivere Nutzung des Wiki eine Verbesserung bringen.

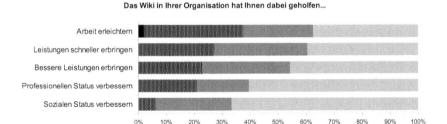

Abbildung 100: Fallstudie Eta: Nutzen von Wikis für das Individuum (n=48)

Ein kleiner Teil der Mitarbeiter ist der Ansicht, dass durch das Wiki Wissensaustausch und Zusammenarbeit im Team und in der Organisation bereits verbessert wurden.

Abbildung 101: Fallstudie Eta: Nutzen von Wikis für Team/ Organisation (n=48)

8.2.4.6 Kultur und Akzeptanz

Mitarbeiter teilen in diesem Einzelfall Ideen und Wissen eher gern und sind auch eher kreativ. Sie genießen eher Freiheit hinsichtlich ihrer Tätigkeiten und besitzen auch eher Mitspracherecht.

Ergebnisse der Mitarbeiterbefragungen 297

Abbildung 102: Fallstudie Eta: Eigenschaften der befragten Mitarbeiter (n=48)

Als die größten Hindernisse für die Nutzung des Wiki empfinden die Mitarbeiter in diesem Einzelfall, wenn nur wenige Inhalte im Wiki vorhanden sind und wenn nur wenige Mitarbeiter Beiträge im Wiki erstellen. Wenig Bedenken haben die Mitarbeiter in Bezug auf eine durch das Wiki vermittelte Transparenz über Wissen und Wissensträger im Unternehmen.

Abbildung 103: Fallstudie Eta: Hemmschwellen und Hindernisse für die Wiki-Nutzung (n=48)

8.2.4.7 Angaben zu den Befragten

Der Großteil der Mitarbeiter im Unternehmen ist zwischen 30 und 45 Jahre alt. Rund 20 % der befragten Nutzer sind weiblich. Die meisten Nutzer bezeichnen sich als

„normale" Mitarbeiter. Mit 20 % ist der Anteil der leitenden Stellen als Nutzer nicht zu unterschätzen. Das ist insofern bedeutend, da leitende Personen größeren Einfluss auf ihre Mitarbeiter ausüben und stärker Bewusstsein bildende Maßnahmen ergreifen können. Aus den Interviews wurde ersichtlich, dass leitende Stellen zum Teil eine höhere Affinität zum Wiki in Bezug auf die Erstellung von Beiträgen aufweisen.

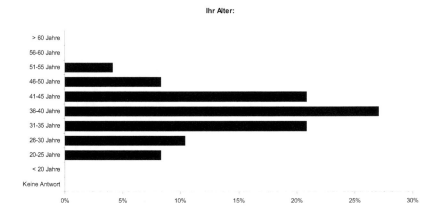

Abbildung 104: Fallstudie Eta: Alter der befragten Mitarbeiter (n=48)

Abbildung 105: Fallstudie Eta: Geschlecht der befragten Mitarbeiter (n=48)

Ergebnisse der Mitarbeiterbefragungen 299

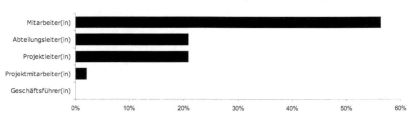

Abbildung 106: Fallstudie Eta: Stellenbezeichnung der befragten Mitarbeiter (n=48)

8.2.4.8 Einzelfall: E-Mail-Befragung von Nichtnutzern

Um weitere Erkenntnisse über die Motive von Nichtnutzern zu erfahren, wurde in diesem Einzelfall zusätzlich eine E-Mail-Befragung der Nichtnutzer vorgenommen. Die Ergebnisse aus dieser Befragung zeigten sich aufgrund des eher geringen Nutzungsgrades des Wiki als wesentliche Erkenntnisquelle für zu setzende Akzeptanzmaßnahmen. Ausgewählte Nichtnutzer erhielten eine gemeinsam mit den Autoren abgestimmte E-Mail, welche folgende Fragen zum Wiki enthielt:

- F-1: Ich nutze das Wiki nicht, weil ...
- F-2: Ich würde das Wiki nutzen, wenn ...
- F-3: Ich würde Beiträge im Wiki erstellen, wenn ...
- F-4: Welche Instrumente/ Anwendungen/ Maßnahmen unterstützen aus Ihrer Sicht das Wissensmanagement im Unternehmen besser, als ein Wiki?

Sechs Nichtnutzer lieferten Antworten auf die gestellten Fragen, welche im folgenden analysiert und interpretiert werden.

8.2.4.8.1 Motive für Nichtnutzung

Drei Personen argumentierten auf einer rein inhaltlich-technischen Ebene: Die Inhalte des Wiki entsprechen nicht dem täglichen Informationsbedarf der Mitarbeiter. Eine Person bemängelt das Fehlen von Abo-Funktionen für spezielle Themenbereiche und die Filterung nach Themenbereichen zur Bekämpfung des täglichen Information-Overload. Eine weitere Person kritisiert, dass sich Wiki-Inhalte auch im Intranet finden bzw. nicht oder nur sehr schwer gefunden werden können, wobei Erklärungen im Wiki oft nicht verständlich sind. Die übrigen drei Personen argumentieren, dass sie sich noch nicht mit dem Wiki und mit einem möglichen Nutzen aus dem Wiki auseinandergesetzt haben. Eine zum Teil noch fehlende Relevanz der Wiki-Inhalte für die tägliche Arbeit wird durch die Nichtnutzer bestätigt. Zusätzlich erkennen Mitarbeiter kaum einen Nutzen aus dem Wiki. In diesem Zusammenhang muss weitere Aufklärungsarbeit geleistet werden.

8.2.4.8.2 Motive für Nutzung

Zwei Personen würden das Wiki nutzen, wenn es die für ihre Arbeit relevanten Informationen beinhalten würde. Eine Person ist der Ansicht, dass das Wiki als *„Lexikon für alle im Unternehmen vorkommenden Begriffe"* zu breit angelegt ist. Außerdem wird das Fehlen einer Taxonomie, also das Nichtvorhandensein von Strukturen und Tags, bemängelt. Drei Personen würden das Wiki verwenden, wenn ihnen der Mehrwert aus dem Wiki für die tägliche Arbeit klar wäre. Zudem müssten zwei Personen das Wiki erst einmal kennenlernen, um eine entsprechende Aussage treffen zu können. Die Relevanz der Informationen im Wiki muss erhöht werden, um weitere Personen zur Nutzung anzuregen. Zudem muss den Mitarbeitern der Mehrwert des Wiki auf ihre tägliche Arbeit stärker klar gemacht werden.

8.2.4.8.3 Motive für Erstellen von Beiträgen

Drei Personen würden das Wiki nutzen, wenn sie einen abteilungsübergreifenden Mehrwert durch ihre Artikel erzielen könnten und sie das Gefühl hätten, dass die Beiträge von Kollegen auch gelesen werden. Davon müsste eine Person zusätzlich einen klaren Auftrag dazu besitzen, einen definierten Themenbereich abzustecken. Eine Person müsste das Wiki erst kennen lernen, um diese Frage zu beantworten. Einer weiteren Person fehlt es zudem an technischen Kompetenzen wie beispielsweise HTML-Kenntnissen. Eine dritte Person findet keine Zeit für das Schreiben von Wiki-Beiträgen, weil es wichtigere Projekte gibt. Ein Mangel an technischen Kenntnissen ist nach diesen Aussagen nicht der Hauptgrund für die Nichtnutzung. Fehlen von Zeit und Verantwortung sowie ein mangelndes Gefühl, dass ein persönliches Beitragen im Wiki einen nachhaltigen Wert für die Organisation stiftet, stellen die Hauptgründe aus Sicht der befragten Nichtnutzer dar.

8.2.4.8.4 Bessere Instrumente für Wissensmanagement

Eine Person findet, dass das Ziel für das Wiki viel zu breit gesteckt ist. Eine Analyse des genauen Informationsbedarfs von Abteilungen und Mitarbeitern wäre nötig, um geeigneten Wissensmanagement-Instrumente zu identifizieren. Eine Person nennt das persönliche Gespräch als bestes Instrument zur Wissensweitergabe. Zwei Personen führen technische Tools an, eine davon zusätzlich das Expertenhearing. Die Relevanz des Faktors Mensch im Wissenstransfer wird betont.